INTRODUÇÃO AO PROCESSO CIVIL

SERGIO BERMUDES

Respeite o direito autoral

O GEN | Grupo Editorial Nacional – maior plataforma editorial brasileira no segmento científico, técnico e profissional – publica conteúdos nas áreas de concursos, ciências jurídicas, humanas, exatas, da saúde e sociais aplicadas, além de prover serviços direcionados à educação continuada.

As editoras que integram o GEN, das mais respeitadas no mercado editorial, construíram catálogos inigualáveis, com obras decisivas para a formação acadêmica e o aperfeiçoamento de várias gerações de profissionais e estudantes, tendo se tornado sinônimo de qualidade e seriedade.

A missão do GEN e dos núcleos de conteúdo que o compõem é prover a melhor informação científica e distribuí-la de maneira flexível e conveniente, a preços justos, gerando benefícios e servindo a autores, docentes, livreiros, funcionários, colaboradores e acionistas.

Nosso comportamento ético incondicional e nossa responsabilidade social e ambiental são reforçados pela natureza educacional de nossa atividade e dão sustentabilidade ao crescimento contínuo e à rentabilidade do grupo.

INTRODUÇÃO AO PROCESSO CIVIL

SERGIO BERMUDES

6ª edição | revista e atualizada

- A EDITORA FORENSE se responsabiliza pelos vícios do produto no que concerne à sua edição (impressão e apresentação a fim de possibilitar ao consumidor bem manuseá-lo e lê-lo). Nem a editora nem o autor assumem qualquer responsabilidade por eventuais danos ou perdas a pessoa ou bens, decorrentes do uso da presente obra.
- Nas obras em que há material suplementar *on-line*, o acesso a esse material será disponibilizado somente durante a vigência da respectiva edição. Não obstante, a editora poderá franquear o acesso a ele por mais uma edição.
- Todos os direitos reservados. Nos termos da Lei que resguarda os direitos autorais, é proibida a reprodução total ou parcial de qualquer forma ou por qualquer meio, eletrônico ou mecânico, inclusive através de processos xerográficos, fotocópia e gravação, sem permissão por escrito do autor e do editor.

  Impresso no Brasil – *Printed in Brazil*
- Direitos exclusivos para o Brasil na língua portuguesa
  Copyright © 2019 by
  EDITORA FORENSE LTDA.
  Uma editora integrante do GEN | Grupo Editorial Nacional
  Travessa do Ouvidor, 11 – Térreo e 6º andar – 20040-040 – Rio de Janeiro – RJ
  Tel.: (21) 3543-0770 – Fax: (21) 3543-0896
  faleconosco@grupogen.com.br | www.grupogen.com.br
- O titular cuja obra seja fraudulentamente reproduzida, divulgada ou de qualquer forma utilizada poderá requerer a apreensão dos exemplares reproduzidos ou a suspensão da divulgação, sem prejuízo da indenização cabível (art. 102 da Lei n. 9.610, de 19.02.1998). Quem vender, expuser à venda, ocultar, adquirir, distribuir, tiver em depósito ou utilizar obra ou fonograma reproduzidos com fraude, com a finalidade de vender, obter ganho, vantagem, proveito, lucro direto ou indireto, para si ou para outrem, será solidariamente responsável com o contrafator, nos termos dos artigos precedentes, respondendo como contrafatores o importador e o distribuidor em caso de reprodução no exterior (art. 104 da Lei n. 9.610/98).
- Capa: Fabricio Vale dos Santos
- Data de fechamento: 19.10.2018

- **CIP – BRASIL. CATALOGAÇÃO NA FONTE.**
  SINDICATO NACIONAL DOS EDITORES DE LIVROS, RJ.

  B442i

  Bermudes, Sergio

  Introdução ao processo civil / Sergio Bermudes. – 6. ed. – Rio de Janeiro: Forense, 2019.

  ISBN 978-85-309-8228-7

  1. Direito processual civil. I. Título.

  18-51458　　　　　　　　　　　　　　　　　　　　　　　　　CDU: 347

  Vanessa Mafra Xavier Salgado - Bibliotecária - CRB-7/6644

No 38º ano do meu magistério universitário, dedico esta sexta edição à Pontifícia Universidade Católica do Rio de Janeiro, ao grão-chanceler, Dom Orani João Tempesta, Cardeal Arcebispo Metropolitano de São Sebastião do Rio de Janeiro, ao Reitor, Padre Josafá Carlos de Siqueira, SJ, e ao Diretor da faculdade de Direito, Professor Francisco de Guimaraens.

PREFÁCIO DA 1ª EDIÇÃO

Imagine-se o professor de português que, havendo dito, simplesmente, que o sujeito da oração é o ser sobre o qual se declara alguma coisa, logo mandasse os alunos encontrá-lo nos versos iniciais do nosso anastrófico Hino Nacional. Ainda hoje, desafia os espíritos mais argutos a descoberta de quem "ouviram o brado retumbante". "A verdade é um todo posicional teorético". Juro que ouvi isso, na primeiríssima aula do meu curso jurídico. O enigma me tornou arrependido de haver deixado Cachoeiro de Itapemirim para estudar Direito no Rio. Faço estas observações para dizer que nós, professores, muitas vezes nos descuidamos de ministrar aos alunos as noções elementares, indispensáveis à boa compreensão da matéria. Enfiamos os infelizes num cipoal, de onde eles se desvencilharão por sua conta, na medida dos seus esforços, do seu talento e das múltiplas circunstâncias que tecem o destino de cada um.

Mais de 25 anos no magistério jurídico e num escritório de advocacia, que atua também como núcleo de formação profissional (lá, quase todos os advogados começaram como estagiários nossos), me ensinaram a ser simples com os principiantes. Eu não conseguiria proceder de outra forma. Quando, num discurso no parlamento, Clement Attlee se jactava da sua modéstia, Churchill o aparteou com ironia e impiedade: "Mas o eminente Primeiro--Ministro só tem razões para ser modesto".

Na convicção de que é necessário expor com simplicidade as noções introdutórias do processo civil, quis reeditar meu livro *Iniciação ao Estudo do Direito Processual Civil*, escrito há, exatamente, 21 anos, quando eu ainda não chegara aos 27 de idade, e que mereceu surpreendente aceitação do público. Combinado o relançamento com a Editora Forense, sentei-me para corrigir e melhorar o opúsculo de 90 páginas. Fui escrevendo. Saiu-me um livro novo, de tal sorte diferente do anterior, embora o tomasse por projeto, que demandava outro título.

Aqui está, por conseguinte, esta *Introdução ao Processo Civil*, no qual tentei reduzir a ciência da minha devoção à essência, apresentada na sua expressão mais singela. Não uso uma única sigla ou locução – da minúscula e útil *v.g.* ao chavônico *data venia* – sem lhes explicar o significado. Tentei mostrar a etimologia das palavras, às vezes até mediante conjectura. Não evitei a linguagem repetitiva, em benefício da clareza. Caio, Tício, Semprônio ganharam aposentadoria. Entraram em cena João e José, Inês e Laura. Só não usei Maria por minha veneração mística à Nossa Senhora. Quando possível, deixei cair, nestas páginas, uma pitada de humor, dos outros e meu. Exemplifiquei o quanto pude, valendo-me do cotidiano.

Este livro apresenta os institutos do Direito Processual Civil, do modo que me pareceu mais acessível ao leitor, desejoso de partir de algum ponto para indagações profundas, ou de recapitular conceitos essenciais. Citei poucos autores, sempre dizendo uma palavra sobre eles. As últimas deste prefácio, de inspiração machadiana, destinam-se aos doutores que, confundindo sisudez com seriedade, acreditam que a obra científica precisa ser impessoal, distante, fria, austera: mando-lhes, daqui, um piparote, e adeus.

Sergio Bermudes

PREFÁCIO DA 2ª EDIÇÃO

Para esta 2ª edição, corrigi algumas imperfeições do texto, fiz-lhe pequenos acréscimos e atualizei as referências legislativas. Procurei, entretanto, ser fiel ao propósito de não desviar o livro da sua finalidade, indicada no prefácio da primeira edição.

Agradeço as manifestações que recebi, sobejamente compensadoras dos meus esforços de escrever obra de iniciação, sintética e didática.

Sergio Bermudes

PREFÁCIO DA 3ª EDIÇÃO

Aqui está a 3ª edição deste livro, atualizada e corrigida. Aceitei muitas das sugestões de Marco Aurélio de Almeida Alves, meu colega de escritório, a quem agradeço o esforço de ler e anotar a obra com beneditina paciência.

Sergio Bermudes

PREFÁCIO DA 4ª EDIÇÃO

A 4ª edição atualiza este livro, na conformidade da legislação superveniente à edição anterior. Acrescentei considerações sobre institutos novos, como a súmula vinculante, ou que receberam outra disciplina, como o agravo retido. Não levei em conta leis ainda pendentes de vigência nem projetos de leis. Agradeço ao meu colega Caetano Berenguer e ao meu estagiário Pedro Henrique Carvalho a ajuda na substituição das referências a dispositivos do Código Civil de 1916 pelos correspondentes no código agora em vigor. O livro continua sendo, como sempre, uma simples obra de introdução ao Direito Processual Civil. Se outras vantagens não oferecer, terá aquelas atribuídas por Carlos de Laet à "Antologia Nacional", no antelóquio à 6ª edição da obra: econômico e portátil.

Sergio Bermudes

PREFÁCIO DA 5ª EDIÇÃO

Aqui está mais uma edição deste livro que não desborda da finalidade que me levou a escrevê-lo, há mais de dez anos. A obra aparece agora atualizada, atenta à legislação superveniente e às modificações trazidas por ela, como no caso da nova sistemática da execução, na qual aparece o cumprimento da sentença. O texto foi aperfeiçoado, também, por correções e acréscimos. Manifesto os meus agradecimentos a Luiza Lourenço Bianchini e Thiago Gonzalez Queiroz, estagiários do meu escritório, pelo auxílio no preparo desta edição.

Sergio Bermudes

PREFÁCIO DA 6ª EDIÇÃO

Nesta 6ª edição, o livro aparece revisto e atualizado, de acordo com o Código de Processo Civil de 2015, mas a obra não desbordou da sua característica fundamental, indicada no prefácio da primeira edição. Manifesto os meus agradecimentos a Thiago Loyola Valente, Luiz Felipe Noira e Diego Campos pelo valioso auxílio no preparo desta edição.

Sergio Bermudes

ÍNDICE SISTEMÁTICO

Abreviaturas usadas.. XXIII

Capítulo I – SOCIEDADE, DIREITO, CONFLITO........................ 1
1. A sociedade e o direito (normas jurídicas; direito objetivo e direito subjetivo)... 1
2. Os conflitos sociais (a lide, a vontade, a pretensão, a resistência).. 7
3. Meios de composição das lides: autocomposição (abdicação e transação), autotutela, atividade estatal (jurisdição)............ 12

Capítulo II – JURISDIÇÃO.. 17
1. A jurisdição (conteúdo, função, natureza e conceito).............. 17
2. Espécies de jurisdição... 20
3. Órgãos jurisdicionais principais e auxiliares e funções essenciais à Justiça (Ministério Público, Advocacia Geral da União, procuradorias, advocacia, Defensoria Pública)........................ 21
4. Normas reguladoras da jurisdição... 24
5. Jurisprudência.. 25
6. Inércia da jurisdição.. 27

Capítulo III – A AÇÃO... 29
1. Conceito de ação judicial.. 29
2. Natureza jurídica... 29
3. Elementos da ação... 33
4. Partes (autor e réu).. 34
5. Litisconsórcio... 35
6. Substituição da parte... 36

7. O pedido e seus objetos 37
8. Modificação, alteração e aditamento do pedido 39
9. Cumulação de pedidos e concurso de ações 39
10. Causa de pedir 40
11. Identificação da ação, conexão, continência, litispendência, coisa julgada 42
12. Condições da ação 45
13. Possibilidade jurídica 46
14. Legitimidade das partes 46
15. Interesse processual 47
16. Classificação das ações 48
17. Ação, demanda e libelo 48
18. Ação e exceção 50

Capítulo IV – COMPETÊNCIA 51

1. Jurisdição e competência 51
2. Competência internacional e interna 53
3. Determinação da competência 54
4. Critérios de distribuição da competência 56
5. *Perpetuatio jurisdictionis* e modificações da competência 59
6. Incompetência absoluta e relativa 62
7. Assunção de competência 63

Capítulo V – O PROCESSO 65

1. Conceito e função do processo judicial 65
2. Natureza jurídica 67
3. Sujeitos do processo 70
4. Os terceiros 73
5. Espécies do processo civil contencioso 75
6. O processo de conhecimento 75
7. O processo de execução 77
8. O processo cautelar 81
9. O processo de jurisdição voluntária 86
10. Princípios processuais 88

11. O Direito Processual Civil e suas normas.................................. 90

Capítulo VI – PRESSUPOSTOS PROCESSUAIS, DESENVOLVIMENTO E ATOS DO PROCESSO.. 95

1. Os pressupostos processuais e sua classificação 95
2. Pressupostos relativos ao juiz... 96
3. Pressupostos relativos às partes 96
4. Pressupostos objetivos.. 98
5. Desenvolvimento do processo (formação, suspensão, extinção)... 99
6. Fatos e atos processuais... 102
7. Atos de postulação... 103
8. Atos de prova... 104
9. Atos de jurisdição 107
10. Atos decisórios (despachos, decisões interlocutórias e sentenças) 107
11. Forma dos atos processuais 110
12. Tempo e lugar dos atos processuais....................................... 111
13. Comunicação dos atos processuais 113

Capítulo VII – O PROCEDIMENTO... 115

1. Ideia de procedimento 115
2. Classificação do procedimento 116
3. Procedimento comum.. 117
4. Procedimentos sumário, sumaríssimo e especiais................... 122
5. Procedimentos no processo de execução 125
6. Procedimentos no processo cautelar...................................... 127
7. Procedimentos na jurisdição voluntária................................. 128
8. Sistema da oralidade e seus princípios................................... 129

Capítulo VIII – RECURSOS E PROCESSO NOS TRIBUNAIS 131

1. O recurso (conceito, natureza, espécies)................................. 131
2. Pressupostos e juízo de admissibilidade dos recursos 133
3. Procedimento recursal 137
4. Recurso adesivo e reexame necessário................................... 140

5. Embargos declaratórios 141
6. Recursos ordinários (finalidade e espécies) 143
7. Recursos extraordinários (finalidade e espécies) 146
8. Processo nos tribunais 149
9. Súmula vinculante 150
10. Incidente de resolução de demandas repetitivas 150

Capítulo IX – COISA JULGADA E AÇÃO RESCISÓRIA 153
1. Preclusão e coisa julgada formal 153
2. Coisa julgada material 155
3. Limites subjetivos da coisa julgada 157
4. Limites objetivos da coisa julgada 160
5. Questão prejudicial e coisa julgada 164
6. Ação rescisória 164

Capítulo X – INFORMAÇÕES HISTÓRICAS E SISTEMAS PROCESSUAIS CONTEMPORÂNEOS 169
1. Informações históricas 169
2. Sistemas processuais contemporâneos 175

ÍNDICE ALFABÉTICO E REMISSIVO 179

ABREVIATURAS USADAS

CC   Código Civil
CF   Constituição Federal
CPC   Código de Processo Civil
STJ   Superior Tribunal de Justiça
STF   Supremo Tribunal Federal

Capítulo I
SOCIEDADE, DIREITO, CONFLITO

> **Sumário:** 1. A sociedade e o direito (normas jurídicas; direito objetivo e direito subjetivo) – 2. Os conflitos sociais (a lide, a vontade, a pretensão, a resistência) – 3. Meios de composição das lides: autocomposição (abdicação e transação), autotutela, atividade estatal (jurisdição).

1. A sociedade e o direito (normas jurídicas; direito objetivo e direito subjetivo) – Deus predestinou as criaturas à coexistência. Em cardumes nadam os peixes. Voam em bandos as aves. Flores florescem juntas. Próximos uns dos outros crescem os frutos. Num sítio, a terra esconde minerais de igual espécie. Até os mesmos ventos sopram, tórridos, temperados, ou gélidos, numa certa região. O homem vive na sociedade (palavra derivada do latim *socius*, o que acompanha) porque a sua índole, gerada por sua necessidade, é associar-se. Ele, então, se agrupa: a tribo, o clã, a horda, os povoamentos, das minúsculas aldeias às frementes metrópoles, revelam a irreprimível tendência humana à agregação.

A convivência, em qualquer plano, impõe sacrifícios e restrições. Veja-se, por exemplo, a família e o quanto de tolerância e compreensão ela demanda dos seus membros. Relações de simples amizade exigem comedimentos, em benefício da preservação de apreciáveis vínculos afetivos. Na sociedade, o homem vive submetido a restrições impositivas. O conceito onírico de liberdade, neste verso de Castro Alves, na quinta parte de "O Navio Negreiro" – "a vontade por poder" –, nega a realidade da interação entre as pessoas: na vida social não se pode tudo o quanto se quer. Com aquela intuição primitiva da verdade de que falava Platão, o homem compreende que a convivência com os seus semelhantes constitui um valor mais alto que o dele próprio, enquanto indivíduo. Submete-se, por isso, a um sistema natural de contenções. Abdica, inconscientemente, da sua vontade pura de indivíduo porque essa é uma das regras essenciais do jogo social. A razão de que o dotou o seu Criador o torna dócil e submisso. Respeitar a fila do elevador, ainda que haja pressa, dividir com desconforto o espaço num veículo coletivo, ouvir com simulado interesse a anedota mil vezes repetida e achar graça nela constituem atos de solidariedade social, inerentes à vida no grupo, tão importantes, na substância, quanto pagar o imposto de renda, ou restituir, como combinado, o que se tomou por empréstimo. O homem é, na sua própria e voluntária atuação, o grande artífice da vida social.

As ciências que estudam o homem, na sua essência e na sua existência, procuram determinar as causas pelas quais, embora compreendendo, adivinhando ou intuindo a imperiosa necessidade de viver em grupo, ele, ainda assim, muitas vezes, não reprime a vontade de satisfazer os seus interesses, mesmo quando eles se incompatibilizem com a convivência. Reconhece-se o individualismo como traço distintivo e marcante da pessoa humana. O próprio Jesus Cristo não encontrou melhor padrão de amor do que o autoamor: "Amarás ao teu próximo como a ti mesmo" (S. Lucas, X, 27). Da natural incapacidade humana para o desprendimento e a renúncia, surgem, em meio às pessoas que, de qualquer modo, se relacionam, confrontações de toda ordem. Quando perturbam ou impedem a vida na sociedade, elas configuram os conflitos sociais, invariavelmente hostis à coexistência, não importa a sua intensidade.

Deixem-se de lado, por um momento, os conflitos sociais para retomá-los mais adiante.

Importa dizer agora que, para manter a sociedade em ordem, a fim de fazer possível a indispensável vida em grupo, surgem determinadas regras, que ditam a conduta dos seus integrantes. A explicação do aparecimento dessas regras desafia, permanentemente, os que estudam o homem, nos múltiplos aspectos das relações dele, não só com os seus semelhantes, mas com tudo o mais que, próxima ou remotamente, o rodeia. Não parece exato dizer que essas regras têm por causa eficiente apenas a prevenção ou a repressão dos conflitos sociais. Conquanto não se possa negar constitua essa uma razão determinante da criação delas, o certo é que surgiram para organizar o grupo e assim tornar cômoda a vida de cada um, tal como ocorre numa residência, onde se estabelecem práticas, destinadas ao conforto e ao sossego dos seus habitantes. Essas regras orientam a conduta de cada um, para adaptar o ser ao seu meio. Chamam-se também *normas* (latim *norma*, régua, esquadro, instrumento de tirar ângulos; figurativamente, regra, molde, exemplo; do grego *gnórimos*, o que é fácil de conhecer). Elas ditam o comportamento no grupo. Como seria impossível criá-las em número suficiente para abranger todas as atitudes do homem, uma delas se destaca entre as demais: não se exige de ninguém que faça alguma coisa, ou deixe de fazê-la, se não existir uma norma, impondo um ato, ou uma abstenção. Em outras palavras, ninguém pode ser compelido a um fazer ou a um não fazer, não existindo norma que assim determine. Veja-se, porém, que essa norma predominante nem sempre basta para solucionar todos os problemas da convivência. Imagine-se, com efeito, que João recebesse de José, por empréstimo, um objeto. O tomador não estaria obrigado a restituir a coisa, se não existisse a regra, exigindo dele a devolução. Forçosamente, ter-se-ia de solucionar o impasse porque afrontaria o sentimento de conduta adequada, inato em cada um, que João conservasse o que José apenas lhe emprestara. Na ausência de uma regra aplicável à hipótese em que uma pessoa entrega a outra um objeto apenas por certo tempo, tornar-se-ia necessário concebê-la para a situação concreta.

Tantas e tais as normas disciplinadoras da convivência do homem na sociedade, tais e tantos os aspectos por elas regulados que, como as notas musicais de uma sinfonia, elas compõem um sistema, isto é, um conjunto de elementos entre si relacionados, no caso delas, pela finalidade, que é a disciplina da vida social. Esse sistema de normas reguladoras da vida social é a mais prodigiosa das criações do homem. Chama-se *direito*, palavra equívoca, porque se usa em mais de um sentido. O direito é, pois, o conjunto das normas que regulam a conduta do homem na sociedade.

A *etimologia*, ciência que trata da origem das palavras (do grego *etymon*, verdadeiro, e *logos*, estudo, tratado), para determinar-lhes o significado, contribui, consideravelmente, para a compreensão dos vocábulos. Dela me servirei, ao longo destas páginas, com o intuito de melhor explicar as figuras jurídicas apresentadas.[1] É curioso que, em Roma, se designasse o fenômeno agora tratado por *jus* (de *jubere*, ordenar, dar ordem), enquanto nas línguas românicas e também nas germânicas seja ele identificado por outra palavra. *Direito*, visivelmente, não procede de *jus*. Tem outra formação, que merece atenção especial. De *rego*, presente do indicativo de *regere* (conduzir em linha reta, guiar), veio o adjetivo *rectus*, reto, indicando, num sentido mais moral que jurídico, o que é certo, correto, justo. No processo de autonomia das línguas germânicas, entra essa palavra, substituindo o latim *jus*. Assim, *direito*, em alemão, é *recht*; em holandês, *regt*; *right*, em inglês. No processo de formação das línguas neolatinas, a palavra *direito* assume o mesmo significado, substituindo *jus*. Procede, entretanto, de *directus*, particípio de *dirigere* (colocar na direção reta), verbo formado de *regere* com o prefixo *di*, ou *dis*, indicando aumento, alinhamento numa certa direção. *Directus* significa o que

---

[1] Nas indicações etimológicas, usarei os verbos sempre na forma infinitiva e os demais vocábulos latinos pelo nominativo.

é colocado no sentido reto. Eis como aparece *droit*, em francês; *diritto*, em italiano; *drept*, em romeno; *derecho*, em espanhol, e, em português (língua de formação tardia, coincidente com a fundação do reino de Portugal, no século XII), *direito*. Pode-se dizer, portanto, que a palavra *direito* toma, nas línguas germânicas e românicas, durante o processo da autonomia desses idiomas, ocorrido entre os séculos V e VIII, o lugar do latim *jus*.

Analisado por um ângulo, o direito é, inegavelmente, um sistema de restrições, porque suas normas põem limites à conduta humana. Para voltar ao exemplo, dado linhas atrás: de tal sorte se afeiçoou João ao objeto a ele emprestado por José, que gostaria de conservá-lo consigo. Não procede assim pela existência da norma, que lhe contraria a vontade, ordenando-lhe a restituição da coisa. Por outro lado, o direito atua como um sistema de proteção da liberdade do homem, já que lhe permite determinados comportamentos. Maravilhoso sistema esse, que cerceia a volição ilimitada, em benefício do grupo, enquanto assegura a liberdade de adotar o comportamento que ele determina, ou que não proíba.

Não se pense, todavia, que as regras de direito, ditas *normas jurídicas* (o vocábulo *jurídico* vem de *jus*, direito, e *dicere*, dizer; portanto, normas que dizem o direito), componham um sistema ideal. Ouçam-se, sobre esse ponto, estas palavras de Tobias Barreto, na Faculdade de Direito do Recife, num discurso, engastado na antologia da eloquência brasileira com o título "Ideia do Direito", do qual Sílvio Romero afirmou com algum exagero, mas sem comprometimento do juízo, não conhecer, em nenhuma língua, oração acadêmica de maior formosura, ou profundidade:

> "Assim como, de todos os modos possíveis de abreviar o caminho entre dois pontos dados, a linha reta é o melhor; assim como, de todos os modos imagináveis de um corpo girar em torno de outro corpo, o círculo é o mais regular; assim também, de todos os modos possíveis de coexistência humana, o direito é o melhor modo".

A finalidade do direito é assegurar o equilíbrio, a harmonia, a paz social. Perfeito seria o sistema que propiciasse a coexistência, em consonância com estes preceitos, chamados por Ulpiano, o jurisconsulto de Roma que os enunciou, *juris praecepta*: viver honestamente, não prejudicar o outro, dar a cada um o que é seu. Em latim: *"juris praecepta sunt haec: honeste vivere, alterum non laedere, suum cuique tribuere"*. Por certo, existe, como se costuma assinalar, algo tautológico nesses princípios, pois eles se repetem, um contendo a proposição dos demais: vive honestamente quem não molesta os outros e dá a cada um o seu; não prejudica outrem quem vive honestamente e atribui a cada um o que lhe pertence; quem assegura o seu a seu dono vive honestamente, sem perturbar ninguém. Entretanto, esses preceitos se integram, completando-se reciprocamente, na sua explicitação.

Assim como as rosas, que só cumprem o seu destino de embelezar quando desabotoam, as normas jurídicas só se prestam à sua finalidade de regular o convívio quando se manifestam, tornando-se um *objeto* (de *objectus*, o que se mostra à vista, apresentado; de *objicere*, pôr diante, apresentar-se aos olhos; de *ob*, para, e *jacere*, lançar, arrojar-se), tomada a palavra na sua acepção de tudo o que é suscetível de apreensão por um dos sentidos humanos. Nem se poderia esperar que alguém obedecesse à norma que ainda não se fez conhecer. Denominam-se, então, *direito objetivo* as normas jurídicas que já foram editadas, assim se tornando perceptíveis. A *lei* (etimologicamente, de *legere*, ler; por isso, o que se lê) é o meio pelo qual a norma se manifesta aos seus destinatários. Ela toma, quase sempre, a forma de palavras escritas, que são publicadas. Porém, a lei pode assumir outra feição: um desenho, um som, um sinal, como esses que obrigam a parar o automóvel nas vias públicas, são leis porque divulgam normas de conduta. A irrefreável vocação para a metonímia, que torna a linguagem mais fluida, leva a se desviarem os vocábulos norma, lei, direito do seu significado primeiro, usando-se uns pelos outros.

A única fonte legítima do direito é o povo, do qual emana todo o poder (CF, parágrafo único do art. 1º), a começar pelo poder do Estado, que edita as normas jurídicas como regras de conduta das pessoas no grupo social. A ordem jurídica não fundamentada na vontade popular encontra-se viciada pelo insanável defeito da ilegitimidade.

Transcendental, embora, este assunto refoge do âmbito de uma introdução ao processo civil. Basta reconhecer, aqui, que as normas jurídicas precisam existir, objetivamente, e, na sua falta, uma haverá, como há, que torne possível, não existindo regra específica, a elaboração desta para incidir numa situação determinada, que o legislador, quase sempre atrás dos fenômenos sociais, não soube, ou não pôde prever. Conseguintemente, todas as ações do homem na sociedade são reguladas por uma regra jurídica, que é uma diretriz de comportamento, uma norma de conduta (*norma agendi*: norma de agir).

As normas jurídicas conferem às pessoas um poder de fazer ou não fazer alguma coisa; um poder de prática, ou abstenção, impondo a outras pessoas o dever de respeitar a conduta que se assume em consonância com a norma. Esse poder de se comportar de acordo com a norma, seja para fazer algo, seja para abster-se, chama-se direito; *direito subjetivo* porque inerente ao *sujeito* da ação ou da abstenção (*subjectus*, posto debaixo, submetido; de *subjicere*, pôr debaixo; de *sub*, sob, e *jacere*, lançar, arrojar-se; logo, o que, praticando a ação, se prende a ela). Costumeiramente chamado faculdade de agir (*facultas agendi*), o direito subjetivo também pode ser identificado como um poder de agir (*protestas agendi*). O direito subjetivo nada mais é que o direito objetivo singularizado, particularizado numa determinada pessoa, como se o Estado expedisse um comando específico, por assim dizer, personalizado: "José pode exigir de João o objeto que lhe emprestou, depois de findo o tempo do empréstimo". Atente-se na seguinte ilustração: diz a norma jurídica, formulada abstratamente – isto é, sem levar em conta uma determinada situação –, que o proprietário pode usar, gozar e dispor dos seus bens. Essa regra encontra-se no art. 1.228, *caput*, do Código Civil, sendo, assim, uma norma de direito objetivo, manifestada através daquele código, que é uma lei e, por isso, perceptível. No momento em que José decide dispor de um objeto do qual é proprietário, vendendo-o a João, ou o doando a ele, aquela norma do art. 1.228, *caput*,[2] ampara a ação de José, já que dela surge o seu direito de dispor da coisa da sua propriedade. Na situação inversa, João quis comprar o objeto, mas José, que pretende conservá-lo no seu patrimônio, se recusou. Podia recusar? De certo que sim, pela ausência de uma regra jurídica que o obrigasse à venda, e também pela existência de uma norma, esta constitucional (CF, art. 5º, II), consoante a qual "ninguém será obrigado a fazer ou deixar de fazer alguma coisa senão em virtude de lei". No caso da recusa à venda, José se comportou de acordo com a norma constitucional, norma também de direito objetivo, porque não fez aquilo (vender) a que nenhuma norma o compelia.

    É comum referirem-se os livros de direito, sem se demorarem, contudo, na explicação desse ponto, ao ensinamento de Rudolf von Ihering, para quem o direito subjetivo é o interesse juridicamente protegido. Para o imenso jurista alemão, que expôs essa ideia, principalmente no seu livro *A Evolução do Direito* (*Zweck im Recht*), a conduta humana é sempre, ou quase sempre, determinada por um *interesse* (do latim *interest*, estar entre, dizer respeito, convir – impessoal de *intersum*, importar). Quando esse interesse se manifesta e se traduz numa prática, ou numa abstenção, autorizada pela regra de direito objetivo, ele se transforma em direito; direito do titular do interesse; direito subjetivo. Posto que magistralmente elaborada, essa concepção, um marco no desenvolvimento da teoria do direito, não é, entretanto, indispensável à compreensão do direito subjetivo, conceito que se alcança pelo entendimento de que ele é o ato ou a omissão do homem, não importa se decorrentes de um interesse, manifestados em conformidade com a ordem jurídica, que é sempre um sistema de normas, à qual ele se encontra submetido.

---

[2]   Exceto ressalva, os artigos do Código Civil referidos no texto serão os da Lei nº 10.406, de 10 de janeiro de 2002, que instituiu o novo diploma.

2. Os conflitos sociais (a lide, a vontade, a pretensão, a resistência)
– Feitas essas considerações, volta-se aos conflitos sociais. Tomem-se as situações seguintes:

a) famintos, diante de uma árvore, de colheita permitida aos passantes, José e João encontram nela um único fruto, capaz de saciar a fome de apenas um deles, e cada um quer colhê-lo somente para si próprio;

b) famintos, diante de uma árvore, pertencente a ambos, José e João descobrem nela apenas dois frutos maduros, um maior e mais apetitoso, o outro menor e menos atraente, cada um deles o bastante para alimentar um homem, mas ambos desejam para si o fruto mais vistoso;

c) finalmente, famintos, diante de uma árvore, plantada em terreno de Pedro, da qual pende um só fruto, José e João saltam ambos a cerca, e José tenta arrebatar da mão de João, que o alcançou primeiro, o fruto por este colhido.

O menos atento observador distinguirá, nos três exemplos, uma situação conflituosa. No primeiro, o conflito (*conflictus*, choque, embate, disputa; de *confligere*, bater uma coisa contra outra; de *cum*, com, ao mesmo tempo, e *fligere*, bater) se trava apenas entre José e João. Também somente entre os dois se dá o conflito na segunda hipótese. Na terceira, há um conflito dos dois entre si. Mas haverá também um conflito entre cada um deles e Pedro?

Nos conflitos entre José e João, distinguem-se, nitidamente, conflitos de vontades manifestadas: a de José, que se choca, nos três casos, com a de João. No terceiro exemplo, contudo, não existe, no momento da colheita do fruto, um choque das vontades de José e João com a de Pedro, ausente do local, de quem sequer se sabe se, efetivamente, se importa, ou não, que alguém retire e coma o fruto da sua árvore. Poder-se-ia presumir a vontade discordante de Pedro, sem se conseguir, porém, determinar ao certo se ela ocorre. Já se conclui, então, que a existência de uma vontade e de outra, dela divergente, apenas presumível, possibilidade e não realidade, não basta para a configuração de um conflito.

Não se pode, por igual, dizer que o conflito entre José, João e Pedro se configurou pela violação do direito deste último. Observe-se que, no terceiro exemplo, nem José nem João têm direito ao fruto e, apesar disso, o conflito entre eles é evidente. Em outras palavras, a existência do direito de um dos conflitantes não constitui elemento essencial ao conflito, porque bem pode acontecer que nenhum deles faça jus ao bem objeto da contenda. Concebe-se, portanto, o conflito com abstração da ideia de um direito.

Só se podem compreender os conflitos do grupo social se se considerar o choque de pretensões; não de pretensões apenas presumíveis, mas atuais, já manifestadas. No contexto das relações sociais, a *pretensão* (de *praetendere*, estender diante, pôr diante; de *prae*, diante de, adiante de, e *tendere*, estender, apresentar) é o propósito de alcançar um bem qualquer da vida, corpóreo ou incorpóreo (diferente de outras pretensões, que podem surgir no espírito humano, como a de ser bom; de sofrer, resignadamente, as vicissitudes do destino; de viver as bem-aventuranças da eternidade).

Convém não vincular a ideia de pretensão, como fazem alguns autores, à deliberação de o pretendente submeter à sua própria vontade possíveis vontades antagônicas, mas sim ao seu intuito de satisfazer a sua vontade. No que toca ao direito, como sistema regulador da vida social, a pretensão consiste numa atitude exclusivamente subjetiva, suscetível de repercutir na ordem social, seja o objeto da vontade determinante da atitude o fruto de uma árvore, um pouco de água da fonte, uma pintura, um veículo, seja ele a liberdade, o silêncio, a privacidade, a boa fama. Ainda quando não houver o direito subjetivo, pode haver pretensão, como ocorreu no terceiro exemplo dado, quando José e João quiseram o fruto pertencente a Pedro; como ocorrerá, se a alguém mover o intuito de infernizar a vida alheia.

Sei que a ideia que faço de pretensão jurídica, como o propósito de alcançar um bem qualquer da vida, manifestado numa atitude, suscetível de repercussão na ordem social disciplinada por normas, que poderão acolhê-la ou repeli-la, se distancia da lição de Francesco Carnelutti, um dos maiores gênios da processualística em todos os tempos. Para o fulgurante processualista italiano, a quem o meu saudoso e idolatrado José Frederico Marques, outra figura ilustríssima do direito processual, chamou, com propriedade, de *olímpico*, a pretensão é a exigência de subordinação de um interesse alheio ao interesse próprio (em italiano: "... *esigenza della subordinazione dell'interesse altrui all'interesse proprio. Questa esigenza è ciò che si chiama la pretesa*" – grifos no original).[3] Acontece, entretanto, que não consigo encontrar qualquer exigência de subordinação de um interesse alheio ao meu, quando, por engano, e na maior boa-fé, tiro da mesa e meto no bolso a caneta de alguém, supondo-a minha. No exemplo, não quis submeter ninguém ao meu interesse: assumi uma atitude, correspondente à minha vontade, sem que, imaginando-me senhor do objeto, pudesse estar exigindo a subordinação do interesse de alguém (o verdadeiro dono da caneta, que a quer conservar consigo) ao meu próprio. A efetivação da pretensão ou a subsistência da satisfação dela podem

---

[3] *Sistema di Diritto Processuale Civile*, Padova, Cedam, 1936, vol. I, p. 40.

exigir a submissão do interesse do dono da caneta ao meu. Mas não será essa exigência a própria pretensão, que se configura na atitude de alcançar um bem qualquer, tomada em consonância com o propósito, que ela manifesta. O assunto, porém, desborda dos limites de páginas de iniciação, como estas.

Nem a manifestação da pretensão nem a efetivação dela são suficientes para fazer surgir o conflito social. A fim de que o conflito se configure, necessário se faz que à pretensão já exteriorizada, mas ainda por satisfazer, ou à pretensão já satisfeita, se oponha uma outra pretensão, incompatível com a primeira. Denomina-se *resistência* (de *resistere*, parar voltando-se, estacar, obstruir; de *re*, para trás, e *sistere*, embargar, sustar, parar) a pretensão que se opõe à que lhe é anterior (atitude de insubmissão à primeira). Somente essa pretensão opositora, isto é, a resistência, produz o conflito, que não existirá sem ela. A resistência pode surgir como atuação, que busca impedir a satisfação da pretensão, ou como manifestação de inconformismo com a satisfação consumada. Volvendo ao terceiro exemplo, Pedro, o dono da terra, da árvore e do fruto, poderia aparecer, antes que João o colhesse, e manifestar a sua vontade contrária à satisfação da vontade dele e da vontade de José, os dois pretendentes, como poderia entrar em cena somente depois da colheita, insurgindo-se contra ela, exigindo a melhor reparação possível. Nos dois casos, haveria um conflito social, isto é, o antagonismo de pretensões entre componentes do grupo social.

Graças a Carnelutti, usa-se, na terminologia processual corrente, o substantivo lide (de acepção equívoca, pois empregado em mais de um sentido – advirta-se) para designar o conflito a que se acaba de aludir. Não se trata, todavia, de palavra criada pelos processualistas, mas existente na língua, nas suas duas formas, *lida* e *lide*, derivadas, tal como *liça*, do latim *lis*, luta, combate: "que a despeito de toda a humana *lida*", canta o verso heroico de Machado de Assis, no incomparável soneto "À Carolina"; "que em *lide* leal, no vale de Canta-Pedra, colhi prisioneiro", diz uma personagem de Eça de Queiroz, no romance *A Ilustre Casa de Ramires*.

O gigantesco Carnelutti deu ao vocábulo *lide*, na acepção de conflito social, uma definição que corre o mundo. Afirma ele que a lide é um conflito de interesses, qualificado por uma pretensão resistida (no original: "*Chiamo lite il conflitto di interessi qualificato dalla pretesa di uno degli interessati e dalla resistenza dell'altro*").[4] A experiência didática documenta certas dificuldades no entendimento da definição porque a costumeira ideia de que é o adjetivo que qualifica o substantivo leva a indagar como os nomes *pretensão* e *resis-*

---

[4] *Sistema* ..., cit., vol. I, p. 40.

tência podem conferir uma qualidade à locução *conflito de interesses*. Atente-se, então, em que qualificar significa – com perdão do truísmo – atribuir uma *qualidade*, que é, na definição do dicionário mais utilizado no Brasil de hoje, "propriedade, atributo ou condição das coisas ou das pessoas capaz de distingui-las de outras e de lhes determinar a natureza" (*Aurélio*).

Quando se fala, portanto, que a pretensão e a resistência qualificam o conflito de interesses, quer-se dizer que só o conflito de interesses, no qual se encontram uma pretensão e uma resistência, emanadas de pessoas diferentes, produz a lide. Certa vez, Mauro Cappelletti, professor de Processo Civil em Florença e de Direito Comparado em Stanford, o maior processualista do mundo no século XX (sem cuja obra o destino do direito processual, nesse século, teria sido outro, nas palavras do insigne e saudoso processualista uruguaio Enrique Vescovi), perguntou-me se eu conhecia algum conflito de interesses sem a presença de uma pretensão e de uma resistência. Jantávamos na casa dele. Apontei o provocante prato de talharim do qual já me servira fartamente: "Neste momento, a minha gula me manda repetir a massa, mas o meu temor à obesidade ordena que eu não me sirva". A pergunta veio rápida: "E você não acha que à pretensão da sua gula se opõe a resistência da sua cautela?". Decerto que sim. Não pode haver conflito de interesses sem resistência. Carnelutti, porém, deixa claro, na sua exposição, que a pretensão e a resistência qualificadoras do conflito devem partir de pessoas diferentes. O conflito consubstanciador da lide é, forçosamente, intersubjetivo, excluído, pois, do conceito o conflito de uma pessoa consigo mesma, irrelevante para o direito, enquanto não se exteriorize de modo a causar alguma espécie de perturbação social.

A resistência oposta à pretensão é que torna a situação litigiosa. Enquanto só houver pretensão, não pode haver lide. Sem a resistência que a ela se contraponha, a pretensão será manifestação unilateral de vontade. No terceiro exemplo oferecido, linhas atrás, se Pedro não se opuser a que José e João ingressem no seu terreno e colham o fruto da sua árvore, não haverá litígio. A lide só passará a existir depois que a resistência se manifestar. Desnecessário explicar que a resistência à pretensão não manifestada também não gera conflito porque, para a formação da lide, aquela não pode existir sem esta. A resistência à pretensão inexistente será ato sandeu, como o de Dom Quixote a investir contra pacatos moinhos de vento.

Antes de seguir com a exposição, convém assentar dois pontos.

Primeiro: a lide (use-se, doravante, esta palavra, preferencialmente, para designar conflito) constitui um fato social, um fenômeno ocorrente na sociedade. Ao direito, como complexo das normas governantes da vida social, só interessa o conflito que se coloque no âmbito da sua incidência;

que se opuser ao seu fim de realizar a paz na sociedade. Assim, o conflito de uma pessoa consigo mesma sobre, por exemplo, a razão da vida, ou o prato a comer no almoço, ou a inconsequente divergência de opiniões entre dois amigos sobre o melhor desempenho das equipes em confronto numa partida de futebol (se se tratar de um "Fla-Flu", a razão será sempre dos tricolores) são atos inocentes, sem significado para o direito.

Segundo ponto: no contexto das relações sociais, a lide é exceção, e a conduta, conforme o direito, a regra. Os juristas, que lidam, permanentemente, com patologias sociais, tendem, muitas vezes, a esquecer-se disto. Considerada a infinidade de atos que correspondem ao exercício de um direito e ao cumprimento de preceitos ditados pelas normas jurídicas, não cabe dúvida quanto à predominância das atitudes consentidas pela ordem jurídica sobre as atitudes por ela proibidas. Há poucas horas, tomei um táxi na cidade, fui transportado para casa, consoante a minha vontade, paguei a corrida, o porteiro me abriu a porta como devia fazer, o elevador funcionou porque a conta de energia elétrica anda em dia, sentei-me para escrever com papel e caneta comprados do fornecedor, que me entregou esses objetos e recebeu o valor, tive o cuidado de diminuir o volume do meu som, para respeitar o repouso dos vizinhos, se é que o piano de Vladimir Horowitz possa perturbar alguém. Veja-se que esses vários atos de um homem, absolutamente todos eles, se praticaram de acordo com as normas de conduta, ditadas por meio das leis. Esses atos retratam o fenômeno da realização espontânea do direito, e se, dentre os descritos, ato houve contrário ao direito, nenhuma lide ocorreu porque não surgiu resistência à sua prática. Chama-se *ilícito* o ato contrário ao direito (de *in*, preposição negativa, e *licitus,* permitido, este último de *licet,* ser permitido; logo, o que não é permitido).

O direito processual, entretanto, atua, *no mais das vezes* – não necessariamente –, em função da lide. As normas desse ramo da ciência jurídica ocupam-se, predominantemente, da administração da justiça, como meio de solução das enfermidades sociais, que representam os conflitos entre as pessoas integrantes do grupo social.

A solução das lides não interessa apenas aos litigantes, que se empenham na prevalência da sua vontade. Embora esse aspecto do conflito seja o que se destaca a olho nu, é inquestionável a existência de um interesse da sociedade em que o conflito não se instaure, ou em que, ocorrendo, se solucione. Esse interesse público na debelação dos conflitos possui maiores dimensões porque a lide perturba a paz social, constituindo um entrave à realização do direito, cujo fim último é aquele estado ideal, traduzido nos três *praecepta juris* romanos antes referidos: a sociedade na qual todo homem viva honestamente, cada um recebendo o seu, sem prejuízo para ninguém: *honeste vivere, alterum non laedere, suum cuique tribuere*. No dia, evidentemente ideal, em que se desse o cumprimento desses preceitos, as normas jurídicas, produto da necessidade humana, já se fariam dispensáveis. Se se considerar que o homem, na bela frase de Mendes Pimentel, "ascendeu do bárbaro das cavernas a São Francisco de Assis" e caminha nesse sentido, lentamente, porém com constância, pois a convivência pacífica é o seu destino, não chocará a afirmação, pertencente antes à ética religiosa e cristã que à filosofia marxista, de que o direito, como as velas, que produzem luz enquanto se consomem, terminará por extinguir-se, legando aos homens, que souberam transformar em regras de conduta os sentimentos que Deus lhes pôs na razão, o prodigioso milagre da paz absoluta.

3. Meios de composição das lides: autocomposição (abdicação e transação), autotutela, atividade estatal (jurisdição) – Instaurada a lide pela manifestação da pretensão e pela oposição da resistência, quais os meios de fazer a sua *composição* (de *compor*, do latim *componere* – *cum*, com; e *ponere*, pôr – pôr com, pôr quanto, pôr em ordem, como se agrupam as notas musicais para constituir a melodia, ou as palavras num verso e este num poema; como se colocam as cores num quadro; arranjar, harmonizar)? Como solucioná-la, de modo a terminar o conflito, restaurando-se a paz social?

A *abdicação* (*abdicatio*, abandono, renúncia; de *ab*, prefixo indicativo de afastamento, e *dicare*, divulgar, dizer) da pretensão, ou da resistência, contemporânea do homem, é um dos meios de solução da lide. Nos três exemplos oferecidos no tópico anterior, o litígio não se instaurará se José retroceder da sua deliberação de tirar o fruto da árvore, ou se João recuar do manifestado intuito de se opor à ação dele; se, havendo um deles declarado ao outro a sua vontade de ter o fruto maior, este último se contentar com o menor, deixando ao primeiro o mais graúdo; se Pedro, que entrara em cena, anunciando o seu propósito de preservar sua árvore intocada, terminar por entregar o fruto pendente aos dois passantes, e mesmo ofertar-lhes outro, que traga consigo. Parece não existir informação antropológica indicativa de que a abdicação da pretensão ou da resistência seja fenômeno aparecido somente numa etapa da evolução das relações sociais, negando que o homem já nascesse dotado de razão e de ânimo pacífico. Evidentemente, a lide não chegará sequer a se instaurar se as pessoas envolvidas, havendo apresentado sinais de pretensão ou resistência, das quais cogitaram, renunciarem à sua esboçada atitude. A renúncia ao exercício da pretensão ou da resistência constitui modalidade de abdicação.

A *transação* (*transactio*, ato de passar, de acomodar; de *transigere*, de *trans*, através, de um lugar a outro, e *agere*, impelir, fazer andar, levar; logo, o que vai e vem: toma lá, dá cá) que envolve abdicação parcial, aproximando-se dela por isso mesmo, consiste na composição, ou na prevenção da lide, mediante mútuas concessões que se fazem os litigantes. O Código Civil a define, no seu art. 840: "É lícito aos interessados prevenirem ou terminarem o litígio mediante concessões mútuas". As partes da lide atual ou iminente abrem mão de uma parcela das respectivas pretensões, preferindo, por razões de ordem diversa, a satisfação apenas parcial delas ao conflito. A transação é o *acordo* das posições divergentes (palavra que, significativamente, procede de *coração, cor* em latim, tomado o substantivo como símbolo do sentimento e da vontade). Nos exemplos dados, José e João repartiriam o fruto da árvore que encontraram no caminho; colheriam os dois frutos da árvore que plantaram e os dividiriam entre si, ou se contentariam com o que, por sorteio, lhes coube; Pedro surgiria e concordaria com a colheita do fruto pelos invasores da sua terra, aos quais o daria, depois que eles recolhessem e ensacassem as folhas caídas.

Tanto a abdicação quanto a transação constituem modalidades de *autocomposição* (*auto*, do grego *autòs*, de si próprio, por si mesmo), isto é, de prevenção ou solução da lide pelos seus próprios figurantes. A *conciliação* (*conciliatio*, associação, benevolência; de *conciliare*, juntar, unir; de *cum*, com, e *cillere*, mover; logo, mover junto, no mesmo sentido) que leva à autocomposição constitui um meio de alcançá-la, mas não é a autocomposição em si mesma. Dentre todos os modos de prevenção, ou composição do conflito, apresenta-se este como o mais expedito, o mais prático, o mais civilizado. O dito popular *mais vale um mau acordo que uma boa demanda*, como sói acontecer aos provérbios, encerra a sabedoria do homem, que a experiência acumulou ao longo das idades. O direito objetivo, como se viu na transcrição do art. 840 do Código Civil e se encontra em outros dispositivos legais, estimula a autocomposição. A certeza das suas vantagens leva as partes a buscar, por iniciativa própria, ou de outrem, de cujos serviços se valem, a composição amigável dos conflitos. Institucionaliza-se, hoje, principalmente no primeiro mundo, dentre as profissões jurídicas (os Estados Unidos na frente), a *mediação* (*mediatio*, intervenção, intercessão; de *mediare*, partir, ou dividir em dois). Usualmente, o *mediador* conhece o direito objetivo, mas não se pronuncia sobre o direito das partes. Limita-se a tomar ciência do conflito, nos seus elementos, e a apontar meios possíveis de compor ou prevenir a lide. Resultante da iniciativa deles mesmos, ou promovida por terceiro, a autocomposição emana sempre da vontade dos próprios litigantes, não se concebendo possa outrem substituí-los no propósito de evitar o conflito próximo ou de solucionar o ocorrente.

No emprego da própria força dos litigantes, descobre-se outro meio de composição ou prevenção da lide. Trata-se da *autodefesa* ou *autotutela*

(*tutela*, tudo o que defende ou protege; de *tueri*, olhar, ameaçar; logo, defender com força), por meio da qual um dos contendores subjuga o outro, para satisfazer a sua pretensão. Do uso das mãos ao tacape, da ameaça a toda a sorte de atos de brutalidade física ou psíquica, o homem sempre se valeu da sua força para alcançar os seus propósitos. O emprego da força bruta, comum nos grupos primitivos, foi-se metamorfoseando, sofisticando, requintando, através dos tempos, e, se ainda não abandonado de todo, como revela a observação do panorama social, o homem se prevalece de métodos menos ostensivos, mas igualmente eficazes para alcançar os bens do mundo. Roberto Lyra, *senior*, penalista insigne e professor admirável, costumava lembrar que o homem de hoje deixara de ser o lobo do homem, como visto por Plauto, para converter-se na raposa do homem. O resultado é o mesmo.

Cedo, o homem compreendeu a injustiça do uso da força para a satisfação de pretensões e criou norma proibindo esse método. Porque ainda se faz uso dele, a regra jurídica proibitiva subsistiu, haja vista o art. 345 do Código Penal, que pune quem fizer justiça pelas próprias mãos, para satisfazer pretensão, "embora legítima". A norma ressalva os poucos casos em que a lei permite a justiça privada, como a legítima defesa (CP, art. 25), ou, no campo civil, a legítima defesa da posse (CC, art. 1.210, § 1º, primeira parte: "O possuidor turbado, ou esbulhado, poderá manter-se ou restituir-se por sua própria força, contanto que o faça logo; os atos de defesa, ou de desforço, não podem ir além do indispensável à manutenção, ou restituição da posse."), ou a tomada, pelos hospedeiros, ou fornecedores de pousada, ou alimento, em garantia da satisfação do seu crédito, de objetos do hóspede, freguês, ou consumidor (CC, arts. 1.467, I, e 1.469). Trata-se de resquícios da justiça privada, inicialmente consentida, mas proibida pela certeza de que o mais forte nem sempre tem razão, ou, quando isso acontecer, ele não se limitará a usar a força, com o comedimento necessário a atender à sua pretensão, mas abusará dela. A autodefesa, que se costuma apresentar como o primeiro dos meios de composição da lide (assim procedi eu, no opúsculo que, conforme lembrei no prefácio, deu origem a este livro), não foi, absolutamente, o meio exclusivo de composição dos conflitos, em nenhum momento da história humana, porque, pela índole do homem, por sua natureza racional, a autocomposição sempre existiu, paralelamente a ela. Para ser o animal político de Aristóteles, o homem sempre precisou ser um animal pacífico.

Se o individualismo, o egoísmo, o apego excessivo aos bens da vida, junto com a arraigada convicção da existência de um direito, impedem a autocomposição das lides e se, teratológica, o direito proíbe a autotutela, precisa existir outro meio de solucionar os conflitos ou evitá-los, para corresponder à necessidade das partes e ao empenho social na prevenção e composição deles. Existe. O Estado (de *status*, o que está; de *stare*, erguer-se, estar de pé; assim denominado por sua permanência e porque se ergue entre seus iguais, pela soberania), outra criação do direito, para atender à vocação gregária do homem, que o leva a organizar-se pela estruturação do grupo, chama a si a tarefa, transformando-a numa das suas funções. Trata-se da *jurisdição,* função estatal de que se ocupará o capítulo seguinte.

Capítulo II
JURISDIÇÃO

Sumário: 1. A jurisdição (conteúdo, função, natureza e conceito) – 2. Espécies de jurisdição – 3. Órgãos jurisdicionais principais e auxiliares e funções essenciais à Justiça (Ministério Público, Advocacia Geral da União, procuradorias, advocacia, Defensoria Pública) – 4. Normas reguladoras da jurisdição – 5. Jurisprudência – 6. Inércia da jurisdição.

1. A jurisdição (conteúdo, função, natureza e conceito) – A etimologia do substantivo *jurisdição* – *jurisdictio*, em latim – já lhe revela o conteúdo. A palavra é formada pela aglutinação de duas outras: *juris*, genitivo singular da 3ª declinação, significando *do direito*, e *dictio*, nominativo singular da mesma declinação, isto é, *dicção*, ou *dição*, ato de dizer; de *dicere*, dizer. Nisto consiste a jurisdição na sua essência: dizer o direito, no sentido de identificar a norma de direito objetivo preexistente (ou de elaborá-la, se inexistente) e de fazê-la atuar numa determinada situação. Veja-se bem: considerou-se nula a escritura de compra e venda feita por um menor de 16 anos, que a norma do art. 3º, do Código Civil, declara absolutamente incapaz. Assim se procedeu porque, não bastasse aquela regra, o art. 166, I, do mesmo Código, reputa nulo a ato jurídico, quando "celebrado por pessoa absolutamente incapaz". No exemplo, fez-se *declaração (dictio, dicção) do direito (iuris)* incidente na situação concreta. Por extensão, adota-se a palavra para designar a atividade de uma pessoa ou órgão (assevera-se, então, que é da jurisdição do Governador do Estado sancionar leis aprovadas pela Assembleia, ou que o ensino está na jurisdição do Ministério da Educação), ou para indicar o âmbito territorial, onde um órgão exerce a sua atividade (assim, noticia-se que o crime se deu na jurisdição da 1ª Delegacia de Polícia).

Por intermédio da jurisdição, o Estado, por agentes designados para tal fim, diz o direito que, então, precisa existir adrede ou, faltante, deve ser elaborado para um caso específico. Consequentemente, a jurisdição pressupõe, necessariamente, uma atividade legislativa (isto é, de elaboração da norma).

Exercendo a jurisdição, como o farmacêutico que apanha, nas prateleiras da drogaria, ou manipula o medicamento próprio à cura da enfermidade, entregando-o ao doente, o Estado se serve do arsenal de normas ao seu dispor ou cria a faltante, aplicando-a ao caso que lhe é apresentado, para prevenir ou solucionar a lide. Todas as pessoas estão sujeitas à jurisdição do Estado, inclusive ele próprio e cada uma das pessoas jurídicas que o integram, ou pessoas físicas que exercem funções estatais. A finalidade da jurisdição, já se descobre, é atuar o direito e extinguir o conflito, em cuja cessação estão interessadas as partes litigantes, terceiros, suscetíveis às consequências do litígio, e, além e acima deles, a própria sociedade.

Não se suponha, entretanto, que a jurisdição se esgote na composição das lides. Por meio dela, o Estado também administra interesses sociais relevantes, não correspondentes a qualquer conflito, mas que a ordem jurídica não quer manter, exclusivamente, no âmbito da atividade dos súditos da soberania estatal. Tome-se, para ilustração, a separação consensual (o desquite amigável) dos cônjuges. Se eles já deliberaram o desfazimento da sociedade conjugal, não se pode pensar em lide porque à pretensão de um deles correspondeu, não a resistência, porém a aquiescência do consorte. Apesar disso, a separação, que repercute na família, a qual, "base da sociedade, tem especial proteção do Estado" (CF, art. 226), se fará sob a fiscalização estatal: o Estado dirá se o direito permite a separação consensual, não litigiosa, e verificará se os termos em que ela foi ajustada correspondem às normas pertinentes. Não há, aí, nenhum conflito a ser evitado ou resolvido, mas, ainda assim, existirá a dicção do direito, a jurisdição, que abrange o controle de inúmeras situações não conflituosas, merecedoras de particular cuidado estatal (*v.g.* – isto é, *verbi gratia*, pelo benefício da palavra; por exemplo – o inventário dos bens do falecido, cujos sucessores se encontram acordes quanto ao destino da herança, mas envolvente de pretensões tributárias; a modificação do nome civil, que singulariza a pessoa, distinguindo-a no grupo social e no complexo das suas relações jurídicas. Jurisdição existe, sem dúvida, nessas hipóteses e em incontáveis outras, já que ocorre a declaração do direito. Destaque--se, desde logo, um aspecto saliente da jurisdição de que agora se trata: ao exercê-la, o Estado não se vincula a um critério de legalidade estrita, como acontece quando atua na composição das lides, pois o direito lhe permite adotar, em cada caso, a solução mais conveniente ou oportuna (*Código de Processo Civil* – doravante, neste livro, quase sempre, apenas *CPC* – art. 723, parágrafo único).

A jurisdição, antes de ser um poder do Estado, é um dever dele. Já que uma das razões da existência do Estado é a promoção da paz social, mediante a aplicação do direito, ele é dotado do poder necessário ao cumprimento do dever, que, renovadamente, assume, quando, ciente da impossibilidade de se solucionarem os litígios pela autocomposição, e consciente da proibição da autotutela, se incumbe da composição das lides ou da fiscalização de certas atividades não litigiosas, mas de relevância social. A jurisdição, porque consistente num dever e num poder, é uma *função*, como ensina Eduardo Couture,[1] o meigo e sábio processualista uruguaio, no seu tempo o maior das Américas, de todos os estrangeiros, provavelmente, aquele cuja obra mais se fez conhecida no Brasil, ao qual dedicava especial afeição.

A jurisdição só o Estado pode exercê-la. Trata-se de um atributo da sua soberania. Giuseppe Chiovenda a vê, corretamente, como uma atividade *substitutiva*.[2] No exercício da jurisdição, o Estado substitui por sua vontade, coativamente imposta, a vontade das partes em lide ou – diga-se por extensão – a vontade do titular da pretensão concernente à matéria de relevância social. Pode acontecer, como acontece no mais das vezes, que a vontade do Estado coincida com a de um dos litigantes ou com a do titular do interesse não conflituoso. Todavia, não é a vontade deles que prevalece, senão a vontade do Estado, enunciada no ato pelo qual ele presta a jurisdição. A vontade jurisdicional do Estado é substitutiva da vontade das partes, ainda quando parte seja o próprio Estado por um dos componentes do seu imenso e formidável organismo.

Já que se falou em Chiovenda, cabe a nota, em páginas de introdução ao processo civil, de que ele é o pai da processualística moderna. Hauriu a ciência dos grandes mestres alemães, como Oskar von Bülow e Adolf Wach, que divulgou em italiano, em inúmeras publicações e na sua cátedra, na Universidade de Roma, tornando-os acessíveis aos muitos que, como eu, não transpõem as barreiras íngremes do idioma de Goethe, mas juntou à sistematização que empreendeu muitas concepções magistrais dele próprio, na obra que constitui ponto de partida para os grandes avanços alcançados no século XX, que o viu desaparecer, em 1937.[3]

A jurisdição é função estatal de aplicação do direito objetivo para a prevenção ou solução de lides, ou para a administração de interesses sociais relevantes. Eis a sua natureza, distinguida pelo fato de que os atos

---

[1] *Fundamentos del Derecho Procesal Civil*, 3ª ed., Buenos Aires, 1969, pp. 30 e 31.
[2] *Instituições de Direito Processual Civil*, 2ª ed., São Paulo, Saraiva, 1965, vol. II, pp. 9 e segs.
[3] A tradução brasileira das *Instituições...* de Chiovenda, referidas na nota 2 deste capítulo, contém introdução de Alfredo Buzaid, destacando a importância do autor na processualística.

jurisdicionais são autoritários, impondo-se aos litigantes ou aos titulares de interesses sociais significativos, e substituindo-lhes a vontade. Desprovida de autoridade e despida do seu caráter substitutivo, a jurisdição converter-se-ia numa espécie de atividade consultiva, ou conselheiral, frustrando-se, assim, a função estatal de promover a paz e o equilíbrio sociais pela administração da justiça.

Certamente, o Poder Executivo e o Poder Legislativo também aplicam o direito, mediante atos de autoridade. A diferença, no entanto, entre a função jurisdicional, por um lado, e a executiva e legislativa, por outro, reside no fato de que aquela se impõe aos seus destinatários, aniquilando-lhes a vontade, definitivamente substituída pela do Estado, enquanto as duas últimas porque, salvo excepcionalmente, não dispõem de meios para coibir, por si mesmas, a insubmissão, não operam essa substituição, não conseguindo, por isso, compor, de modo satisfatório, os conflitos sociais nem cuidar, adequadamente, dos interesses sociais de monta. A prova disso está no fato de que se pode opor resistência ao ato legislativo ou à providência executiva, mas o comando jurisdicional, a partir de certo momento, não admite desafio. De tal modo é autoritária a jurisdição que, mesmo o ato jurisdicional que deixa de aplicar o direito, ou não lhe dá a melhor aplicação possível, pode prevalecer, se não utilizados, ou depois de esgotados, os meios para a sua correção. Voltarei a este ponto no capítulo IX deste livro.

Os elementos expostos aqui, com a brevidade própria de uma obra introdutória, permitem conceituar a jurisdição como a função estatal de aplicação coercitiva do direito, mediante decisões de autoridade indiscutível, substitutivas da vontade dos jurisdicionados, destinadas a prevenir ou solucionar os conflitos sociais, ou a administrar interesses sociais relevantes. Não se trata de uma definição, no sentido de enunciação precisa e abrangente de todos os elementos do objeto definido, mas de um conceito, na sua acepção filosófica, de apresentação do objeto por suas características gerais.

2. Espécies de jurisdição – Quanto à finalidade do seu exercício, a jurisdição é *contenciosa* ou é *voluntária* (também chamada *graciosa*). A jurisdição contenciosa (como indicam o substantivo contenda e o verbo contender) visa à composição da lide, pois se exerce para evitar ou solucionar os conflitos sociais. A jurisdição voluntária se destina, como dito e repetido, à administração de interesses sociais relevantes, integrada, por razões de ordem política, no âmbito da atividade jurisdicional, como poderia ser daí desviada. Costuma-se negar natureza jurisdicional à jurisdição voluntária. Parece, contudo, que, se também ela aplica o direito, mediante um comando substitutivo da vontade do interessado, trata-se de jurisdição. Esse entendimento diverge do que expus, no pequeno livro que me inspirou à elaboração deste, e, obviamente, corresponde à fase atual do meu pensamento.

Costuma-se também classificar a jurisdição pela natureza das normas jurídicas aplicadas no exercício dessa função. Por isso, fala-se em jurisdição penal, jurisdição penal militar, jurisdição trabalhista, jurisdição eleitoral. Forma-se uma ideia de jurisdição civil quando se atenta no fato de que os seus limites se estabelecem por exclusão, já que ela atua onde não cabe uma jurisdição específica, como as que se acabam de mencionar. Destarte, a jurisdição civil compreende a aplicação de normas de direito constitucional, civil, comercial, administrativo, internacional e quaisquer outros ramos para os quais não se volte um segmento determinado da função jurisdicional.

3. Órgãos jurisdicionais principais e auxiliares e funções essenciais à Justiça (Ministério Público, Advocacia Geral da União, procuradorias, advocacia, Defensoria Pública) – No sistema constitucional brasileiro (não necessariamente noutros), a jurisdição é entregue a um poder do Estado, o Poder Judiciário (de *judiciarius*, adjetivo de *judicium*, julgamento, ato de julgar, que vem de *judex*, juiz; de *judicare*, julgar, este último de *jus*, direito, e *dicere*, dizer), integrado sempre por agentes estatais, chamados *juízes*, substantivo cuja etimologia se acaba de explicar (não importa que o órgão onde atuam lhes confira denominação especial, como a de ministro ou desembargador), investidos de dignidade especialíssima, e cercados das garantias de vitaliciedade, inamovibilidade e irredutibilidade de subsídios (CF, art. 95, I, II, III), não em proveito próprio, mas em benefício dos jurisdicionados, para que exerçam sua função com independência, pois, ao se desincumbirem dela, como adverte Chiovenda, só estão sujeitos à lei (CPC, art. 140) e aos ditames da sua consciência.[4]

A Constituição Federal enumera, nos oito incisos do seu art. 92, os órgãos do Poder Judiciário: o Supremo Tribunal Federal, o Conselho Nacional de Justiça (art. 92, I-A), o Superior Tribunal de Justiça, o Tribunal Superior do Trabalho (art. 92, II-A), os Tribunais Regionais Federais e Juízes Federais, os Tribunais e Juízes do Trabalho, os Tribunais e Juízes Eleitorais, os Tribunais e Juízes Militares, os Tribunais e Juízes dos Estados e do Distrito Federal e Territórios. Esses órgãos jurisdicionais, judiciários ou judiciais, denominações equivalentes, e seus agentes encontram disciplina própria, na Constituição, em lei complementar, denominada, no art. 93 da carta política, Estatuto da Magistratura (atualmente, Lei Orgânica da Magistratura Nacional), em

---

[4] *Instituições...*, cit., vol. II, p. 98.

normas de leis ordinárias, como o Código de Processo Civil, nas constituições dos Estados, nas normas de organização judiciária. Os juízos se dizem coletivos ou colegiados, quando compostos por mais de um juiz. Assim, os tribunais que, para maior utilidade da prestação jurisdicional, se fracionam em turmas, câmaras, grupos, seções, reunindo-se num órgão especial os que contarem mais de 25 juízes (CF, art. 93, XI), ou no tribunal pleno, constituído da totalidade dos seus componentes. Integrados por apenas um juiz, os juízos se chamam singulares ou unipessoais.

A Emenda Constitucional nº 45, de 30 de dezembro de 2004, acrescentou ao art. 92 da Constituição o inciso I-A, para incluir, entre os órgãos do Poder Judiciário, o Conselho Nacional de Justiça. A composição e a competência do CNJ estão definidas no art. 103-B, também enxertado na Constituição pela Emenda nº 45. Vê-se, no § 4º do art. 103-B, que o Conselho não tem competência para exercer a jurisdição, julgando processos judiciais. Compete-lhe o encargo relevantíssimo de controlar a atuação administrativa e financeira do Judiciário e o cumprimento dos deveres funcionais dos juízes.

Hierarquizada, no mundo ocidental, desde a Roma imperial, a justiça se exerce por órgãos situados em planos superpostos, referidos como *graus de jurisdição* ou *instâncias* (o CPC de 1973, na sua redação original, evitou a palavra *instância* – de *instantia*, vizinhança, proximidade; de *instare*, estar suspenso em cima, estar pendurado; logo, o que vem acima – porque não se trata de vocábulo unívoco). Isso, entretanto, não significa, como pretendem certos papalvos, que a palavra haja desaparecido da terminologia processual. Subsiste, pode e até deve ser usada, quando restar claro o sentido do seu emprego. Pontes de Miranda, inquestionavelmente um dos maiores juristas do mundo em qualquer época, o maior dentre os juristas e processualistas brasileiros de todos os tempos, que torna anões todos os demais, no pitoresco dito do eminente advogado Dario de Almeida Magalhães, embora advertindo para o cuidado que se deve ter no emprego da palavra *instância*, serve-se dela no sentido de *grau de jurisdição*,[5] lembrando que ela integra a tradição luso-brasileira. O vocábulo *instância* voltou ao direito processual positivo no inciso I do art. 539 do CPC de 1973, reafirmado no código vigente.

Cumpre assinalar, agora, como fez o autor do Código de Processo Civil de 1973, o saudoso Alfredo Buzaid, processualista magnífico, pioneiro na divulgação da ciência processual neste país, que não existe, a rigor, um Poder Judiciário federal e um Poder Judiciário estadual, mas, sim, um Poder Judiciário nacional uno, porque todos os seus órgãos estão incumbidos do

---

[5] *Comentários ao CPC*, 2ª ed., Rio de Janeiro, Forense, 1979, t. I, pp. 50 e 51.

exercício da mesma função. Não existem, no Brasil, dois poderes judiciários, porém duas organizações judiciárias distintas, integrantes de um único poder e vinculadas ao exercício de uma só função.

Sozinhos, os juízes não conseguiriam exercer a jurisdição. Afinal, a administração da justiça pelo Estado – e nisso consiste a jurisdição – representa uma função extremamente complexa, que não prescinde de muitas atividades, das quais a de julgar, exclusivamente dos *magistrados* (de *magistratus*, provindo de *magister*, o que manda, dirige, ordena), constitui a principal, mas anda muito longe de ser a única. Os diferentes órgãos judiciais contam com um quadro permanente de funcionários, que desenvolvem tarefas indispensáveis ao exercício da função: os serventuários da Justiça, tomada esta palavra, aqui, metonimicamente, em lugar de Poder Judiciário. O Código de Processo Civil alude a alguns deles, chamando-os *auxiliares da Justiça*, com a ressalva da existência de outros, cujas atribuições são determinadas pelas normas de organização judiciária. Refere-se o art. 149[6] ao escrivão, ao chefe de secretaria, ao oficial de justiça, ao perito, ao depositário, ao administrador e ao intérprete, o tradutor, o mediador, o conciliador judicial, o partidor, o distribuidor, o contabilista e o regulador de avarias, como poderia ter incluído o escrevente ou técnico judiciário, o contador, o partidor, o porteiro e o leiloeiro (arts. 888, parágrafo único, e 903), o avaliador (arts. 523 e 870), os secretários dos órgãos dos tribunais (art. 1.006), os assistentes técnicos das partes (art. 465, § 1º, II). Não se faz, aqui, enumeração exaustiva. Algumas pessoas dentre as indicadas pertencem aos quadros permanentes do Judiciário; outras, como os peritos, assistentes, intérpretes e tradutores, são convocadas, episodicamente, para atuar em casos concretos. Não importa se permanente ou transitória a função, enquanto estiverem contribuindo para a prestação jurisdicional, serão órgãos jurisdicionais auxiliares com as prerrogativas, deveres e responsabilidades decorrentes.

A Constituição da República distinguiu certas atividades de excepcional importância, declarando-as, no Capítulo IV do seu Título IV, *funções essenciais à Justiça* (arts. 127 a 135). Trata-se do Ministério Público (arts. 127 a 130-A), que atua, ora postulando a jurisdição no seu próprio nome, ora representando quem a postula (proibida a representação judicial de entidades públicas – art. 129, IX), ora zelando pela correta aplicação da lei; da Advocacia Pública, constituída pela Advocacia Geral da União, que a representa perante o Judiciário (art. 131), salvo para a cobrança da dívida ativa de natureza tributária, cometida à Procuradoria Geral da Fazenda Nacional (art. 131, § 3º);

---

[6] Neste livro, entende-se que é do CPC o artigo referido sem outra indicação.

dos Procuradores dos Estados e do Distrito Federal, que representam essas pessoas, quando elas necessitam da jurisdição (art. 132); do advogado, sem o qual, salvo excepcionalmente, não se pode pleitear a função jurisdicional (art. 133; CPC, art. 103); da Defensoria Pública, à qual compete defender os necessitados em todas as instâncias jurisdicionais, para a efetividade da garantia do art. 5º, LXXIV (art. 134).

Os órgãos jurisdicionais principais e auxiliares, bem como os titulares das atividades essenciais à administração da justiça, se podem encontrar razões de fundado orgulho no seu ofício, devem exercê-lo conscientes de que são construtores da paz social, função a que nenhuma outra se equipara em elevação. Impõe-se, igualmente, que se mantenham cônscios das suas graves responsabilidades. O resultado final dos seus atos pode transformar o branco em preto e o quadrado em redondo, expressão cara aos velhos doutores, e que hoje faz sorrir, quando, pensando bem, devia fazer tremer, como assinala um livro famoso, de leitura obrigatória, indispensável a todos os profissionais do direito, escrito por Piero Calamandrei,[7] o encantador mestre e vibrante advogado de Florença que, ao lado de Chiovenda, Carnelutti e Cappelletti, compõem o maior quarteto de processualistas que a Itália ofereceu ao mundo.

4. Normas reguladoras da jurisdição – Atividade pública, integram o direito público as normas e os princípios governantes da função jurisdicional. O Estado, já se viu, administra a justiça, aplicando o direito. Para alcançar esse fim, submete-se a normas específicas, estabelecidas na Constituição e nas leis. Na sua maioria, essas normas são *formais* ou *instrumentais,* porque visam fazer atuar outras normas, disciplinadoras das relações jurídicas no grupo social, materiais estas últimas.

As regras de direito fundamentais ao exercício da jurisdição encontram-se assentadas na Constituição Federal, que estrutura o Poder Judiciário, enumerando os seus órgãos, definindo a composição e atuação de alguns deles, assim como estabelece os principais direitos e deveres dos seus integrantes (leia-se o Cap. III do Tít. IV da CF, arts. 92 a 126). Além disso, a carta política assegura direitos e impõe deveres aos destinatários da jurisdição, mediante dispositivos que serão referidos, ao longo destas páginas, no seu tempo e na sua hora. O Estatuto da Magistratura deve ser objeto de lei complementar da

---

[7] *Elogio dei Giudici scritto da un Avvocato*, do qual há excelente tradução portuguesa de Ary dos Santos – *Eles, os Juízes, vistos por nós, os Advogados* –, de cuja 7ª ed., Lisboa, Classica Ed., 1985, servir-me-ei no cap. IX deste livro. Também é excelente a tradução brasileira de Eduardo Brandão – *Eles, os Juízes, vistos por um Advogado* – São Paulo, Martins Fontes, 1995.

Constituição, nos termos do seu art. 93, cujos 15 incisos arrolam os princípios básicos pelos quais aquele diploma se norteará. Porque as suas normas regulam uma atividade do Estado, definida na Constituição, torna-se clara a íntima vinculação entre o direito disciplinador da função jurisdicional e o direito constitucional, ponto, aliás, já destacado num dos meus escritos.[8]

As normas de exercício da jurisdição ou estão na Constituição, ou emanam, quase exclusivamente, da União Federal (art. 22, I), poucas concessões se fazendo aos Estados federados e ao Distrito Federal para legislar sobre a matéria (*v.g.*, art. 24, XI). A jurisdição civil encontra a sua disciplina no Código de Processo Civil, que é uma lei ordinária (Lei nº 13.105, de 16.03.2015). Por sinal, ela principia pela declaração de que "a jurisdição civil é exercida pelos juízes e pelos tribunais, em todo o território nacional, conforme as disposições deste Código" (art. 16). A Constituição e o Código de Processo Civil, entretanto, não esgotam a disciplina legal da jurisdição, regulada também em múltiplas leis extravagantes e disposições de diferente hierarquia. Anteriores à Constituição de 1988, o Código de Processo Civil e a maioria dessas leis continuam em vigor, depois da promulgação dela, pelo fenômeno da *recepção*, que chamo também da *absorção compatível*, por meio do qual uma nova ordem constitucional torna válidas, integrando-as nela, as normas anteriores, que não contrariem os seus dispositivos.

Importante acentuar que a jurisdição, como mostram as diversas normas tutelares dela, é função privativa do Estado, que, para impedir violências e injustiças, pouco a pouco retirou dos particulares a possibilidade de compor as lides pela força ou de administrar sozinhos certos interesses sociais de relevo. A jurisdição, como tantas outras instituições jurídicas, é produto da experiência da humanidade, forjada através dos tempos. Mesmo nos casos em que os litigantes entregam a composição do conflito a particulares, como no juízo arbitral, a decisão desse juízo privado pode ser submetida ao controle do judiciário, atendidas certas circunstâncias.

5. Jurisprudência – Não se devem confundir os vocábulos *jurisdição* e *jurisprudência*, parecidos porque, formados por aglutinação, coincidem no elemento *juris* (do direito), comum a ambos. Na sua primeira acepção, quase nunca usada no Brasil, jurisprudência designa a ciência do direito (de *juris,* do direito, e *prudentia,* sabedoria, esta de *prudens,* previdente, sagaz, por isso, conhecedor, sabedor). Entretanto, usa-se, normalmente, a palavra

---

[8] "Direito de Petição e Estado de Direito", *in Direito Processual Civil – Estudos e Pareceres,* São Paulo, Saraiva, 1983, p. 166.

jurisprudência para designar o conjunto de decisões judiciais uniformes sobre a mesma hipótese jurídica. Assim, por exemplo, diz-se que a jurisprudência (ou a jurisprudência de um tribunal, ou de um órgão judicial específico – *v.g.*, jurisprudência do Supremo Tribunal Federal, do Superior Tribunal de Justiça, da 5ª Câmara Cível do Tribunal de Justiça do Estado do Rio de Janeiro) já adotou o entendimento de que uma determinada norma deve ser aplicada num certo sentido. Não poucas vezes, assentado o modo pelo qual certa regra jurídica deve ser aplicada, um tribunal edita uma súmula (diminutivo de *summa*, sumário). Trata-se de um enunciado que resume o entendimento reiterado, ou predominante, dispensando referências a casos específicos. Fala-se também em conflito, ou dissídio de jurisprudência, quando uma regra jurídica mereceu interpretação diferente de tribunais distintos (nesse sentido, diz-se que a alínea *c* do inciso III do art. 105 da Constituição se refere a divergência jurisprudencial).

Ao contrário do que ocorre em alguns países, como a Inglaterra e os Estados Unidos, no Brasil, a jurisprudência em geral não tem força obrigatória, isto é, a interpretação dada a uma lei por um tribunal, mesmo o Supremo Tribunal Federal, não se impõe a outros tribunais ou juízes, que podem acompanhar o que já se decidiu ou adotar entendimento diferente. A jurisprudência, neste país, orienta e persuade, mas não vincula, porque, ao aplicar a lei, o juiz não queda submisso à interpretação que lhe hajam dado os tribunais. Tem liberdade de decidir, como lhe parecer adequado. Exceção ao que aqui se diz é a súmula vinculante, tratada no item 9 do Cap. VIII, adiante.

Reconheça-se, porém, que o papel da jurisprudência se vai expandindo. Em termos práticos, os julgamentos dos tribunais passam a ter importância e vigor. Vejam-se, por exemplo, os incisos IV e V do art. 932 o relator de um recurso negará provimento a ele, se confrontar súmula ou acórdão proferido em julgamento de recursos repetitivos. Por igual, se a decisão da qual se está recorrendo contrariar súmula ou jurisprudência do Supremo Tribunal Federal, ou de tribunal superior, o próprio relator deverá, em ato isolado, sem levar o caso ao julgamento dos seus pares, dar provimento (isto é, acolher) o recurso. Dessas decisões individuais, naturalmente, cabe recurso de agravo interno, em quinze dias, para o órgão competente para julgar o recurso (art. 1.021).

Convém, igualmente, evitar confusão entre *jurisprudência* e *doutrina*. A doutrina (de *doctrina*, procedente de *docere*, ensinar) é manifestação, normalmente de especialistas, divulgada por meio de livros, artigos, ensaios, pareceres, sobre temas jurídicos específicos. Daí dizer-se "a doutrina brasileira ou alemã"; "a doutrina de Chiovenda, ou de Pontes de Miranda".

6. Inércia da jurisdição – A jurisdição é dominada pelo princípio da inércia. Para conter o Estado, impedindo que ele se imiscua na vida dos seus súditos, o direito o impede, ressalvadas poucas exceções, de atuar a jurisdição espontaneamente. Pudesse ele proceder assim, sua presença, já temível pela manifestação omnímoda, tornar-se-ia insuportável, pela conversão dele no Estado policialesco, anunciado por George Orwell, no seu famoso livro *1984*, sem se abrirem às pessoas, as grandes construtoras da paz no grupo, a oportunidade de cuidarem, por si mesmas, do equilíbrio social, pelos meios de acomodação ao alcance delas, inclusive a autocomposição, como ficou explicado.

O direito mantém o Estado inerte quanto à atividade jurisdicional, até que se chame por ele, quando, então, ele se obriga a exercer essa função. Se, por um lado, a norma constitucional estatui que "a lei não excluirá da apreciação do Poder Judiciário lesão ou ameaça a direito" (art. 5º, XXXV), assim garantindo o acesso à Justiça, por outro, no tocante à jurisdição civil (e o mesmo quase sempre ocorre no âmbito das outras jurisdições), o Código de Processo Civil dispõe, no seu art. 2º, que "O processo começa por iniciativa da parte e se desenvolve por impulso oficial, salvo as exceções previstas em lei". Para que as pessoas possam invocar a jurisdição, a Constituição e as leis lhes conferem um direito: a ação judicial, objeto do próximo capítulo.

Capítulo III
A AÇÃO

Sumário: 1. Conceito de ação judicial – 2. Natureza jurídica – 3. Elementos da ação – 4. Partes (autor e réu) – 5. Litisconsórcio – 6. Substituição da parte – 7. O pedido e seus objetos – 8. Modificação, alteração e aditamento do pedido – 9. Cumulação de pedidos e concurso de ações – 10. Causa de pedir – 11. Identificação da ação, conexão, continência, litispendência, coisa julgada – 12. Condições da ação – 13. Possibilidade jurídica – 14. Legitimidade das partes – 15. Interesse processual – 16. Classificação das ações – 17. Ação, demanda e libelo – 18. Ação e exceção.

1. Conceito de ação judicial – Pelos motivos apontados no capítulo anterior, a jurisdição só atua mediante provocação. Não pode o Estado, através dos seus agentes, os juízes, prestá-la, senão em resposta a um pedido expresso. Como as coisas se passam desse modo, a ordem jurídica confere a cada integrante do grupo social, pessoa física, jurídica, ou formal, o direito de reclamar a jurisdição. Designa esse direito de pedir a atuação da função jurisdicional do Estado, com vistas à prevenção de uma lide iminente ou à solução de uma lide ocorrente, o substantivo ação (do latim *actio*, ação, movimento; de *agere*, impelir, empurrar, agir) a que se junta o adjetivo judicial, para indicar que esse direito se exerce em juízo, isto é, perante um órgão do Poder Judiciário, assim se distinguindo de outras ações, que alhures se podem praticar. Observe-se que também se sustenta, na doutrina, que é ação o direito de requerer do Estado uma providência de jurisdição voluntária, atribuindo-se, portanto, à palavra um conceito mais abrangente do que lhe dá a maioria dos autores, que vinculam a ação à ideia de litígio. Em qualquer hipótese, a ação aparece como um direito à jurisdição, de cujo exercício depende a atuação dessa função, porque ela não se efetiva se não for provocada.

2. Natureza jurídica – Mas o que é a *ação*, nos domínios do direito? Qual a sua natureza? Não se pode responder, satisfatoriamente, a essa pergunta sem umas poucas e breves considerações propedêuticas.

Embora a palavra – isto é, a unidade de som e sentido pela qual os humanos se expressam – constitua, efetivamente, como dela disse José de Alencar, um dom celeste, que Deus deu ao homem e recusou ao animal, ela nem sempre é empregada com a mesma significação. Por *bonito*, eu posso atribuir a um ser a qualidade de belo, posso designar um peixe, indicar um índio da tribo dos bonitos, ou mesmo, segundo o dicionário, aludir a uma bacia de barba. As palavras são *equívocas* e não *unívocas*: o mesmo vocábulo tem mais de uma conotação. Assim também ocorre na terminologia científica, que se vale de um termo com significações diferentes. Para não sair da terminologia jurídica, tomem-se estes três períodos:

1º) Ana adquiriu uma *ação* da Petrobras.

2º) Repelindo, imediatamente, os invasores do seu quintal por sua própria força, André praticou uma *ação* lícita.

3º) Afirmando que quer reaver seu imóvel, arruinado pelo locatário Antônio, o locador Marcos ajuizou contra ele uma *ação* de despejo.

Usada, nos três períodos, com rigorosa técnica, a palavra *ação* encontra, entretanto, uma significação distinta em cada um deles.

No primeiro, afirmou-se que Ana adquiriu uma unidade do capital da Petrobras, empregando-se a palavra no sentido que lhe dá o art. 11 da Lei nº 6.404, de 15.12.1976, quando preceitua que "o estatuto fixará o número das ações em que se divide o capital social". Aqui, a ação é um objeto, uma *res*, coisa suscetível de aquisição.

No segundo período, foi dito que André praticou um ato de legítima defesa da sua posse, consentido pelo Código Civil, art. 1.210, § 1º, primeira parte. Tomando-se por verdadeira a assertiva ali feita, *ação* aparece como o direito de defender a posse ou, se quiser, como uma faceta dinâmica do próprio direito de posse, reagindo a uma provocação.

Já no terceiro período, indicou-se que Marcos, querendo romper a locação e reaver seu imóvel, danificado pelo inquilino Antônio, não podendo alcançar seu intuito por si mesmo, apresentou sua pretensão ao Judiciário, pedindo a um juiz que rescinda a locação e lhe restitua o imóvel.

No segundo exemplo, existe, sem dúvida, a coonestar o ato, uma norma jurídica (direito objetivo), revelada no art. 1.210, § 1º, do Código Civil, consoante a qual "o possuidor turbado, ou esbulhado, poderá manter-se ou restituir-se por sua própria força, contanto que o faça logo". Se a situação concreta de André cabia no quadro abstrato dessa norma, ele praticou uma ação lícita, um ato jurídico, cometendo um ilícito na hipótese contrária.

No terceiro exemplo, decidirá o juiz se houve locação e se ocorreram os danos, decretando o despejo, na hipótese afirmativa, ou o recusando, na hipótese negativa, mas, de qualquer forma, respondendo, como é dever do Estado, ao pedido de atuação da função jurisdicional, feito por Marcos.

Se se considerar, no terceiro exemplo, que não houve os danos, a conclusão inevitável é a de que Marcos não tinha direito à rescisão. Ainda assim, tinha o direito de postular o despejo, exerceu esse direito, e o Estado, devedor da obrigação correspondente ao direito, deu a resposta a que se obrigara, ainda que repelindo o pedido de Marcos.

Observado o terceiro exemplo, descobre-se que a *ação judicial*, se é *um direito*, não é o *mesmo direito* que a pessoa afirma ter, quando comparece diante de um órgão do Poder Judiciário. A ação judicial é um *outro* direito, diferente do afirmado. É o direito de pedir a jurisdição. No exemplo, este *outro* direito – direito de pedir a jurisdição – Marcos tinha, e tanto tinha que obteve a prestação jurisdicional, pouco importando não fosse ela do seu agrado. Dissocia-se, então, muito distinta e claramente, a ação judicial do direito que a pessoa afirma ter quando vai a juízo. No exemplo dado, com perdão da insistência, a dissociação é ofuscantemente nítida porque, se se considerar não existente o direito de Marcos de romper a locação, havia, ainda assim, seu direito de propor a ação de despejo, tanto que a propôs e obteve uma prestação.

Por certo, dispensar-se-ão rios de tinta para se repetir esta evidência: quando chamou a si a função de dizer o direito, permitindo que todas as pessoas se dirijam a ele para pedir o exercício da jurisdição, o Estado se obrigou a uma resposta *qualquer*, e não, obviamente, a uma resposta *favorável* ao postulante.

Pode-se, por conseguinte, observar, analisar, estudar e dar disciplina jurídica à ação judicial, independentemente do direito, que se afirma existente quando se vai a juízo. Assim como a cozinheira, que pretende fazer um prato de legumes para um comensal fanaticamente vegetariano, deixa de lado as postas de carne que encontra na geladeira (os exemplos simples só os evitam certos pedantes, que não seguem, na ilustração singela, juristas como Pontes de Miranda ou Carnelutti), também o estudioso deve procurar entender a ação judicial, enquanto instituição de direito, pondo de lado, desprezando, ignorando o direito que se afirma existente quando se propõe a ação. Deve-se desconsiderar qualquer indagação quanto a esse direito, fazendo-se *abstração* dele.

Eis por que se chama *teoria da ação como direito abstrato* a predominante formulação teórica dos processualistas Heinrich Degenkolb e Alexandor

Plósz, alemão aquele, húngaro este.[1] A denominação da teoria de Degenkolb e Plósz causa certa desconfiança aos iniciantes. No poema "Mensagem a Rubem Braga", Vinícius de Moraes escreveu estes versos: "Vi um menino em coma de fome (coma de fome soa esquisito, parece/que havendo coma não devia haver fome: mas havia)". Pode parecer estranho que, havendo direito, haja abstração, mas existe. Entenda-se, porém, que a abstração a que alude a teoria prevalecente não é da ação como direito à jurisdição; é da ação concebida com abstração de qualquer indagação sobre o direito para cuja proteção ela se exerce.

Tenho plena consciência de que os últimos parágrafos me saíram derrapantes, repetitivos. Melhor proceder assim, num livro de introdução ao Processo Civil, do que incidir no erro comum dos que esperam que o leitor já conheça a matéria exposta. Por que tanta ênfase na explicação da natureza da ação judicial? Porque se ela não for vista, consoante a realidade, como direito diferente daquele afirmado por quem a propõe; se ela se confundir com esse direito, o cuidado que a ela se dará não será dela próprio, mas inerente ao direito com ela confundido. Suponha-se que tenha natureza privada o direito para cuja proteção a ação se exerce: baralhada com ele, tratar-se-á a ação como instituição de direito privado, aplicando-se a ela normas e princípios desse direito. Isolada, a ação judicial terá de ser vista, necessariamente, como figura de direito público, porque ela consubstancia o direito de invocar uma função pública, a jurisdição, privativa do Estado.

Pensou-se, até a metade do século XIX, que a ação não passasse do direito afirmado pelo autor, reagindo a uma ameaça ou a uma lesão. A doutrina invoca a afirmação de Demolombe, um civilista francês do século XIX, de que a lei incorria em pleonasmo quando falava em direitos e ações, e lembra o dito de Joseph Unger, para quem a ação seria *le droit casqué et armé en guerre*: o direito de escudo e armado para a batalha. Assim, o direito, afirmado por quem a ajuizasse, e a ação seriam uma só e a mesma coisa, e só teria ação quem tivesse direito. Eis a concepção da ação como direito concreto, pela qual só há ação se existir o direito afirmado pelo autor. Esse entendimento prendia-se ao conceito da *actio* romana, a qual era, ela sim, a expressão dinâmica do próprio direito, dizendo-se ter *actio*, pretendendo-se afirmar a existência de um direito. Uma polêmica, travada na Alemanha, em meados do século

---

[1] Em 1855, Francisco de Paula Baptista, professor da Faculdade de Direito de Recife, publicava a primeira edição do seu *Compêndio de Teoria e Prática do Processo Civil*, e, embora desconhecendo o desenvolvimento da doutrina alemã, já proclamava a ação como direito autônomo (*Compêndio...*, cit., § 2º, nota 1; e Alfredo Buzaid, Paula Batista, *Atualidades de um Velho Processualista*, São Paulo, 1950, pp. 9-15).

XIX, entre os civilistas Bernhard Windscheid e Theodor Muther, contribuiu, decisivamente, para aclarar o conceito da ação, tal como ela se compreende hoje. A partir desse marco, começou-se a separar a ideia de ação da ideia do direito (direito apenas afirmado; da sua efetiva existência só mais tarde o juiz dirá) cuja proteção se busca por meio dela. Transformada a ação em direito autônomo, adquiriu autonomia científica o ramo do direito público que a disciplina, regendo as consequências produzidas pelo seu exercício: *o direito processual.*

O autor destas linhas segue Eduardo Couture, quando o processualista uruguaio vê a ação judicial como espécie do direito de petição aos poderes públicos,[2] assegurado, hoje, no art. 5º, XXXIV, da Constituição Federal. Diversas solicitações se podem endereçar ao Poder Executivo, do simples telefonema ao Corpo de Bombeiros, para apagar um incêndio, ao requerimento de anulação de um intricado ato administrativo. Qualquer pessoa pede ao Legislativo o desempenho das suas funções de editar normas disciplinadoras de diferentes segmentos da vida social, ou de proceder conforme outras atribuições da sua incumbência, como fizeram a Ordem dos Advogados do Brasil e a Associação Brasileira de Imprensa com o histórico pedido de *impeachment*, que livrou o Brasil de uma quadrilha criminosa. Ao Judiciário, outro poder público, requer-se a jurisdição, sendo a ação judicial o direito de pedi-la.

Cabe, então, arrematar este item dizendo que a ação judicial é o direito público e abstrato de pedir o desempenho da função jurisdicional do Estado. Eis, no meu entendimento, a sua natureza, em torno da qual se elaborou, como ainda hoje ocorre, a fecunda construção doutrinária, revelada na opulenta doutrina sobre o tema.

3. Elementos da ação – Assim como convém dissecar um corpo para se descobrirem as partes que o integram, cumpre, do mesmo modo, reduzir a ação judicial, e cada ação que se ajuíza, aos seus elementos constitutivos, a fim de compreendê-los convenientemente. Só através desse desmonte da ação se conseguirá identificá-la e distinguir uma determinada ação de outras diferentes dela, ou a ela assemelhadas, para determinar a existência de um vínculo entre duas ou mais ações, ou para verificar se a mesma ação já não terá sido proposta e decidida, em tempo passado, ou se encontra em curso, simultaneamente com a examinada. Muitas e importantes consequências de

---

[2] Cf. o estudo, citado na nota 9 do cap. anterior, especialmente as pp. 170 a 173. De Couture, vejam-se os *Fundamentos...*, pp. 74 a 76.

ordem prática advêm da determinação dos elementos da ação. Se se faz essa análise, considerando-se uma ação apenas, chama-se a essa operação identificação da ação, falando-se em *identificação das ações* quando se cotejam duas ou mais ações.

No consenso geral dos processualistas, acolhido em mais de um dispositivo do Código de Processo Civil, constituem os elementos da ação *as partes* (autor e réu), *o objeto* (pedido) e a *causa de pedir*: *personae, res (petitum), causa petendi*.

4. Partes (autor e réu) – *Parte* (do latim *pars*, parte, quinhão, porção; do tema de *par*, igual; logo, o que existe com outro, para formar o todo) é a pessoa que pede ou a pessoa contra quem se pede o exercício da jurisdição. A pessoa que propõe a ação, assim pedindo o exercício da função jurisdicional, chama-se *autor* (*auctor*, o que produz, gera, faz nascer algo; de *augere*, produzir, aumentar, fazer crescer). A pessoa contra a qual a ação é proposta chama-se *réu*, palavra na qual os leigos, pela inevitável associação com a jurisdição criminal, encontram algo sinistro (por isso, atendendo a circunstâncias personalíssimas, certos advogados a substituem, na referência aos próprios clientes, chamando-os, com pouca técnica e muita habilidade, suplicados, demandados, requeridos). O substantivo *réu – reus* em latim – tem por raiz *res*, coisa, assunto, questão, e deriva do fato de que a pessoa convocada a juízo é aquela sobre cujos bens, ou sobre cujos assuntos (negócios), se litiga. Valho-me sempre da etimologia porque, desvendando a origem da palavra, ela contribui para a compreensão do seu significado, mesmo na linguagem técnica. Advirto, entretanto, para a escassez dos meus conhecimentos também nesse setor, mesmo porque meu latim é deficiente e nenhum o meu grego. Os dicionários ajudam, mas às vezes desnorteiam.

Tecnicamente, *a ação se propõe contra o Estado*, na medida em que ela é o direito à jurisdição do qual o Estado é devedor. Diz-se, porém, na tradição do direito brasileiro, que a ação se propõe *contra* o réu, no sentido de que por meio dela se busca uma prestação jurisdicional, que se imponha a ele, vinculando-o, submetendo-o à vontade estatal e o obrigando a aceitar a composição da lide, ditada pelo Estado, ainda que de modo não correspondente à sua pretensão. O louvável e edificante avanço da processualística brasileira, principalmente depois do advento do Código de Processo Civil de 1973, levou a se dizer, cautelosamente, que a ação é proposta *em face* do réu porque, na verdade, como se explicou, é contra o Estado, devedor jurisdicional da prestação, que se exerce o direito de ação. Embora se compreenda o escrupuloso uso da expressão *em face*, parece que ela, que recende a galicismo, se não encerra erronia, leva a desvantagem de romper, inutilmente, com a tradição.

Acrescente-se que também o réu pede a jurisdição, efetivando o seu direito de *exceção*, do qual tratará o último item deste capítulo.

5. Litisconsórcio – A pessoa nem sempre está sozinha ao pedir, como autor, ou ao submeter-se, como réu, à atividade jurisdicional do Estado. Muitas vezes, a natureza da situação jurídica impõe a presença de duas ou mais pessoas, na posição de autor ou na de réu. Outras vezes, por razões de conveniência, comodidade, economia, a lei permite essa reunião. Se o Ministério Público vai a juízo para pedir a prestação jurisdicional, no sentido de se declarar nulo um casamento, é intuitivo que a ação deverá ser proposta contra ambos os cônjuges, que ficarão juntos, na posição de réus. Se, por outro lado, Helena, acionista do Banco do Brasil, vai propor uma ação para anular uma assembleia dessa companhia, por defeito da convocação, nada mais racional que o direito permita a Vera unir-se a ela, se esta última, igualmente acionista, pretender questionar, judicialmente, a validade do ato pelo mesmo motivo. A reunião de duas ou mais pessoas, na posição de autor ou na de réu, chama-se *litisconsórcio*. Este substantivo é formado pela aglutinação das palavras *litis* (da lide, genitivo singular de *lis*, lide) e *consortium* (comunidade, participação; de *consors*, o que participa, que compartilha; de *cum*, com, e *sors*, sorte).

O litisconsórcio, regulado nos arts. 113 a 118 do Código de Processo Civil, poderá ser: *necessário*, quando a lei ou a natureza da relação jurídica discutida na ação o impuser; *facultativo*, nos casos em que, sem o tornar obrigatório, a lei o permitir, por motivos de conveniência, economia, utilidade, aproveitamento da jurisdição; e *unitário*, se o juiz tiver de decidir o pedido formulado na ação do mesmo modo para todos os autores ou para todos os réus (no exemplo de Helena e Vera, ou se anulará a assembleia, tal como reclamado por ambas, ou se rejeitará o pleito das duas). Pode também o litisconsórcio ser *comum* ou *simples* (ainda não se uniformizou, na terminologia técnica, a tradução do alemão *einfach*), o que ocorre quando a ação não impuser o mesmo julgamento para todos os autores ou para todos os réus (Luís propôs uma ação judicial para obter a declaração de que adquiriu um terreno pela usucapião. Por força de dispositivo legal, são réus a pessoa em cujo nome se encontrar registrado o imóvel e bem assim cada um dos seus confinantes. Todos esses vizinhos afirmaram, em juízo, que a postulação de Luís implica invasão das suas terras, mas o juiz só acolhe a alegação de Carlos, o confinante norte, diminuindo, assim, o espaço do objeto da usucapião, repelindo, porém, os pleitos dos confinantes sul, leste e oeste).

Os exemplos dados revelam que não se confundem os conceitos de litisconsórcio necessário, ao qual se contrapõe o de litisconsórcio facultativo, com os conceitos de litisconsórcio unitário, cujo revés é o litisconsórcio simples.

Bem pode haver litisconsórcio necessário-unitário (exemplo: a ação de nulidade de casamento), como facultativo-unitário (exemplo: a ação de anulação de assembleia de companhia por ilegalidade da convocação) e litisconsórcio necessário-simples (exemplo: a ação visando à declaração de aquisição do imóvel pela usucapião) e facultativo-simples (*v.g.*, viajantes, no mesmo trem acidentado, Marta e Teresa vão a juízo pedir reparação de danos físicos, mas o juiz acolhe a postulação da primeira, que realmente sofreu ferimentos, e rejeita a da segunda, que escapou ilesa).

Se o litisconsórcio é só de autores, diz-se ativo; se só de réus, passivo; misto, se duas ou mais pessoas acionarem, simultaneamente, duas ou mais outras. José Carlos Barbosa Moreira, espirituosamente, qualifica de topológica essa classificação.[3]

O litisconsórcio provoca o fenômeno da *cumulação subjetiva*, isto é, cumulação dos sujeitos da ação. O *princípio da autonomia dos litisconsortes*, conforme o qual cada um deles se reputa um litigante autônomo, relativamente ao seu colitigante, ou colitigantes, e à parte, ou partes contrárias, governa o litisconsórcio, salvo as exceções previstas na lei (CPC, arts. 117 e 118). A definição de litisconsórcio necessário do art. 47 do Código de Processo Civil de 1973 era imprestável. Ali, o legislador baralhou, visivelmente, os conceitos de litisconsórcio necessário e unitário, quando começou a definir um – "há litisconsórcio necessário, quando, por disposição de lei ou pela natureza da relação jurídica..." – e terminou por definir o outro: "... o juiz tiver de decidir a lide de modo uniforme para todas as partes". O art. 114 do CPC de 2015 corrigiu a redação do art. 47 do código anterior. Correta era só a segunda proposição do revogado art. 47, repetida no atual 117, porque, se o caso for de litisconsórcio necessário (não como o definiu a segunda parte daquele dispositivo, mas consoante a sua correta definição), a eficácia da prestação jurisdicional dependerá da presença de todos os litisconsortes no processo (não se admitiria, *v.g.*, a ação de nulidade de casamento, proposta pelo Ministério Público, só contra o marido, ou só contra a mulher).

6. Substituição da parte – Quase sempre, quem propõe a ação e quem a sofre são os próprios sujeitos da lide, titulares, respectivamente, da pretensão e da resistência. Excepcionalmente, o direito permite, por disposição legal expressa (CPC, art. 18), que outra pessoa vá a juízo no lugar do sujeito do conflito. Por exemplo: como faltam ao menor condições de zelar por seus direitos, a lei permite ao parente ou ao Ministério Público propor, não como

---

[3] *Litisconsócio Unitário*, Rio de Janeiro, Forense, 1972, p. 11.

representantes do menor, mas em seu próprio nome (dele, parente ou Ministério Público), a ação, visando suspender o poder familiar dos pais que, abusivamente, faltam aos seus deveres ou arruínam os bens dos filhos (CC, art. 1.637). Nesse caso, o titular do direito é, obviamente, o próprio menor, mas não é ele quem propõe a ação. Designa-se esse fenômeno pela palavra *substituição*.

Na representação, o representado não perde a condição de parte, pois quem vai a juízo, na qualidade de autor ou de réu, não é o representante, mas o representado, assim como quem vende o imóvel não é o procurador, que assinou a escritura de compra e venda, mas o dono, que agiu por intermédio do mandatário. Na substituição, a parte substituída não vai a juízo, indo o substituto, que, por isso, se torna parte ele próprio.

Sujeito do litígio, ou seu substituto, é parte, no direito processual, a pessoa que vai a juízo como autor ou a que é chamada como réu. A qualidade de parte se alcança pelo fato objetivo da propositura da ação como autor ou da convocação a juízo como réu, sem qualquer outra consideração, que deve ser abstraída, para a identificação de quem seja parte.

As mesmas razões, que fazem grande parcela da doutrina negar a existência de ação na jurisdição voluntária, que o Estado exerce mediante simples *requerimento*, não formulado, necessariamente, contra alguém, levam processualistas a afirmar que, nessa jurisdição, não existem partes, mas simples *interessados*, os quais, de costume, se designam por *requerente* e *requerido*, não proibida a cumulação subjetiva em qualquer das duas posições, tal como acontece no litisconsórcio (trata-se, aliás, de litisconsórcio).

7. O pedido e seus objetos – Quem comparece perante um órgão jurisdicional, ou está pleiteando a prevenção de uma lide iminente, ou a solução de uma lide ocorrente, busca, nas duas hipóteses, a jurisdição contenciosa. Se pede apenas a tutela de um interesse social relevante, cuja administração a lei cometeu ao Poder Judiciário, procura, neste último caso, a jurisdição voluntária. O ato pelo qual, por meio de ação ou de requerimento, se pede o pronunciamento judicial, suscetível de assegurar um bem da vida, denomina-se *pedido* (*petitus*, de *petere*, reclamar, buscar, pretender, pedir). Pede-se algo, e o que se pede constitui o *objeto* do pedido. Conquanto o *pedido* possa ser isolado do seu *objeto*, a lei, com o vezo, do qual não escapa a linguagem técnica, de tomar a parte pelo todo e o todo pela parte, usa um pelo outro, num tropo que, em gramática, se chama de metonímia (do grego *meta*, além de, mudança, e *onyma*, nome). O objeto do pedido, ou da ação, se biparte: o autor, como ocorre em toda ação, pede um pronunciamento judicial favorável. Esse pronunciamento, isto é, a sentença, constitui o *objeto imediato*, ou próximo, do pedido, e o bem da vida, que o autor espera alcançar por meio dela, constitui o *objeto mediato*, ou remoto, do pedido. No exemplo do item 2 deste capítulo, em que Marcos, locador, pretende romper a locação e reaver de Antônio, locatário, o imóvel danificado, e por isso propõe contra ele uma ação de despejo, o pedido será a postulação da prestação jurisdicional, no sentido da decretação do despejo, o objeto imediato será o pronunciamento que acolha essa postulação, decretando a ruptura da locação e a restituição do imóvel; o objeto mediato que, verdadeiramente, o autor quer alcançar é desvencilhar-se do contrato de locação e retomar o imóvel, que voltará à sua posse direta.

O pedido é o *mérito* da ação (latim *meritum*, ganho, proveito, o que se mereceu; de *merere*, merecer. Aliás chamam-se os juízes de meritíssimos, considerando-se os merecimentos que os elevaram à posição de dignidade que eles ocupam). Decidir o pedido, acolhendo-o ou o rejeitando, é julgar o mérito. Nem sempre ocorre a possibilidade desse julgamento, como neste e noutros capítulos se procura mostrar.

Preste-se muita atenção no fato de que, como a jurisdição só se exerce mediante provocação, ficando o Judiciário limitado a ela, o pedido delimita a atividade do juiz (CPC, arts. 2º, 141, 490 e 492), que não pode dar ao autor mais do que ele pediu, julgando *ultra petita* (além do pedido), nem conceder ao autor coisa diversa da pedida, julgando *extra petita* (fora do pedido), como não pode deixar de se pronunciar sobre todo o pedido, julgando, neste último caso, *citra petita* (aquém do pedido). Para ilustrar: se o autor pediu apenas um bem imóvel, não pode o juiz dar-lhe o imóvel e também um móvel a que ele, porventura, tiver direito; não pode o juiz conceder-lhe dinheiro no lugar do imóvel; não poderia o juiz, houvesse o autor pedido um imóvel e um móvel, apreciar só o pedido relativo ao primeiro bem, quedando silente quanto ao segundo, ou recusar-lhe este, se a ele tivesse direito.

Os pedidos devem ser certos (CPC, art. 322, *caput*). Por outro lado, o réu, cujo direito de ampla defesa se inclui entre as garantias constitucionais (CF, art. 5º, LV), não se admite seja obrigado a adivinhar tudo quanto ocorreria ao autor postular contra ele e partir, às tontas, para um revide sem o correspondente ataque. O atual Código orienta que a interpretação dos pedidos deve considerar o conjunto da postulação e observar o princípio da boa-fé. Dessa forma, a lei admite, por exceção, o atendimento a pedidos não formulados, que se presumem deduzidos. Por exemplo, os juros legais compreendem-se no principal, assim como a correção monetária e as verbas de sucumbência (CPC, art. 322, § 1º). Quem vai a juízo presume-se que pediu a condenação da parte contrária nas despesas judiciais e nos honorários do advogado contratado para a postulação (CPC, arts. 82, § 2º e 85 § 17).

Não basta ao autor dizer o que pede. Precisa também explicar por que pede. Essa obrigatoriedade de pedir, enunciando as razões do pedido, atende ao *princípio da substanciação do pedido*, envolvente do pedido mesmo e da sua razão: peço a condenação do réu num pagamento porque sou credor dele. Esse princípio é conteúdo da obrigação do autor de indicar a causa de pedir.

8. Modificação, alteração e aditamento do pedido – Nas condições que prevê (CPC, art. 329), a lei permite mutações do pedido já feito. Elas se operam por meio da *modificação, alteração* e *aditamento* do pedido. *Modificar* (de *modificare*, do tema de *modus*, medida, dimensão) o pedido significa pedir a mesma prestação, mas efetivada de outro modo, como se se pedisse um pagamento no domicílio do devedor e depois se pedisse esse mesmo pagamento, porém no domicílio do credor. *Alterar* (latim *alterare*, de *alter*, outro) o pedido equivale a fazer outro, no lugar do primeiro, como se se pedisse a anulação do casamento e, após, apenas a separação judicial. *Aditar* (*aditare*, ir muitas vezes, forma arcaica de *adire*, ir, investir, ir de novo; logo, acrescentar) o pedido (art. 329, I) representa acrescentar-lhe outro, como se o autor houvesse pleiteado, inicialmente, apenas um imóvel e depois postulasse, além do imóvel, um bem móvel.

9. Cumulação de pedidos e concurso de ações – Por questões de economia, comodidade, presteza e utilidade, o Código permite que, atendidos certos requisitos nele estipulados (art. 327, § 1º), o autor formule contra o mesmo réu dois ou mais pedidos, ainda que entre tais pedidos não haja relação; ainda que não integrem a mesma lide (CPC, art. 327, *caput*). Já que autor e réu irão litigar em juízo (resuma-se, nestes termos simples, a razão da norma), que litiguem de uma boa vez sobre tudo o quanto os desuna, pacificando-se, em consequência, senão todos, ao menos parte expressiva dos seus conflitos. Percebe-se, também no particular, o empenho do direito na composição das lides.

A reunião de dois ou mais pedidos pelo mesmo autor contra o mesmo réu denomina-se *cumulação de pedidos* (*cumulatio*, acumulação; de *cumulare*, amontoar, cujo étimo é *cumulus*, monte, resultado do que se juntou) ou *cumulação objetiva* (em confronto com o litisconsórcio, cumulação subjetiva). Chama-se também ao fenômeno *cumulação de ações*, considerando-se que cada pedido consubstancia o direito de invocar a jurisdição, existindo, então, apesar de reunidas na forma de uma só, tantas ações quantos forem os pedidos.

A cumulação de pedidos, ou de ações, não se confunde com outro fenômeno, denominado *concurso de ações* (de *concurrere*, concorrer; de *cum*, com, e *currere*, correr; correr junto). Este último representa a possibilidade de se proporem ações diferentes, ou, melhor, de se deduzirem pedidos diferentes para a satisfação da mesma pretensão, devendo o autor optar por um deles (*v.g.*, o adquirente pode devolver a coisa com vícios ou defeitos ocultos, pedindo o que por ela pagou, ou apenas reclamar o abatimento do preço – CC, arts. 441 e 442). Trata-se da composição da mesma lide de modos distintos.

Voltando à cumulação de pedidos, a doutrina diz que ela é *simples*, quando se reúnem pedidos distintos, desvinculados um do outro: Laura pediu a condenação de Inês à devolução de um livro emprestado, e também ao pagamento de indenização por danos causados ao seu automóvel, na colisão de um veículo imprudentemente conduzido pela ré. De cumulação *sucessiva* se trata, quando o juiz só puder conceder o pedido posterior, se acolher o anterior: Filomena pediu o reconhecimento da sua condição de filha de Ambrósio e, em consequência, o seu quinhão de herdeira necessária na herança dele. A cumulação, prevista no art. 326 do Código de Processo Civil vigente, corrigiu a redação do art. 289 do CPC de 1973, em que o adjetivo *sucessiva* podia levar algum desavisado a supor que ali se cuida de cumulação sucessiva, e não uma cumulação *eventual*. Essa confusão se evitou, ao utilizar no art. 326 do CPC de 2015, o adjetivo *subsidiária*. Formulam-se dois ou mais pedidos, conforme as prioridades do autor, tal como os vestibulandos, ao se inscreverem nos vestibulares unificados, indicam, em ordem decrescente, as faculdades da sua predileção. O juiz atenderá ao pedido posterior, se não puder acolher o anterior. O autor pediu a devolução do objeto emprestado ou, se ele houver perecido, o seu equivalente em dinheiro. Assim procedeu para que o juiz lhe mande entregar a coisa, ou pagar o seu preço, caso ela já não exista. Na cumulação sucessiva, quer-se uma coisa *e* outra; na eventual quer-se uma *ou* a outra, aquela com precedência sobre esta. A denominada cumulação *alternativa* (CPC, art. 325, parágrafo único) não consiste, de rigor, numa cumulação, pois a escolha da prestação cabe ao autor e ele a faz, na hora de propor a ação, ou a opção será do réu e ele escolherá, na hora de satisfazer o que lhe determinou o Judiciário.

10. Causa de pedir – Na *causa de pedir* encontra-se a razão lógica do pedido. Consoante explica José Carlos Barbosa Moreira, o maior processualista do Brasil e um dos primeiros do mundo, com a precisão do seu costume, ela se constitui do fato ou do conjunto de fatos, a que o autor atribui a produção do efeito jurídico por ele afirmado.[4] A lide é um fato social, no qual geralmente se subsumem vários outros fatos. Para pedir a tutela jurisdicional, cumpre ao autor apresentar esses fatos. Não basta isso, porém. Precisa ir adiante e

---

[4] *O Novo Processo Civil Brasileiro*, 15ª ed., Rio de Janeiro, Forense, 1993, p. 18. Há sucessivas edições desse livro, mas sem se alterar o ensinamento invocado.

atribuir a eles uma consequência jurídica. A causa de pedir compõe-se, pois, dos fatos, expostos pelo autor (que se deve ater aos pertinentes, desprezando os periféricos e irrelevantes), *mais* as consequências jurídicas que ele atribui a esses fatos. A causa de pedir não se esgota, portanto, apenas no elemento fato, mas só se completa quando ao elemento fato se juntar o elemento consequência jurídica. Assim exige a lei para permitir o contraditório, garantia constitucional (CF, art. 5º, LV), isto é, a controvérsia, o debate. Pode-se afirmar que a ação judicial encerra uma pretensão do autor à tutela jurisdicional para o seu pedido. Opondo-se a ele, o réu oferece uma resistência, formando-se, por conseguinte, um outro conflito, dir-se-ia uma lide processual, também ela um conflito social, se se vir a função jurisdicional, tal qual é, como um segmento da atividade social: uma lide instaurada para a composição de outra lide, só que essa lide judiciária se forma por determinação do direito, necessitado dela para a correta administração da justiça.

Deve-se acrescentar que, quando a lei exige do autor que, além de narrar os fatos, lhes atribua uma consequência jurídica, não lhe impõe o dever de aludir à norma legal incidente; ao artigo tal da lei tal, nem de fazer a qualificação jurídica do fenômeno, indicando-lhe a natureza ou referindo o nome correto da figura jurídica. Diz o autor, por exemplo, que tomou dinheiro emprestado do réu, ficando de devolvê-lo com juros, e que, na hora do pagamento, o réu quis capitalizar os juros, cobrando outros juros sobre eles (fatos), o que não lhe pode, entretanto, ser exigido (consequência jurídica). Note-se, no exemplo, que o autor apresentou a causa de pedir, sem que dele se possa exigir que indique o dispositivo da lei que proíbe a cobrança de juros sobre juros ou que nomeie, corretamente, essa cobrança como anatocismo. Numa ação de despejo por falta de pagamento, admite-se que o autor diga apenas que alugou seu imóvel ao réu e que este não pagou o aluguel de fevereiro (fatos), não podendo, por isso, continuar no imóvel (efeito jurídico), desnecessária qualquer menção à lei ou à locação, ou à mora. A consequência jurídica afirmada pelo autor não é vinculatória do juiz, que bem pode acolher seu pedido, atribuindo aos fatos outra sorte de eficácia. O pedido limita o juiz; a causa de pedir, não.

O direito o juiz conhece (*jura novit curia*: a corte – isto é, o juízo; o tribunal – conhece o direito). A presunção do conhecimento da lei por seus destinatários, que não se podem escusar alegando desconhecê-la (*ignorantia legis neminem excusat* – art. 3º da Lei de Introdução às normas do Direito Brasileiro), adquire especial intensidade quando se trata do órgão judicial. Presume-se o juiz conhecedor do direito positivo, isto é, do direito vigente. Às partes, entretanto, não é defeso aludir à regra de direito, tudo recomendando que assim procedam e que ilustrem a interpretação da norma com a invocação dos princípios, das lições dos doutrinadores, dos precedentes da jurisprudência porque, chamado a decidir tantas e tão diferentes questões, as limitações humanas do juiz impedem que ele as conheça todas.

11. Identificação da ação, conexão, continência, litispendência, coisa julgada – Assim como se determina um objeto por suas características externas ou internas; assim como se distingue uma pessoa de outra pessoa por seu prenome e nome, por seus traços fisionômicos, por outros sinais, como a impressão digital, identifica-se a ação por seus elementos. Eis a razão prática de se conhecerem, diante de determinada ação, as suas partes (autor e réu), o seu pedido (ou mérito), a sua causa de pedir. Os elementos da ação denunciam a sua identidade. Postas em confronto duas ou mais ações, só pelos elementos de cada uma saber-se-á se uma é a repetição da outra ou se é distinta da outra, ou se se encontra presa à outra por algum vínculo.

Afastem-se logo as ações semelhantes, ações do mesmo gênero ou da mesma espécie. Elas, conquanto parecidas, preservam a sua individualidade, como dois sósias ou dois pares de sapato, produzidos em linha, na mesma cor e modelo. A ação do locador Vicente, para reaver o imóvel arruinado pelo locatário Otávio, é semelhante à da locadora Denise para reaver o imóvel danificado por Roberto. Suponham-se a ação da mulher Cristina para obter a separação judicial do marido Fernando, por adultério dele, e a ação de Sônia para obter, também por adultério, o desquite (esta palavra continua existindo na linguagem jurídica e mesmo em várias leis, nada banindo o seu emprego) do seu marido, Alfredo. De relance, já se vê que, nas quatro ações mencionadas, as partes não são as mesmas, nem igual é a causa de pedir, nem igual o pedido. Apesar de se parecerem formalmente, o dano no imóvel de Vicente não é o dano do imóvel de Denise; o adultério de Fernando não é o mesmo adultério de Alfredo. Não coincidentes em nenhum dos seus elementos, duas ou mais ações, como as apontadas, se consideram *diferentes*. Na ciência processual e também no direito positivo, a simples coincidência de partes constitui fenômeno irrelevante para vincular duas ações. Por isso, continuam *diferentes* as ações nas quais coincidirem somente as partes. Logo, reputam-se *diferentes*, sem nenhum vínculo, a ação de Sofia contra Marina, para reaver o livro imprudentemente emprestado, e a ação da mesma Sofia para receber da mesma Marina (com cacófato e tudo) indenização por danos causados em acidente de veículos.

Uma ação será *idêntica* à outra, não passando de repetição da outra, quando elas coincidirem nos seus três elementos, isto é, tiverem as *mesmas partes*, a *mesma causa* de pedir e o *mesmo pedido*. Admita-se que Xerxes proponha contra Tiago uma ação de cobrança de uma dívida e que, perante outro juízo, simultaneamente, ou em momentos distanciados no tempo (não importa o motivo: confiou a mesma causa a dois advogados diferentes, sem que um soubesse da iniciativa do outro; tentou encaminhar a ação a dois juízos distintos, para ficar com a sentença mais rapidamente proferida; perdeu a ação, definitivamente, e, depois de algum tempo, voltou a ajuizá-la, em busca de melhor sorte), proponha outra ação contra o mesmo réu, com a mesma causa de pedir e o mesmo pedido.

A coincidência dos elementos das duas ações as fará *idênticas* e assim as define com toda a precisão o § 2º do art. 337 do Código de Processo Civil. Não se cogita, aqui, de hipótese inverossímil, mas que a vida forense revela. Muitas vezes, o autor procura camuflar a segunda ação sob um rótulo diferente e propô-la com palavras diferentes. Conhece-se, no Rio, um caso, no qual o autor propôs contra o réu uma ação para cobrar comissão pela intermediação de uma venda. Perdeu. Propôs outra ação, na qual, com a mesma causa de pedir, fazia o mesmo pedido, só que, nesta, em vez de dizer que cobrava a comissão por intermediação, afirmou que cobrava dívida por participação num negócio. As palavras não mudam a essência das coisas. Repita-se Shakespeare, quando, em *Romeu e Julieta*, ele pergunta o que há num nome, para dizer que aquilo a que chamamos rosa por qualquer outro nome teria a mesma doce fragrância. Também no mundo jurídico as coisas se passam desse modo, convindo procurar o conteúdo, e não o rótulo.

Se se propõe ação idêntica à outra, ainda em curso, ocorre um fenômeno a que se denomina *litispendência* (CPC, § 3º do art. 337 – aglutinação de *litis*, da lide, significando a ação, e *pendentis*, de *pendere,* pender). A repetição de ação já definitivamente julgada por sentença de mérito, isto é, por sentença que se pronunciou sobre o pedido, da qual já não caiba nenhum recurso, o § 4º do art. 337 do CPC chama de *coisa julgada* (veja-se o cap. IX).

Pode existir um vínculo relevante entre duas ou mais ações. Artur propôs contra Geraldo uma ação de nulidade do contrato que eles celebraram, alegando a incapacidade do réu no momento da celebração do ato (CC, art. 166, I). Geraldo propôs contra Artur uma ação de nulidade do mesmo contrato, afirmando a ilicitude do seu objeto (CC, art. 166, II). As partes das duas ações são as mesmas, o que não tem relevância, como explicado. A causa de pedir de uma ação é diferente da causa de pedir da outra (na ação de Artur, a incapacidade de Geraldo; na ação deste último, a ilicitude do objeto do contrato). O objeto de ambas as ações é o mesmo: a nulidade do contrato. Irrelevante a coincidência de partes, que só ganharia significado para tornar idênticas as ações, se fossem iguais os seus dois outros elementos, ocorre, no exemplo oferecido, uma identidade de objeto (a nulidade do contrato). Atente-se bem: se duas ou mais ações (a) coincidem *só* no objeto, ou (b) coincidem *só* na causa de pedir, ou (c) coincidem no objeto e *também* na causa de pedir, mas têm partes diferentes, essas ações são *conexas* (de *connexum*, ligado, unido; de *connectere*, ligar, prender – *cum*, com, e *nexus*, atado, ligado). Daí o art. 55 do Código de Processo Civil: "Reputam-se *conexas* 2 (duas) ou mais ações, quando lhes for comum o pedido *ou* a causa de pedir". O artigo, grifado agora, omitiu explícita referência à conexão, que também existe na hipótese (c): identidade de objeto e de causa de pedir, mas sem as mesmas partes.

A norma do art. 55 do Código de Processo Civil, assim como fazia o art. 103 do CPC de 1973, adota a teoria da conexão de um processualista italiano, chamado Matteo Pescatore.[5] Se essa teoria resolve a maior parte dos problemas da conexão, não os soluciona todos. Considere-se o caso em que o locador propôs ação de despejo do locatário por falta de pagamento do aluguel de março, alegando, portanto, a mora do inquilino, enquanto o locatário propôs contra o locador ação de consignação em pagamento do mesmo aluguel de março, afirmando que o senhorio se recusa a receber a prestação, sustentando, assim, a mora do credor. Nesse quadro, só as partes são idênticas – fato irrelevante – porque a causa de pedir (mora do locatário) e o pedido (rescisão da locação com a retomada do imóvel), na ação de despejo, são diferentes da causa de pedir (mora do locador) e do pedido (declaração do pagamento do aluguel e consequente subsistência da locação) na ação de consignação em pagamento. Ainda assim, intuem-se conexas as duas ações porque não se conceberia que, encaminhadas a juízes diversos, um deles reconhecesse a mora do locatário e decretasse o despejo, enquanto o outro juiz proclamasse a mora do locador e declarasse pago o aluguel oferecido e depositado judicialmente. A possibilidade de sentenças de mérito incompatíveis, contraditórias, repelentes uma da outra constitui critério prático para determinar a ocorrência da conexão, quando não bastar o art. 55.

Finalmente, podem-se encontrar, numa determinada ação, as mesmas partes de uma outra ação e a mesma causa de pedir, tendo, porém, uma dessas duas ações objeto maior que o da outra e, por isso, abrangente do objeto daquela. Manoel propôs contra Joaquim ação de nulidade de *uma* cláusula contratual porque é ilícito o objeto desta cláusula. Depois, ajuizou contra o réu outra ação, pedindo a nulidade de *todo* o contrato, também pela ilicitude do seu objeto. O pedido, feito na segunda ação do exemplo, porque maior, abrange o da primeira, porque menor. Esse fenômeno, correspondente a uma *identidade parcial* de ações, denomina-se *continência* (um pedido está dentro

---

[5] *Sposizione Compendiosa della Procedura Civile e Criminale*, vol. I, parte I, Turim, UTET, 1864, cap. VI, pp. 168 e segs.

do outro; *contém* o outro, como uma garrafa contém vários cálices de vinho). No art. 56, o Código define o fenômeno (de *continentia*, domínio de si mesmo; de *continens*, próximo, contíguo; este, de *continere* – *cum*, com, e *tenere*, agarrar, segurar – sustentar, conter, abranger): "Dá-se a continência entre 2 (duas) ou mais ações quando houver identidade quanto às partes e à causa de pedir, mas o pedido de uma, por ser mais amplo, abrange o das demais."

Se a *litispendência* impede o prosseguimento de uma das ações; se a *coisa julgada* obsta ao julgamento da ação proposta depois que ação idêntica já fora definitivamente julgada no mérito, a *conexão* e a *continência* impõem a reunião das ações entre as quais ocorra um desses dois vínculos (arts. 55, § 1º e 57). Já se entende quão útil é se conhecerem os elementos da ação, sem os quais não se conseguirá determinar a existência nem dos quatro fenômenos, nem da identidade, nem da diferença entre duas ou mais ações.

12. Condições da ação – Quem propõe uma ação formula, senão vários, ao menos um pedido. Esse pedido, um dos três elementos da ação, como se explicou, constitui o seu *mérito*. Sentença de mérito, chamada também sentença *definitiva* porque compõe a lide, é aquela que se pronuncia sobre o pedido do autor, para acolhê-lo ou negá-lo. Nem sempre é possível ao juiz decidir o mérito. Isso ocorrerá quando faltar algum dos requisitos para que ele desempenhe essa função. Nesse caso, ele repele a iniciativa do autor, declarando, simplesmente, a inexistência de condições para a prestação jurisdicional de composição da lide. Profere, então, uma sentença de encerramento da sua atividade, denominada sentença *terminativa*, porque, se ela exaure a missão do juiz, não alcança o objetivo nem de prevenir, nem de compor a lide. Tome-se, por exemplo, o caso de um filho que, desesperado com a tenebrosa situação doméstica, causada pelos pais que não se entendem, não se respeitam, agridem-se, mas continuam juntos, propusesse uma ação de separação deles. É intuitivo que o juiz não se disporia a examinar a vida do casal, para se assegurar da efetiva ocorrência dos atos desonrosos. Considerando que a Lei nº 6.515, de 26.12.1977, no § 1º do art. 3º, preceitua que a separação "caberá somente aos cônjuges", o juiz se negaria a apreciar o pedido de desquite, feito pelo filho do casal.

As condições necessárias à prolação de uma sentença de mérito, a lei brasileira, fiel à doutrina predominante aqui e em parte da Europa, as denomina *condições da ação,* cuja falta acarreta o fenômeno identificado como *carência da ação*. São elas, a *legitimidade das partes* e o *interesse processual,* ou *interesse de agir,* como estatuía o inciso VI do art. 267 do Código de Processo Civil de 1973. O vigente código, de 2015, excluiu a referência à possibilidade jurídica do pedido, como se vê no inciso VI do seu art. 485. Continuo a considerar a possibilidade jurídica do pedido uma das condições da ação, cujo mérito não pode ser apreciado sem ela.

Assinale-se que essas são condições gerais ou comuns a todas as ações. Uma determinada ação pode, todavia, estar sujeita a uma condição específica, como ocorre com as ações de nulidade ou anulação do casamento, ou a de desquite, necessariamente antecedidas da separação de corpos (CC, art. 1.562), se os cônjuges se encontrarem sob o mesmo teto. As condições da ação defluem, não só apenas da sistemática do CPC, como ainda da compreensão da tutela jurisdicional.

13. Possibilidade jurídica – Entende-se como *possibilidade jurídica* a tutelabilidade abstrata do pedido do autor. Em outras palavras, cumpre ao autor formular pedido que, *em tese* (isto é, abstraída a situação por ele levada a juízo), possa ser concedido. Se Renata pede a condenação de Hugo ao pagamento de quantia que alega haver emprestado a ele, configura-se a possibilidade jurídica, pois, ainda que não verdadeira a afirmação específica, o direito obriga o mutuário a restituir ao mutuante o que dele recebeu (CC, art. 586, 2ª parte), dando a este o direito de exigir daquele o que não foi pago. Ao contrário, se Márcio pede a condenação de Henrique a pagar uma dívida de jogo, não haverá possibilidade jurídica (de acolhida, sequer em tese) do pedido do autor porque, conforme o art. 814, 1ª parte, do Código Civil, "as dívidas de jogo ou de aposta não obrigam a pagamento". Márcio terá pedido um bem da vida (a satisfação do crédito decorrente do jogo) que, na ordem jurídica brasileira, não se pode dar nem a ele, nem a ninguém. Não é preciso que o autor peça algo explicitamente previsto em lei. Basta que reclame prestação cuja outorga o direito positivo não proíba, nem por disposição expressa, nem implicitamente.

14. Legitimidade das partes – Consiste a legitimidade, ou legitimação, na situação subjetiva que ponha alguém na posição de formular um certo pedido (*legitimidade ativa*) ou de sofrer os seus efeitos (*legitimidade passiva*). Muitas vezes, a lei é clara na identificação do titular da situação subjetiva. O pedido de desquite só ao cônjuge compete fazê-lo e só ao outro cônjuge pode ser endereçado (art. 3º, § 1º, da Lei nº 6.515, de 26.12.1977). A ação pela qual se pede do Supremo Tribunal Federal a declaração de inconstitucionalidade de lei ou ato normativo federal ou estadual (CF, art. 102, I, *a*) só pode ser proposta por algum dos indicados no art. 103, I a IX, dessa carta (*v.g.*, o Presidente da República, o Procurador-Geral da República, o Conselho Federal da OAB).

Quando a lei não definir, suficientemente, o titular da situação legitimante, a legitimidade, então, se configura na simples coincidência entre a situação afirmada (apenas afirmada) pelo autor, ao propor a ação, e o esquema de proteção traçado pela lei. Assim, se Juvenal pede indenização por estragos ao seu automóvel, alegando que eles foram causados por Marília, que, dirigindo o veículo dela com imprudência, provocou a colisão, haverá legitimidade do autor e da ré, já que o art. 186 do Código Civil declara obrigado a reparar o dano quem, por imprudência, causar prejuízo a outrem. No exemplo, pode o acidente não ter ocorrido, ou não haver qualquer dano a compor, o que determinará a improcedência do pedido. Legitimidade, contudo, haverá pela simples coincidência entre o quadro traçado pelo autor e o esquema da lei.

Diz-se *ordinária* a legitimação quando o próprio titular da pretensão ou da resistência, um dos sujeitos da lide, comparece ou é chamado a comparecer em juízo. *Extraordinária*, quando, por disposição expressa, a lei autoriza alguém a acionar ou a sofrer a ação em seu próprio nome, mas defendendo pretensão de outrem ou respondendo por resistência alheia. Isso ocorre na *substituição,* tratada no nº 6 deste capítulo.

15. Interesse processual – A prestação jurisdicional precisa ser útil, isto é, repercutir eficazmente no grupo social, compondo o conflito. Faltará utilidade à função jurisdicional, se ela se exercer desnecessariamente, sem que haja lide a prevenir ou a remediar. A *necessidade* de quem propõe a ação é requisito essencial da prolação da sentença de mérito. Não se concebe que o credor, que já recebeu o crédito, vá reclamá-lo em juízo, não importa o motivo (*v.g.*, não se lembrou do pagamento; quer submeter o devedor a incômodos e vexames). A prestação jurisdicional, no exemplo, seria inútil porque desnecessária.

Sozinha, entretanto, a necessidade não basta. Cumpre que o autor se valha do meio adequado a satisfazê-la, para evitar que a prestação obtida seja inútil. Assim como a água não mata a fome, nem o pão sacia a sede, assim também nem todos os remédios judiciais podem satisfazer a pretensão. Se o inquilino deu ao imóvel locado uso não previsto no contrato, ou se o maltratou, o locador necessita romper a locação, mas não pode propor contra o locatário uma ação de reintegração na posse do imóvel porque, se concedida, a reintegração não rescindirá a locação. Se a pretensão é obter a anulação do casamento, a ação de separação não a satisfará porque, ainda que desfeita a sociedade conjugal, o vínculo permanece. Conclui-se, então, que, além de ter *necessidade* da prestação jurisdicional, o autor precisa pedir a providência *adequada* à satisfação de tal necessidade.

Necessidade e adequação, eis o binômio de cuja integração depende a formação do *interesse processual,* ou *interesse de agir* a que o Código alude, junto com as outras condições gerais da ação, no seu art. 485, VI, e também no art. 17: "para postular em juízo é necessário ter interesse e legitimidade".

Sem *interesse* (de *interest*, estar entre, dizer respeito, convir – impessoal de *intersum*, importar), a jurisdição, custosíssima para as partes e para o Estado, se converteria em atividade inócua, injustificável. Faltante o interesse processual, falta, igualmente, razão para a sentença, comparável, se se consente a imagem, a um tiro na água, porque comporia lide inexistente, ou comporia a existente, mas de modo inadequado.

16. Classificação das ações – A classificação das ações destina-se a agrupá-las em espécies, a fim de facilitar sua compreensão e identificar o correspondente regime legal. Na verdade, como direito à jurisdição, a ação não se classifica. Perfunctoriamente examinadas, descobre-se que as classificações se referem ou aos efeitos da ação, ou à sentença buscada pelo autor, ou ao pedido, ou mesmo à possibilidade de ser ela proposta isoladamente, ou a ficar na dependência de outra.

Fala a doutrina em ações cognitivas e executivas (ou executórias), quando isso não diz com a ação em si mesma (cap. V, nº 5). Mencionam-se ações declaratórias (ou declarativas), condenatórias, constitutivas e mandamentais, considerando-se, aí, a natureza da sentença postulada. Ações principais, acessórias, incidentais são conceitos que não se prendem à ação, sempre direito à jurisdição, mas à sua autonomia. A infrequente distinção entre ações de jurisdição contenciosa e ações de jurisdição voluntária toma em conta a atividade reclamada do Judiciário (cap. II, nº 2).

O Código de Processo Civil nomeia várias ações – v.g., ação de consignação em pagamento, ações possessórias, ação de exigir contas –, voltando-se, no particular, para o objeto do pedido formulado pelo autor, o mesmo acontecendo quando leis extravagantes tratam, por exemplo, da ação de despejo, da ação de alimentos, da ação discriminatória, ou quando a própria Constituição cuida da ação popular ou da ação civil pública.

O Código deixa claro, nos arts. 46 e 47, que as chamadas ações reais e ações pessoais são ações fundadas, aquelas, num direito real, estas num direito pessoal; isto é: no primeiro caso, ações que visam à tutela de um direito sobre a coisa; no segundo, que exigem o cumprimento de uma obrigação contra a pessoa.

Não se pretende afirmar, aqui, a erronia dessas classificações. Ressalta-se, apenas, que elas não dizem com a essência da ação judicial, mas com aspectos da sua existência, porque ora consideram os efeitos dela decorrentes, ora o modo de exercê-la, o conteúdo do pedido, ou mesmo a espécie de jurisdição por meio dela suscitada.

17. Ação, demanda e libelo – A ação, já se sabe e já se viu, é o direito à jurisdição. Exerce-se esse direito indo-se a juízo, quase sempre por meio de uma petição escrita, denominada *petição inicial*, redigida com observância dos requisitos enumerados na lei (CPC, arts. 106, I, 319, 320, 798, 305 e 720).

O ato pelo qual se efetiva o exercício do direito de ação, isto é, o ato pelo qual o autor apresenta a sua postulação em juízo, propondo a ação, chama-se *demanda* (*demandare*, cometer, confiar, entregar). Observe-se que o direito de ação é outorgado pelo direito objetivo, contido na Constituição e nas normas pertinentes. A norma de direito objetivo cria para as pessoas o direito de propor a ação, concedendo-lhes, então, um poder de agir (ou faculdade de agir), que é um direito subjetivo. Exerce-se esse direito subjetivo comparecendo-se diante de um órgão do Judiciário e formulando-se o pedido; em suma, propondo-se a ação. O ato que traduz a prática desse direito constitui a *demanda*, da qual se pode dizer que consiste em se propor a ação. A ação se considera proposta, conforme o art. 312 do Código de Processo Civil, no momento em que a petição inicial for protocolada, apesar de só produzir seus efeitos quanto ao réu após a sua citação. A distribuição é alternada e aleatória para que um juiz não fique onerado com mais processos que outro, obedecendo-se ao princípio da igualdade (art. 285). Onde há mais de um juiz, proceder-se-á à distribuição por sorteio, para que o autor não influa na escolha do órgão judicial, observando-se, como é lógico, um sistema de compensação.

A palavra demanda, posto que tenha, no rigor técnico, apenas o sentido apontado, usa-se também, por metonímia, em lugar de ação, daí se empregando os vocábulos *demandante* e *demandado*, em vez de autor e réu.

Excepcionalmente, o direito permite que a demanda se exercite verbalmente, dispensando-se, então, a petição inicial escrita. É o que ocorre, por exemplo, com a ação de alimentos, quando proposta por defensor designado pelo juiz, o qual, conforme o § 1º do art. 3º da Lei nº 5.478, de 25.07.1968, pode ajuizar a ação oralmente, comparecendo diante de um serventuário, que reduzirá o pedido a escrito, tomando-se por termo (*termo* é a documentação de um ato judicial feita por um serventuário). Também se pode propor oralmente a ação, quando se litiga perante o Juizado Especial Cível (JEC), regulado pela Lei nº 9.099, de 26.09.1995. O pedido será, porém, reduzido a escrito pela secretaria do órgão (art. 14 e § 3º).

Além de atender aos outros requisitos da lei, a petição inicial formulará um pedido, depois de expor a causa de pedir, representada pelos fatos e fundamentos jurídicos (nº 10, *supra*). A parte da petição inicial integrada pelos fatos e fundamentos jurídicos do pedido e pelo pedido recebe o nome técnico, pouco utilizado na jurisdição civil, de *libelo* (*libellus* – de *liber*, livro –, pequeno livro, bilhete, registro e, por extensão, queixa escrita).

18. Ação e exceção – Chamado a juízo em decorrência da ação contra ele proposta, ou comparecendo espontaneamente, o réu também invoca a jurisdição em seu favor. Exerce um direito de conteúdo idêntico ao da ação porque, tal como nela acontece, o réu pede a jurisdição do Estado. Esse direito tem o nome de *exceção* (latim *exceptio*, de *excipere*, pôr de lado, excluir: com a exceção, o réu busca excluir o pedido do autor, no sentido de que o órgão judicial não o considere, não o acolha).

Na exceção, distinguem-se, normalmente, dois elementos: a *resistência ao pedido do autor* e os *fundamentos dessa resistência*. Esses elementos não são, todavia, essenciais à exceção. Pode o réu, pura e simplesmente, reconhecer a procedência do pedido do autor (CPC, art. 487, III, *a*) e ainda assim haverá exceção, porque, mesmo nesse caso, ele estará invocando a prestação jurisdicional em seu favor (isto é, para obter o efeito por ele desejado: a acolhida do pedido, a que o juiz atenderá, ou não, conforme encontre satisfeitos os requisitos para a sua concessão).

Na exceção consubstancia-se a contrapartida do direito de ação. A ação difere da exceção porque se exerce em primeiro lugar. Diga-se, entretanto, que a palavra exceção é equívoca também na processualística, empregando--se no sentido agora exposto e também com o significado de qualquer defesa apresentada pelo réu (v.g., se o autor cobra dele uma quantia, e ele, além de outras defesas, afirma que já pagou, opõe uma exceção de pagamento) ou mesmo pelo autor, em réplica à do réu (v.g., o recibo de pagamento apresentado é falso). É ainda uma questão específica, com objetivo próprio, da qual se tratará adiante (cap. VII, nº 3).

Capítulo IV
COMPETÊNCIA

Sumário: 1. Jurisdição e competência – 2. Competência internacional e interna – 3. Determinação da competência – 4. Critérios de distribuição da competência – 5. *Perpetuatio jurisdictionis* e modificações da competência – 6. Incompetência absoluta e relativa – 7. Assunção de competência.

1. Jurisdição e competência – Entendida a jurisdição no seu conteúdo e determinada a ação como o direito de invocá-la, cumpre estabelecer perante qual Poder Judiciário, dentre tantos existentes no mundo inteiro, deverá a ação ser proposta, e a qual dos seus diversos órgãos deverá ser apresentada.

Imagine-se o grupo primitivo, onde se concentram, na pessoa do chefe, todos os poderes do governo. Aí, ele sozinho dita a conduta das pessoas, apenas ele executa ou manda executar atos predeterminados, só ele administra a justiça. Todos os poderes são por ele encarnados e exercidos. À medida que o grupo vai aumentando, pelo crescimento da população e pela prática de atividades mais complexas, já não basta o chefe para exercer as funções do poder. Ele, então, as delega, todas ou algumas, inclusive a de prevenir ou compor os conflitos, entregando-as a uma pessoa da sua confiança. Cresce o grupo e já se torna necessário fracionar a jurisdição. Duas pessoas passam a exercê-la, confiando-se a cada uma atribuições diferentes. Quando elas não bastarem para atender às necessidades de compor as lides, sempre mais frequentes, convocam-se outras pessoas, e assim sucessivamente, até que se distinga, no grupo social, um conjunto de pessoas com a mesma função. Racionalizam-se as atividades dos componentes desse conjunto: umas se ocupam de determinados conflitos, enquanto outras cuidam de litígios de outra ordem. Essa multiplicação de encarregados de julgar exige a definição do poder de cada julgador. É possível, assim, que a autoridade defira a cada um deles o exercício de determinado aspecto da função, servindo-se de critérios distintos: este decidirá os conflitos entre habitantes da margem esquerda do rio; aquele, entre os da margem direita; aqueloutro, as desavenças entre habitantes de margens diferentes; ou, então, o primeiro na delegação ocupar-se-á das disputas sobre a divisão das colheitas; o segundo, das concernentes ao uso da terra e das águas; o terceiro, das divergências entre familiares. Pode ser que ao mais idoso, dono daquele "saber só de experiência feito", que Camões viu no *Velho do Restelo*, fique encarregado de rever as decisões dos demais, quando as pessoas em conflito não se conformarem com elas.

A tosca ilustração que se acaba de oferecer exibe duas realidades. A primeira: cada uma das pessoas referidas exerce a mesma função, julgar litígios. A segunda: cada uma delas desempenha seu ofício, limitadamente, dentro das suas atribuições. A todas cabe o exercício da jurisdição, não por inteiro, *competindo-lhes*, porém, desempenhar apenas a porção, que lhes foi atribuída. O âmbito dentro do qual o Judiciário de cada país e, dentro dele, cada um dos órgãos que o compõem exercem a jurisdição denomina-se *competência* (de *competentia*: proporção, simetria; de *competere*: concorrer com outro; buscar ao mesmo tempo; dar no mesmo ponto). Quando se afirma corresponder a competência à medida da jurisdição, quer-se dizer que a competência é uma porção, um segmento dela.

O Judiciário compreende vários órgãos, cada um constituído de uma ou mais pessoas. Distribui-se entre esses órgãos (juízos ou tribunais) e seus integrantes (os juízes) a missão de julgar, pela necessidade de se organizar, racionalmente, a administração da justiça. A mesma necessidade que determina a repartição de tarefas entre os habitantes, ou empregados de uma casa, ou entre os jogadores de um time de futebol, em que todos jogam, cabendo, porém, atribuições específicas exclusivamente a um membro da equipe (só o goleiro pega a bola com as mãos), ou a alguns, mas não a todos (defendem os zagueiros, avançam os atacantes), explica a distribuição da função jurisdicional entre órgãos e pessoas distintas. *Organização de tarefas* e *racionalização do trabalho*, para o seu melhor aproveitamento, eis as razões determinantes da competência: repartição da mesma função entre pessoas ou órgãos. Acrescente-se que se costuma empregar *jurisdição* em lugar de *competência*, como quando se diz que a ação distribuída ao juiz cível se encontra fora da jurisdição dos juízes criminais.

Objetivamente examinada, a competência é o âmbito de atuação de cada órgão jurisdicional. Do ponto de vista do órgão, a competência é a porção do poder de julgar que esse órgão detém. A competência não mede apenas a jurisdição, mas define a órbita do exercício da função de qualquer órgão ou pessoa. "Compete à União...", diz o art. 21 da Constituição Federal, ao enumerar poderes dela. "Compete privativamente ao Senado Federal...", principia o art. 52 da Carta, que, no art. 84, estabelece a competência do Presidente da República e, sem empregar o substantivo, declara as funções da competência do Ministério Público, no art. 129. Debalde, há quem pretenda reservar o vocábulo *competência* aos órgãos do Judiciário, recomendando o uso do vocábulo *atribuição* para designar a órbita de atuação dos outros poderes. A própria Constituição Federal (art. 105, I, *d* e *g*) alude a conflito de competência entre tribunais e a conflito de atribuições entre autoridades administrativas e judiciais. Entretanto, o emprego abrangente da palavra competência, assim como do vocábulo jurisdição, já se sedimentou, pelo seu largo e indistinto uso, nenhum mal havendo em que isso ocorra.

2. Competência internacional e interna – A jurisdição e, consequentemente, a competência são atributos da soberania do Estado. Ninguém estranhará a afirmação de que um juiz brasileiro não pode julgar uma ação de despejo de um imóvel situado em Tóquio, proposta por um súdito japonês contra outro. A lei define a competência do Judiciário de cada Estado para exercer a jurisdição, em confronto com a competência idêntica dos demais Estados soberanos. Chama-se internacional a competência de um Estado soberano, em confronto com a de todos os demais. Os Estados estabelecem regimes de cooperação, pelos quais uns reconhecem decisões judiciais dos outros, integrando-as às respectivas ordens jurídicas, para que nelas tenham eficácia, mediante um sistema de homologação de sentenças estrangeiras (CF, art. 105, I, *i*; CPC, arts. 960 a 965).

Nos casos em que um Estado não admite a jurisdição do outro, diz-se que a competência internacional é absoluta ou excludente. Conforme o art. 23, I, II e III, do Código de Processo Civil, somente a autoridade judiciária brasileira, "com exclusão de qualquer outra", pode conhecer de ações relativas a imóveis situados no Brasil (admitir o contrário seria abdicar da soberania brasileira, no tocante ao território nacional) proceder à confirmação de testamento particular e ao inventário e à partilha de bens situados no Brasil, ainda que o autor da herança seja de nacionalidade estrangeira ou tenha domicílio fora do território nacional (às razões determinantes da primeira norma somam-se, neste particular, as de proteção aos brasileiros e outras, de ordem tributária) e, em divórcio, separação judicial ou dissolução de união estável, proceder à partilha de bens situados no Brasil, ainda que o titular seja de nacionalidade estrangeira ou tenha domicílio fora do território nacional. Relativa ou concorrente é a competência internacional quanto às ações cujo julgamento por Judiciário estrangeiro o Brasil acolhe, desde que configurados os requisitos da sua absorção na ordem jurídica interna. Os arts. 21 e 22 do Código de Processo Civil estabelecem essa competência, sem dizê-la exclusiva (como nas hipóteses do art. 23): réu domiciliado no Brasil; obrigação a ser cumprida aqui; ação fundada em fato ocorrido ou em ato praticado neste país, além das ações de alimentos em que o credor tiver domicílio ou residência no Brasil, ou se o réu tiver vínculos no país; das ações consumeristas em que o consumidor tenha domicílio ou residência no país ou quando a jurisdição nacional for eleita, pelas partes, como a competente.

Os próprios arts. 21 a 23, declarando os casos em que o Judiciário brasileiro pode exercer a jurisdição, tratam da competência interna, isto é, determinam as situações nas quais a ação pode ser proposta no Brasil. O exemplo, oferecido linhas atrás, da ação de despejo no Japão não se enquadra em nenhuma das previsões legais. Como um Estado soberano não pode impor suas decisões ao outro, o juiz brasileiro, nos casos de incompetência internacional do Judiciário nacional, proferirá sentença terminativa, recusando-se a apreciar o mérito da ação, em vez de remetê-la à justiça de outro país, salvo na eventualidade de tratado que lhe permita a remessa.

Estabelecida a competência do Judiciário do Brasil, caberá indagar qual dos seus órgãos poderá exercer a jurisdição num caso concreto. A resposta exige o conhecimento dos critérios de distribuição da competência.

3. Determinação da competência – Chiovenda concebeu um método de determinação da competência mediante distintos critérios, bem explicados por Moacyr Amaral Santos, falecido ministro do Supremo Tribunal Federal e catedrático da Faculdade de Direito da Universidade de São Paulo, cuja obra didática presta relevantes serviços ao aprendizado da matéria versada, em nível de introdução, neste livro.[1]

Convém notar que a competência é matéria de direito estrito e decorre sempre, necessariamente, de uma determinação legal. O direito estabelece o âmbito no qual cada órgão judicial exercerá a jurisdição: ou se encontra nalguma lei uma determinação de que certo órgão exerça a jurisdição, ou ocorrerá o fenômeno da sua incompetência. Essa determinação poderá ser feita até por exclusão ou por meio de uma norma que, ao definir a competência específica de um certo juízo, deixa, implicitamente, ao outro a competência remanescente. Numa comarca, por exemplo, existem apenas dois juízos cíveis. Se a lei dispuser que, naquela divisão judiciária, o juízo da 1ª vara julgará somente ações relativas a locação, fica implícito, mas inequívoco, que as demais ações cíveis a se distribuírem na comarca destinar-se-ão ao juízo da 2ª vara.

A primeira indagação que se deve fazer diante de uma ação é esta: a que órgão judicial a lei defere competência para julgá-la? E todo juiz, depois de estabelecido que não há motivo de ordem pessoal a impedir-lhe o exercício

---

[1] *Primeiras Linhas de Direito Processual Civil*, Saraiva, São Paulo, 3 vols. Sobre competência, ver o vol. 1, caps. XIX a XXIV.

da jurisdição (v.g., é irmão do autor ou do réu; existe uma razão íntima a perturbar sua imparcialidade – CPC, arts. 144 e 145 e §1º), tem (salvo excepcionalmente – veja-se o nº 6 deste capítulo) competência para decidir da sua competência. Chama-se *princípio da competência sobre a competência* o preceito que permite ao juiz indagar e decidir sobre o seu poder de exercício da jurisdição, numa determinada ação ou num requerimento de natureza voluntária.

A fonte da competência é sempre a norma jurídica. Deve-se definir a competência, na conformidade de regras, encontradas na Constituição Federal e nas constituições das unidades federadas, no Estatuto da Magistratura, no Código de Processo Civil, nas leis que estruturam um determinado ramo do Judiciário, nas leis locais de organização judiciária, nos regimentos de cada tribunal, em quaisquer outros atos, emanados do órgão legalmente qualificado para estabelecer competências. A lei é a fonte da competência: ou o poder de exercício da jurisdição de um órgão encontra-se definido nela, ou se presumirá a incompetência dele. Observe-se que essas diversas fontes compõem um sistema de distribuição da competência e, por isso, respeitada a hierarquia das normas, devem-se interpretar, sistematicamente, as regras sobre competência. O art. 46 do Código de Processo Civil estatui que a ação fundada em direito pessoal e a ação fundada em direito real sobre móveis serão propostas, em regra, no foro de domicílio do réu. Estabelecida a natureza pessoal da ação, e localizado o domicílio do réu em Vitória, sabe-se que ali deverá a ação ser proposta. Mas onde? Num juízo federal ou estadual? Respondidas estas perguntas, cabe indagar, ainda, em qual dos múltiplos juízos que, na capital do Espírito Santo, exercem a jurisdição civil, se proporá a ação. Por si só, o Código de Processo Civil não resolve o problema. Para a solução dele incidem outras leis, cujos dispositivos se conjugam com a regra do art. 46.

Conclua-se este item lembrando-se que, às vezes, dois ou mais juízes se declaram competentes ou incompetentes para a mesma ação. Pode inclusive haver controvérsia entre dois ou mais juízes sobre a reunião ou a separação de ações. O Código de Processo Civil chama esse fenômeno, no art. 66, de *conflito de competência* (positivo, negativo, misto, em cada uma das hipóteses referidas). A Constituição da República, no art. 102, I, *o*, e no art. 105, I, *d*, atribui-lhe também esse *nomen juris*, visivelmente mais técnico do que *conflito de jurisdição*, como aparecia, v.g., no art. 802 do Código de Processo Civil de 1939. Ao conflito entre um órgão do Judiciário e outro órgão não jurisdicional (v.g., o juiz e o Ministério Público afirmam ou negam, simultaneamente, a sua competência para arquivar o inquérito, que pode preceder a ação civil pública, conforme o § 1º do art. 9º da Lei nº 7.347, de 24.07.1985) denomina-se *conflito de atribuições*, como faz a Constituição, no art. 105, I, *g.* Instaurado o conflito de competência, ou de atribuições, sua solução se torna, evidentemente, indispensável para a determinação do órgão que haverá de atuar num certo caso.

4. Critérios de distribuição da competência – Conforme o método, ou sistema de Chiovenda, a competência se estabelece de acordo com três critérios: (I) o *critério objetivo*, consoante o qual a competência se determina (*a*) pela natureza da matéria versada na ação, (*b*) pelas partes em litígio, (*c*) pelo valor da causa; (II) o *critério territorial*; e (III) o *critério funcional*. Examine-se, brevemente, cada um deles, observando-se que não se trata de critérios que se excluam uns aos outros. Todos eles concorrem para a determinação da competência de um órgão judicial.

O *critério objetivo* considera aspectos da própria ação, tal como proposta. O seu primeiro elemento é a *natureza da matéria*. Fixa-se a competência, aqui, considerando-se o ramo do direito cuja incidência se afirma. Diz-se que a competência é estabelecida *em razão da matéria (ratione materiae)* objeto da jurisdição reclamada. Por isso, as ações criminais e cíveis se distribuem a juízos diferentes, a menos que o mesmo órgão judicial enfeixe competência para exercer a jurisdição nas duas áreas, como acontece nas pequenas comarcas. Havendo, porém, juízes competentes para decidir, num mesmo campo, ações de natureza diversa (v.g., nos domínios das ações cíveis: juízes de família para ações de separação, nulidade e anulação de casamento, posse e guarda de filhos, investigação de paternidade, alimentos; juízes de falência, para falências e recuperações; juízes de órfãos e sucessões, para inventários e partilhas, arrolamentos e ações concernentes a testamentos), a competência se distribui em razão da matéria. Pode-se falar, indistintamente, em juízes, ou juízos, aludindo-se, aqui, ao órgão (juízo da 1ª Vara Cível, da 5ª Vara de Família), ali, ao seu ocupante. Salvo exceções de que trata o próprio Código (v.g., art. 45, a competência em razão da matéria é regulada pelas normas de organização judiciária.

O segundo elemento de determinação da competência pelo critério objetivo é a *natureza das partes* (autor, réu, ou terceiro, que venha a demandar ao lado de um deles, no lugar de um deles, ou mesmo contra ambos). A condição da parte pode determinar a competência que, então, se fixa também em razão dela (*ratione personae*). Se Mateus propõe uma ação contra Cecília para obter a declaração da falsidade de um documento, a competência, consideradas as partes, será da Justiça comum. Entretanto, se a União Federal, e não Mateus, propuser a mesma ação contra Cecília, a competência será da Justiça federal. A Constituição estabelece, no art. 109, I, a competência dos juízes federais para as ações em que a União, entidade autárquica ou empresa pública federal forem interessadas, na condição de autoras, rés, assistentes ou opoentes (*opoentes*, e não oponentes, como aparece no texto constitucional). A Lei nº 6956 do Estado do Rio de Janeiro, de 13 de janeiro de 2015, que dispõe sobre a sua organização e divisão judiciárias, indica, por exemplo, no seu art. 44, os casos em que o juízo competente será o da fazenda pública. Nesses casos, percebe-se que a parte qualifica o juízo, fazendo-o competente, não para que ela mereça um tratamento privilegiado, mas porque a especialização aperfeiçoa a função.

O terceiro elemento de determinação da competência pelo critério objetivo é o *valor da causa*. A toda causa será atribuído um valor certo, ainda que ela não tenha conteúdo econômico imediatamente aferível. (CPC, art. 291). Pode-se determinar a competência em razão do valor (*ratione valoris*) da causa. A Lei nº 9.099, de 26.09.1995, relativa aos Juizados Especiais Cíveis e Criminais, oferece adequada ilustração, quando, no art. 3º, I, define as causas de menor complexidade, portanto da competência do órgão judicial cuja função ela regula, como aquela cujo valor não exceda de 40 vezes o salário mínimo. O Código deixa às normas de organização judiciária a regulamentação da competência em razão do valor (art. 44).

O *critério territorial* é um meio de determinação da competência que leva em conta um lugar. Trata-se de um critério geográfico do qual o direito se serve, amplamente, a começar pela regra dos arts. 21 a 23 do Código de Processo Civil.

O critério territorial determina o lugar da propositura da ação, dentro do território nacional. As normas legais que dele se servem empregam, insistentemente, a palavra *foro* (assim, no CPC, o art. 46 e seus parágrafos: foro do domicílio do réu ou do autor; o art. 47: foro de situação da coisa, do domicílio, de eleição; o art. 48, parágrafo único, I: foro da situação dos bens; os arts. 51 e 52: foro de domicílio do réu; o art. 53 e seus incisos: foro de guardião de filho incapaz, do último domicílio do casal e do domicílio ou residência do alimentando, foro do lugar da sede da pessoa jurídica ou do lugar do ato ou do fato para a ação; os arts. 62 e 63: foro de eleição). Convém dizer que a palavra *foro* procede de *fores*, porta da casa, que deu origem a *forum*, lugar externo, público, além da porta, onde se tratavam assuntos públicos. Daí, *forum*, para indicar o local das atividades públicas, inclusive da prestação da justiça, étimo do qual vem o vernáculo *foro*, que designa tanto o prédio onde funcionam os órgãos judiciais como a porção territorial em cujo âmbito um juízo pode exercer a jurisdição. Quando se fala que a ação será proposta num determinado foro, como nos abundantes exemplos fornecidos, se diz que ela será distribuída ao juízo competente para exercer a jurisdição nessa porção territorial, nesse lugar.

Para fins de administração da Justiça, dividem-se os Estados-membros da União em *comarcas* (do germânico *marka*, país, fronteira, lugar), nas quais funcionam um ou mais juízos. O art. 110 da Constituição, para fins de determinar a competência territorial dos juízes federais, divide o país em seções correspondentes a cada Estado e ao Distrito Federal, fixando-lhes a sede na respectiva capital, mas declarando que a lei localizará as respectivas varas. Desde Roma, onde de um feixe (*fasces*) de varas saía o ferro de um machado, insígnia dos magistrados, a *vara* é símbolo da autoridade judicial (conduzir alguém debaixo de vara significa conduzir sob a autoridade de um juiz; por ordem dele) e passou a designar o juízo. Se a ação houver de ser proposta no foro do domicílio do réu, como manda, por exemplo, o *caput* do art. 46, será ajuizada perante um dos juízos da comarca estadual ou da seção judiciária federal, onde ficar seu domicílio. Não se consegue ajuizar a ação sem se saber o lugar onde ela será proposta, indicado, no tocante à jurisdição civil, pelas normas dos arts. 46 a 53 do Código de Processo Civil, não excluída a possibilidade de que também o faça uma lei extravagante, como o Decreto-Lei nº 413, de 09.01.1969, que, dispondo sobre a cobrança de títulos de crédito industrial, determina, no art. 41, § 8º, que o foro competente para a cobrança da cédula de crédito industrial será o da praça do seu pagamento.

Estabelece-se também a competência pelo *critério funcional*, que toma em consideração a possibilidade de exercício da função por um juiz, ou juízo determinado, dentre os da mesma competência territorial.

Pode a lei estabelecer, por exemplo, que, dentre os juízos cíveis de uma certa comarca, somente um determinado número julgue as ações possessórias. Repare-se que o território é o mesmo e a matéria veiculada na ação é cível, de natureza idêntica, quanto ao gênero, a outras ações, distribuídas a outros órgãos. Todavia, a lei determina que essas ações se distribuam a certos juízos (v.g., há 20 juízes cíveis na comarca, mas só os da 1ª e da 2ª vara julgarão as ações possessórias), "pelo fato de ser aí mais fácil ou mais eficaz a sua função", nas palavras de Chiovenda, o introdutor, segundo ele próprio, da denominação e do conceito de *competência funcional*, na literatura italiana,[2] rica fonte da doutrina dos processualistas brasileiros e da vigente legislação.

A ação não é, necessariamente, julgada pelo mesmo juiz que recebeu a inicial. Sucedem-se os juízes na causa, numa mesma instância, por razões de ordem diversa (v.g., promoção, transferência, férias, aposentadoria, morte). Chama-se também funcional a competência de juízes diferentes para atuar na

---

[2] *Instituições...*, cit., vol. 2, p. 187.

mesma causa, no mesmo grau de jurisdição, ou num grau superior perante o qual ela se desdobre por força dos recursos (veja-se o cap. VIII).

Repita-se a observação de que os critérios expostos não se excluem uns aos outros, mas compõem, em conjunto, um sistema harmônico de determinação da competência. A natureza deste livro permite a ilustração, cabível, aliás, em qualquer obra doutrinária. Onde deverá Ester propor contra Tomás uma ação de nulidade de contrato de prestação de serviços de valor excedente de 40 salários mínimos, porque falsa a assinatura da autora, no respectivo instrumento?

Trata-se, indubitavelmente, de uma ação pessoal, porque o pedido não tem por objeto uma coisa, mas uma relação jurídica obrigacional (no caso, a inexistência dessa relação). Responde o art. 46 do Código de Processo Civil: no foro domicílio do réu. Se o réu estiver domiciliado na cidade do Rio de Janeiro, competente será a Justiça estadual, porque a natureza das partes não qualifica a Justiça federal. Perante qual juízo? Cível a matéria, no juízo de uma das varas cíveis, conforme o Código de Organização e Divisão Judiciárias do Estado do Rio de Janeiro (art. 23). Distribuída a ação à 1ª Vara Cível, o juiz titular presidiu à audiência, mas se aposentou, no dia seguinte, antes de proferir a sentença. Julgará a ação o seu sucessor.

No exemplo, incidiram os três critérios de determinação da competência. O domicílio do réu (*critério territorial*) levou a autora a propor a ação no Rio de Janeiro. Quanto ao *critério objetivo*: a natureza das partes, pessoas privadas, qualificou a Justiça estadual, já que não ocorria fator determinante da propositura da ação na Justiça federal (CF, art. 109); a matéria, regida pelo Direito Civil, determina a competência de um dos juízos cíveis da comarca do Rio e o valor da causa, excedente a 40 salários mínimos, afasta a competência do Juizado Especial Cível (art. 3º, I da Lei 9.099/95). Ainda a matéria enviará a ação, se houver recurso da sentença, para o Tribunal de Justiça do Estado. No Tribunal de Justiça, a competência funcional fará com que se distribua o recurso a uma câmara – que é, naquela corte, o órgão julgador dos recursos interpostos de sentenças –, e *câmara cível*, não câmara criminal, aí, de novo, em razão da matéria, participando do julgamento, dentre os cinco integrantes do órgão, três desembargadores, determinados conforme a norma regimental (mais uma vez, o critério funcional).

5. *Perpetuatio jurisdictionis* e modificações da competência – O art. 43 contém a seguinte norma:

"Determina-se a competência no momento do registro ou da distribuição da petição inicial, sendo irrelevantes as modificações do estado de fato ou de direito ocorridas posteriormente, salvo quando suprimirem órgão judiciário ou alterarem a competência absoluta."

Ao princípio, conforme o qual a competência se determina no momento em que a petição inicial é protocolada (art. 312), permanecendo inalterada diante de posteriores modificações de fato ou de direito, salvo as exceções, que a lei enumera, denomina-se *perpetuatio jurisdictionis* (perpetuação da jurisdição, usada a palavra jurisdição, aqui, na acepção de competência). Assim, se se ajuizou a ação pessoal no foro do domicílio do réu (art. 46), a posterior mudança do seu domicílio não desloca a ação, que permanecerá no juízo onde foi proposta. Extinto, porém, o juízo (v.g., nova lei de organização judiciária extinguiu os juízos das varas de falência), alterada a sua competência em razão da matéria (v.g., a lei, sem estabelecer competência residual, cria juízos especializados para ações entregues, antes dela, ao julgamento de juízos comuns) ou da hierarquia (v.g., sobrevém norma suprimindo a competência recursal das câmaras cíveis de um tribunal, relativamente a certas matérias, entregues ao julgamento do órgão especial da mesma corte), altera-se a competência do órgão judicial e a ação passa a outro.

A competência do órgão judicial consolida-se através da sua *prevenção*, que constitui a fixação da competência de um determinado juízo, dentre os vários juízos que poderiam julgar a ação (se há cinco juízos de família numa comarca, todos com a mesma competência, é pela prevenção que se isola a competência de um deles). A prevenção para a ação principal atrai as acessórias (CPC, arts. 61 e 914, ,§1º), ainda que o ajuizamento da acessória se adiante ao da principal, como no caso das tutelas provisórias antecedentes (arts. 299 e 383), aí ocorrendo o fenômeno da *prevenção antecipada*. Conforme o art. 240 do Código de Processo Civil, a citação válida do réu, ou o seu comparecimento espontâneo (art. 239, § 1º), substitutivo dela, previne a competência, ressalvado o que já se dirá, ainda neste item da exposição, sobre o art. 59.

Estabelecida a competência, pode ela modificar-se, não apenas nas hipóteses do art. 43, mas ainda por conexão ou continência (art. 54). Se entre duas ações, distribuídas a juízos diversos, conforme os critérios de determinação da competência, ocorre conexão ou continência, devem elas ser reunidas num deles (art. 57), a menos que apenas um seja competente em razão da matéria (competência relativa), sem que o seja também o outro (CPC, art. 54, por exclusão). Nesse caso, um juízo aguardará o julgamento do outro (art. 313, V, *a*) por certo tempo (art. 313, § 4º), esgotados os prazos, previstos no § 4º, se ainda não houver decisão, apreciará ele mesmo a matéria, mas só para o efeito de proferir seu próprio julgamento (art. 313, §5º).

Havendo conexão ou continência entre duas ou mais ações, reunir-se-ão todas elas no juízo prevento, que será aquele perante o qual ocorreu a distribuição da petição inicial (CPC, art. 59).

Não podem as partes modificar, convencionalmente, porque inderrogável, a competência em razão da matéria e da hierarquia (como aconteceria se elas ajustassem que uma ação da competência de um juízo de família fosse julgada no juízo cível, ou que um recurso destinado por lei ao Tribunal Regional Federal fosse apreciado no Tribunal de Justiça).[3] Assim dispõe o art. 62 do Código de Processo Civil. O art. 63 e seu § 1º permitem, todavia, que as partes, por instrumento escrito, e relativamente a um negócio jurídico determinado, modifiquem a competência em razão do valor e do território, elegendo o foro onde se proporão as ações oriundas de direitos e obrigações. Assim, ainda que a lei determine a competência territorial de um órgão judiciário, ou lhe fixe a competência em razão do valor da causa, podem as partes, nas condições do § 1º do art. 63, ajustar, validamente, que a ação seja distribuída a um outro juízo, escolhendo, pois, o foro onde irão litigar, por isso denominado foro de eleição, isto é, de escolha (de *electio,* escolha; de *eligere,* colher, levar, tomar; de *e,* de, e *legere,* ajuntar, colher).

A competência do órgão judicial a que foi distribuída a ação também se modifica, se o juízo se declarar incompetente. Modifica-se, por igual, a competência funcional do juiz, enquanto pessoa, se ocorrer a declaração do seu impedimento (art. 144) ou da sua suspeição (art. 145). Nesse caso, fica preservada a competência do órgão judicial, a menos que a lei de organização judiciária determine a transferência da ação a outro juízo, como pode ocorrer se o impedimento ou suspeição for do único juiz da comarca, não sendo prático que seu substituto, da comarca vizinha, para aquela se desloque em decorrência da ação, nem que se designe outro juiz somente para tratar dela.

Em vez de modificar-se, a competência de um juízo se projeta para além dos limites territoriais da sua comarca, se o imóvel sobre o qual versa a ação se achar situado em mais de uma comarca, no mesmo Estado, ou em outro. Assim se entende o art. 60 do Código de Processo Civil. Conquanto esse dispositivo fale, corretamente, em prevenção, que se dará pela distribuição da petição inicial (art. 59), o fenômeno nele aludido se conhece como prorrogação. Também ocorre a prorrogação, quando a perda da competência

---

[3] Ocorre, ocasionalmente, em ações em que a União Federal é autora ou ré ou tenha interesse direto na lide, e por não haver Seção Judiciária Federal em algumas comarcas do interior dos Estados, a ação é julgada pelo Juiz singular comum e, posteriormente, destinada ao Tribunal Regional Federal da respectiva região.

pessoal do juiz ou da competência do juízo depender de arguição da parte, como acontece no caso do art. 145, em que a suspeita de imparcialidade apenas se presume fundada, e, na hipótese do art. 64, do qual se cuidará no item seguinte, a parte deixa de requerer a declaração dessa perda.

6. Incompetência absoluta e relativa – Remate-se esta breve exposição com duas palavras sobre o fenômeno da *incompetência*, resultante da fixação da competência com violação de qualquer dos critérios que a determinam.

A incompetência relativa ocorre quando, na fixação da competência, se viola somente o critério territorial ou somente o critério de determinação pelo valor, ou, a um só tempo, apenas aquele e este. O Código não reputa a transgressão de um desses dois critérios, ou de ambos simultaneamente, anomalia bastante para comprometer a jurisdição, tanto que, no art. 63, permite às partes modificar a competência em razão do valor e do território. Por isso mesmo, a declaração da incompetência relativa depende da iniciativa da parte ou do terceiro, não podendo o juiz declará-la de ofício, isto é, independentemente de requerimento (art. 64). Se a declaração de suspeição (art. 145 e § 1º) determina a modificação da competência funcional do juiz como pessoa, a falta de arguição dela, na forma e no prazo da lei, também afasta a presunção de suspeita (art. 65). Por conseguinte, a incompetência relativa, decorrente da desobediência ao critério territorial ou ao critério de valor, e a incompetência funcional resultante da suspeição do juiz são prorrogáveis.

Dá-se a *incompetência absoluta* quando, na determinação da competência, se viola o critério objetivo, quanto às partes ou à matéria, ou o critério funcional, salvo no que diz com a suspeição (não com o impedimento – art. 144 – que afasta o juiz do processo). A violação da competência em razão da hierarquia constitui modalidade de violação do critério funcional, transgredido também se, havendo continência ou conexão entre as ações, não for remetido ao juízo prevento a ação que em outro juízo tramita, este último incompetente pela prevenção daquele.

A incompetência absoluta constitui defeito insanável porque, no critério político da lei, ela despoja as partes da garantia de justiça. Pode, por isso, ser alegada em qualquer tempo e grau de jurisdição e deve ser declarada de ofício (art. 64, § 1º). Assim, por exemplo, se Diva propôs contra Edson uma ação de dissolução de sociedade de fato decorrente de concubinato e a ajuizou numa vara de família, supondo que a matéria se rege por normas desse ramo do Direito Civil, o juiz de família deve, mesmo não provocado, remeter a ação a um juízo cível, para que lá se julgue o pedido em consonância com as normas do direito das obrigações. De tal modo viciosa a sentença do juiz absolutamente incompetente que o Código de Processo Civil permite a desconstituição dela, como se explica no cap. IX, nº 6, deste livro.

7. **Assunção de competência** – Assumir (de *ad sumere*, tomar para si) é convocar, chamar para si, como ocorre quando alguém atrai para si próprio a responsabilidade por uma ação, ou omissão. O Código de Processo Civil de 2015 introduziu no direito processual civil positivo, mediante a criação de um incidente, regulado no cap. III do Título I do Livro III (art. 947), o instituto da assunção de competência. Inspirado, seguramente, no *writ of certiorari* do direito comum, pelo qual uma corte pode avocar para si a competência para julgamento de um caso de repercussão geral, reza o diploma, no dispositivo indicado, que é admissível a assunção de competência "quando o julgamento de recurso, de remessa necessária ou de processo de competência originária envolver relevante questão de direito, com grande repercussão social, sem repetição em múltiplos processos". Já se vê, pela última parte do *caput* do art. 947, que assunção fica excluída, quando cabível o incidente de resolução de demandas repetitivas, regulado nos arts. 976 e ss.

Como ainda se colhe do *caput*, só se admite o instituto como incidente do processamento de recurso, remessa necessária ou processo de competência originária. Não noutros casos. Essa limitação restringe o âmbito do incidente. Melhor seria que como na malograda avocatória da Constituição de 1969, o Tribunal pudesse chamar, para si, o julgamento de processos que preencham os requisitos da admissibilidade do instituto.

Os quatro parágrafos do art. 947 regulam o procedimento do incidente de assunção de competência, mas os seus pressupostos também se encontram no *caput*. Como ali se vê, o incidente só se admite se estiver em causa relevante questão de direito cuja solução produza repercussão social, estendendo-se assim, a hipóteses semelhantes. Quando o § 3º do art. 947 estatui que o acórdão proferido na assunção vinculará todos os juízos, juízes e órgãos fracionários, essa oração temporal haverá de ser interpretada, no sentido de que a vinculação será dos juízes de órgãos fracionários submetidos ao tribunal que decidir o incidente. Acrescente-se com o § 4º do mesmo art. 947, o único a regular a assunção, que ela cabe também quando, ocorrendo relevante questão de direito, se torne conveniente prevenir ou solucionar divergência entre câmaras ou turmas do tribunal, e também entre seções. Neste ponto, a assunção lembra o recurso de revista do CPC de 1939 (art. 853). Observe-se, por derradeiro, que não cabe recurso da decisão que determina a instauração do incidente, mas só das decisões que aplicarem o que nele ficou deliberado.

Capítulo V
O PROCESSO

Sumário: 1. Conceito e função do processo judicial – 2. Natureza jurídica – 3. Sujeitos do processo – 4. Os terceiros – 5. Espécies do processo civil contencioso – 6. O processo de conhecimento – 7. O processo de execução – 8. O processo cautelar – 9. O processo de jurisdição voluntária – 10. Princípios processuais – 11. O Direito Processual Civil e suas normas.

1. Conceito e função do processo judicial – Para fazer eu próprio um café, tomado antes de principiar este capítulo, usei o *processo* mais simples: pus um pouco d'água na chaleira, levei-a ao fogo e a derramei, fervente, numa xícara, na qual já colocara duas colherinhas de café solúvel e três gotas de adoçante. Pratiquei, portanto, uma sequência de atos. Reunidos, eles serviram de instrumento da minha vontade de obter um resultado: o cafezinho, que me estimula ao trabalho. Disse que usei um *processo* porque esse é o vocábulo que se emprega, na língua que falo, para designar o conjunto de atos sucessivos, praticados ordenadamente, a fim de se alcançar um resultado. A etimologia do substantivo *processo* revela o seu significado: *pro*, para a frente, e *cedere*, caminhar. Nisso consiste qualquer processo: atos ordenados, que se praticam sucessivamente, de modo que ao ocaso do anterior se siga a alvorada do posterior, até que se atinja um objetivo. Se falo, pois, para não sair do exemplo, no *processo de fazer café*, não estou aludindo a um ato isolado, como pôr a água na chaleira, ou o pó na xícara, nem apenas a dois ou três atos, mas à reunião de todos eles.

Praticam-se atos ordenados e sucessivos para fazer atuar a jurisdição, que previne ou compõe os conflitos sociais, ou administra interesses sociais de relevo. A soma de todos esses atos constitui o processo judicial, que é, como nitidamente se vê, o meio ou método pelo qual o Estado exerce a jurisdição, administrando a justiça. Consequentemente, o processo é, invariavelmente, instrumento da jurisdição.

Convivem, no processo judicial, duas realidades, que a processualística hodierna identifica como *microprocesso* e *macroprocesso*. Do ponto de vista dos litigantes ou do postulante da jurisdição voluntária, o processo é o meio de se obter um ato de autoridade do Estado, destinado a prevenir ou cessar o conflito, ou a tutelar um interesse socialmente relevante. Quando Gustavo e Miguel se confrontam em juízo, eles veem o processo como instrumento para alcançar a satisfação da sua própria pretensão. A olho nu, é assim que se entende o processo. E aqui está o microprocesso, isto é, a realidade processual, considerada à vista dos interesses imediatamente em jogo.

O processo, entretanto, se projeta muito além do interesse das pessoas diretamente envolvidas porque é instrumento de pacificação social; porque devolve a paz ao grupo, servindo também de método pedagógico, pois através dele o Estado vai ensinando os jurisdicionados a cumprirem o direito. Contemplado do ângulo do interesse social, o processo é macroprocesso, pela abrangência dos seus resultados. Sem o perceberem, os litigantes, na luta por seus interesses, minúsculos se confrontados com superiores razões sociais, propiciam a realização da paz e a admirável obra de criação do direito, que a decisão judicial realiza. Tenho já começado um ensaio com o título "O Caçador de Esmeraldas e o Processo Judicial", em que comparo a aventura das partes, no processo, à de Fernão Dias Paes Leme, cantada no majestoso poema de Olavo Bilac. "E enquanto ias, sonhando o teu sonho egoísta, /Teu pé, como o de um deus, fecundava o deserto!" Como na epopeia do bandeirante, enquanto as partes contendem, na perseguição de seus objetivos, o processo realiza o milagre da atuação do direito como sistema de adaptação do homem no grupo, interpretando, aplicando e atualizando as normas, em consonância com as necessidades sociais.

Numa conferência, na Faculdade de Direito de Paris, em 1949, Eduardo Couture retratou a função do processo, dizendo que ele atende, simultaneamente, a um fim privado e público. É privado, no tocante às partes, porque faz cessar o conflito. Todavia, ao lado do interesse dos contendores, o processo tem uma finalidade de interesse público, consistente em garantir a efetividade integral do direito. É instrumento de produção jurídica e forma incessante de realização do direito, que se concretiza, positivamemte, nas sentenças judiciais que se atingem apenas mediante o processo, que mantém a *lex continuitatis* do direito.[1]

---

[1] Recomendo com toda insistência a leitura das conferências de Couture em Paris, reunidas no seu primoroso livro *Introdução ao Estudo do Processo Civil*, Rio de Janeiro, Konfino, s/d (excelente tradução de Mozart Victor Russomano). O trecho citado se encontra na p. 68 da 3ª ed.

Enquanto se viu o processo só do ângulo do interesse dos litigantes – o que aconteceu, na Europa, até a sexta década do século XIX e, no Brasil, até meados do século XX –, ele foi considerado, sob fortíssima influência romana, um negócio das partes, e aí está a concepção privatística do processo. Distinguido, entretanto, o interesse social nele dominante, prevaleceu a concepção publicística do processo, instrumento do exercício de uma das funções do Estado e, por isso, regido por normas e princípios de interesse público, que deixam pouco espaço para que as partes disponham dele em consonância com a sua vontade, como acontece nos negócios comuns de ordem privada. A ideia duelística do processo – um confronto entre as partes, desenvolvido conforme regras que elas estabelecem, e assistido pelo juiz, que sentencia afinal – cedeu a vez ao entendimento publicístico, segundo o qual o processo é negócio entre as pessoas e o Estado, que substitui a vontade dos contendores pela dele próprio, sempre com o fim de atuar o direito, na busca da realização do seu mais alto objetivo: a paz social.

2. Natureza jurídica – As obras doutrinárias documentam os esforços dos processualistas para estabelecerem a natureza jurídica do processo. Avulta, na literatura processual brasileira, um livro de exame obrigatório para os que desejarem acompanhar as etapas da evolução científica: *A Relação Processual Penal*,[2] de Hélio Tornaghi, catedrático da matéria na antiga Faculdade Nacional de Direito da Universidade do Brasil, que se notabilizou pela desenvoltura com que domina o processo civil e o processo penal e por seu estilo de invejável clareza e apuro técnico. Essa obra, que constitui um marco do desenvolvimento da ciência processual no país, explica com minúcia e precisão, e de modo agradabilíssimo, as mais importantes concepções em torno do processo judicial, colhidas diretamente nas fontes pelo autor, que as enriqueceu de valiosa contribuição pessoal. Nos estreitos limites de uma obra introdutória, aludirei apenas ao entendimento predominante, mas com a ressalva de que têm sido férteis as elaborações sobre o tema.

A partir da obra de Oskar von Bülow, publicada em 1868, considerada pedra fundamental da processualística, começa a sedimentar-se a teoria, dominante hoje, de que o processo é uma *relação jurídica*, nisso consistindo a sua natureza. Esse entendimento não exclui, entretanto, a possibilidade de se ver o processo, ao longo do seu desenvolvimento e enquanto não se extingue, como uma situação jurídica, nem como uma instituição jurídica, da qual se serve o Estado para exercer a jurisdição. As diferentes concepções doutrinárias acabam se aproximando, permitindo a tomada de posição eclética.

---

[2] 2ª ed., São Paulo, Saraiva, 1987.

Sabe-se que a relação jurídica é um vínculo entre pessoas, disciplinado pelo direito. Inúmeros vínculos unem os homens, irradiando todos da sua humanidade, que fundamenta a sentença de Terêncio: "Sou homem e nada que interessa ao homem me é estranho". A afeição, a simpatia, o ideal, os interesses e, paradoxalmente, até as idiossincrasias e os rancores ligam os homens. Quando o vínculo entre eles é dominado por uma regra de direito, ou várias, surge a relação jurídica. *Relação* vem, imediatamente, de *relatio*, cuja origem é *relatus*, particípio passado de *referre*, formado este verbo de *ferre*, levar ou trazer, mais a partícula *re* (que significa repetição), o que dá àquele verbo (*referre*) o sentido de levar ou trazer de novo e à palavra *relação* o sentido de ida e volta, de reciprocidade.

Como a jurisdição só por provocação se exerce, a ordem jurídica confere a cada pessoa a ação judicial, que é o direito de invocá-la. O exercício da ação, por meio da demanda, faz surgir, não apenas um, mas alguns vínculos, que unem certas pessoas numa relação governada pelo direito. Essa relação jurídica, que a ação faz nascer, constitui o processo, o qual, então, se instaura por iniciativa da parte, que reclama a prestação jurisdicional (ação), mas se desenvolve pelo interesse social na prevenção ou composição da lide, ou na administração de interesses relevantes para o grupo. Por isso, dispõe o art. 2º do Código de Processo Civil: "O processo começa por iniciativa da parte e se desenvolve por impulso oficial, salvo as exceções previstas em lei". Porque essa relação compreende uma série de atos encadeados, sucessivos, tendentes a um fim – a prestação da função jurisdicional do Estado –, ela recebe o nome de *processo*, cuja etimologia já se examinou, no início deste capítulo. Serviu-se o direito eclesiástico dessa palavra para designar a relação jurídica agora examinada. Não a usaram os romanos, que falavam somente em *juízo* (*judicium*, julgamento), e não em processo. Essa relação jurídica é instrumental porque constitui o meio de que o Estado se vale para o exercício da jurisdição. Dentre todos os meios disponíveis para o julgamento (por exemplo: o sorteio, a luta corporal dos litigantes, a idade mais avançada), o processo constitui o que mais se aproxima da perfeição, sem que com isso se pretenda insinuar seja ele perfeito. Ao contrário, o homem projeta, no processo, criação do seu engenho, as imperfeições que o estigmatizam.

Como relação jurídica, o processo é imaterial. Usa-se, no entanto, o mesmo vocábulo para designar os *autos* (do latim *actus*, feito; de *agere*, agir, fazer, indicando o que foi feito), conjunto de folhas de papel que registram, materialmente, por escrito, os atos constitutivos da relação processual, assim os perpetuando. Quando se fala que a petição inicial se encontra nas folhas 2 a 15 do processo, emprega-se o vocábulo nesta última acepção. Aliás, chama-se também o processo de *feito* (ainda ecoa, nos corredores forenses, v.g., a expressão *varas dos feitos da Fazenda Pública*), e essa palavra vem de *factus*, particípio de *facere*, fazer. Demoro-me nesta explicação porque verifico, a cada nova turma, que a maioria dos alunos nunca viu um processo judicial, ou, mais precisamente, os autos de um processo judicial. A praxe forense (isto é, a prática que faz denominar *praxistas* os que ensinam os costumes do foro, na postulação e administração da justiça) usa, indistintamente, ação por processo, e vice-versa, como quando se diz *nos autos da ação*, querendo dizer-se, *nos autos do processo que a ação faz surgir,* ou, ainda, que *fulano propôs contra beltrano um processo de despejo,* pretendendo-se aludir à propositura de uma ação, na qual se formulou pedido de despejo. *Ação, demanda, processo, feito, autos* aparecem, muitas vezes, desviados de sua precisa acepção, mas será venial, se algum, o pecado que se comete, baralhando-se os vocábulos, porque a linguagem técnica também é linguagem, nela permanecendo as figuras próprias da comunicação. Importante é que se conheça o significado de cada palavra.

Bülow foi pioneiro na visão do processo como relação jurídica, embora se aponte como precursor dessa teoria o filósofo Georg Hegel, diante de uma observação dele, contida no § 222 do seu livro *Fundamentos da Filosofia do Direito* (1821). Muitos autores, os alemães na dianteira, buscaram explicar, de modos diferentes, essa relação, cumprindo ao menos referir, em obra introdutória como esta, as construções de Joseph Kohler (para quem o processo seria uma relação de Direito Privado, travada somente entre o autor e o réu), a de Adolf Wach (para quem a relação jurídica se desdobra num vínculo de Direito Público entre cada uma das partes e o juiz e num vínculo de Direito Privado entre as partes – concepção triangular) e a de Julius von Planck e Korand Hellwig, segundo os quais o processo é uma relação angular, na qual há um vínculo entre o autor e o juiz, e outro, entre o réu e o juiz, submetidos ambos à jurisdição do Estado, que os separa, no sentido de proibir que um submeta o outro à respectiva pretensão.

Parece-me que a posição triangular de Wach explica mais precisamente a relação processual porque as partes e o juiz se encontram recíproca e simultaneamente vinculados por direitos e deveres: a relação jurídica confere ao autor e ao réu direito à jurisdição, que invocam, aquele por meio da ação, e este por meio da exceção. O Estado é o devedor desse direito e, por seu turno, tem o direito de impor sua vontade aos litigantes, que só podem acatá-la, como ato da autoridade do Estado. As partes têm o direito de exigir uma da outra o acatamento às decisões judiciais e uma conduta compatível com a dignidade do processo (v.g., CPC, arts. 77 e 78) e o dever correspondente. Essa reciprocidade de direitos e deveres, que compõem a relação jurídica processual, estende-se aos demais sujeitos do processo, de modo que cada um é credor de todos e todos são devedores de cada um.

O processo civil contencioso constitui uma relação jurídica vinculativa dos seus sujeitos, e não falta a mesma natureza ao processo civil voluntário, no qual também se distinguem vínculos idênticos.

3. Sujeitos do processo – Na primeira definição de que se tem notícia, Búlgaro, professor da Faculdade de Direito de Bolonha, no século XII, ensina que o *judicium* (juízo, julgamento, como então se denominava o processo) é ato de pelo menos três pessoas: autor, réu e juiz. A fórmula passou às fontes próximas do direito brasileiro. Nas velhas ordenações portuguesas se encontra: "Três pessoas são por direito necessárias em qualquer juízo: juiz que julgue, autor que demande e réu que se defenda".

Toda relação jurídica forma um vínculo entre pessoas. No processo também assim acontece, pois ele liga pessoas, dentre as quais se destacam, como sujeitos principais, ou primários, ou necessários, sempre indispensáveis, o juiz e as partes, autor e réu. O juiz é determinado, já que se conhecem o órgão jurisdicional e os seus integrantes. Igualmente, o autor, de cuja iniciativa exsurge a relação processual, pois ele propõe a ação, identificando-se. Embora isso não ocorra habitualmente, pode o réu ser indeterminado, ou desconhecido (CPC, art. 259, III). O Código, por sinal, reconhece a possibilidade de não se saber quem seja o réu, ou de não se conseguir determiná-lo, quando, no art. 256, I, prevê a citação por edital (isto é, mediante convocação, afixada em lugar acessível ao público, na sede do juízo, e publicada na imprensa – art. 257, II e III), "quando desconhecido ou incerto o citando".

Do juiz e das partes já se falou anteriormente (caps. II, nº 3, e III, nº 4). Convém lembrar que, quando se alude ao juiz como sujeito da relação processual, refere-se ao órgão judicial, unipessoal ou colegiado. Assim, enquanto o processo civil tramita na primeira instância, o juízo é singular, mas se torna coletivo, quando o processo sobe a um tribunal, cujos julgamentos se realizam, comumente, por mais de um magistrado. Integrante da relação processual, o juiz, obviamente, participa dela, mas *não é parte* ele mesmo, reservado o substantivo para designar, num sentido restrito, o autor e o réu, ou os autores e réus, se há litisconsórcio, e, numa acepção mais ampla, o *terceiro* (v.g., art. 996), do qual se ocupa o próximo tópico deste capítulo. A qualidade de parte, no sentido processual, se adquire só pela presença no processo, como adverte Calamandrei,[3] com abstração de qualquer elemento extraprocessual. Vale repetir que a parte na lide não será, necessariamente,

---

[3] "Istituzioni di Diritto Processuale Civile", *in Opere Giuridiche*, vol. IV, Morano, Napoli, 1970, p. 422.

parte no processo, bastando lembrar a *substituição processual* (cap. III, nº 6) ou mesmo a circunstância da propositura da ação contra a pessoa errada. Quem se encontrar no processo, como autor, réu, terceiro, será parte processual, se bem que mais apropriado referir-se ao terceiro, mencionando esta condição específica, ou o designando pelo *nomen juris* próprio do modo como intervém (v.g., assistente, oponente, litisdenunciado).

Inúmeras outras pessoas intervêm na relação processual. Não se omita a lembrança dos órgãos jurisdicionais auxiliares, como os oficiais de justiça, o perito e os assistentes, o contador, o escrivão, o escrevente, que ingressam na relação para auxiliar o juiz no desempenho das múltiplas atividades das quais, sozinho, ele não poderia dar conta.

O direito criou uma instituição de capital importância para a sociedade e para a consecução dos fins do Estado, cometendo-lhe relevante papel no processo judicial de qualquer natureza: o Ministério Público, que, conforme os arts. 127 a 130 da Constituição Federal, exerce uma das funções essenciais à justiça. Uma das características do Ministério Público, ou um dos seus princípios institucionais, como dita o § 1º do art. 127 da Carta, é a sua *independência funcional*. Ele não se submete a qualquer dos poderes do Estado, quando opera junto deles.

No processo civil, o Ministério Público atua, muitas vezes, imparcialmente, como fiscal da lei, *custos legis* (*custos* – isto é, guarda, defensor – *legis*, da lei), nos casos em que, pela relevância dos interesses em jogo, ela, num juízo político, reputa necessária a sua presença, destinada a assegurar, mediante suas várias manifestações, ditas *promoções*, o adequado cumprimento das normas jurídicas. Aqui, o órgão aparece como advogado da norma, defensor da sua inteireza positiva (CF, art. 129, II, III, IV), com abstração do interesse das partes. Mas o Ministério Público age também em benefício da parte, quando a lei reputa necessária sua presença no processo para representá-la (proibida a representação judicial por esse órgão só de entidades públicas – CF, art. 129, IX) ou defender-lhe os interesses, assistindo-a, consideradas circunstâncias peculiares. No desempenho desse múnus, o Ministério Público é, necessariamente, parcial (CF, art. 129, I, III, IV, V; CPC, arts. 177 e 178, II). Quando propõe a ação judicial, torna-se parte o *MP* (use-se, uma vez, a sigla integrada na terminologia forense, para designar a instituição e também seus componentes, já aparecendo, informalmente, na linguagem dos corredores, o pitoresco substantivo "emepeia", feminino de *MP*, reservado às mulheres que atuam no Ministério Público). Intervindo, como *custos legis*, ou para zelar pelos interesses da parte, por ele não representada, sua função processual se designa pelo próprio nome da instituição: *Ministério Público*. Em qualquer posição que ocupe no processo, ele é sempre sujeito da relação processual.

O processo judicial é uma relação de direito eminentemente técnica. Faltam às partes, pela ausência de formação jurídica, condições de postular, em juízo, a tutela dos próprios interesses. Se elas, tantas vezes, não compreendem as normas incidentes nas situações sociais, muito menos desvendam o sentido das regras disciplinadoras da jurisdição. As partes convocam, então, quem possa representá-las no processo, falando por elas de modo adequado. O *advogado* (de *ad*, para junto, para perto, mais *vocatus*, chamado, convocado), que exerce função essencial à justiça (CF, art. 133), é outro sujeito da relação processual, competindo-lhe representar as partes no processo. Com vistas a assegurar a ampla defesa das pessoas que reclamam a jurisdição civil, o art. 103 do Código de Processo Civil, ordena, peremptoriamente: "A parte será representada em juízo por advogado regularmente inscrito na Ordem dos Advogados do Brasil". Só é advogado quem tiver habilitação legal, que se adquire pela inscrição na Ordem dos Advogados do Brasil (Lei nº 8.906, de 04.07.1994, que dispõe sobre o Estatuto da Advocacia e a Ordem dos Advogados do Brasil, art. 3º). As faculdades de direito não formam advogados, mas apenas bacharéis, só se alcançando essa condição depois do ingresso nos quadros da Ordem.

Sem advogado, a parte não pode postular no processo civil. Leis extravagantes (v.g., art. 9º da Lei nº 9.099, de 26.09.1995, dos Juizados Especiais, Cíveis e Criminais) admitem, excepcionalmente, a postulação pela parte, em causa própria. O parágrafo único do art. 103 dispensa o advogado, quando a própria parte tiver habilitação legal, se bem que não o recomende a prudência. Consoante a verdade do velho provérbio inglês, "quem é seu próprio advogado tem por cliente um tolo". Talvez se pudesse dizer, no lugar de tolo, "um apaixonado", ora demasiadamente temeroso, ora exageradamente audaz, sempre perturbado pela emoção, péssima conselheira, que prejudica o entendimento e impede a boa defesa. Porque o advogado é sujeito da relação processual, a sua falta compromete a validade e a eficácia do processo. Não se podem olvidar os estagiários, também sujeitos do processo, nas suas limitadas mas estimáveis funções.

Certas partes dispõem de representação especial no processo. A União Federal se faz representar em juízo pelos integrantes da sua Advocacia Geral (CF, art. 131), salvo na execução da dívida ativa de natureza tributária, na qual é representada pela Procuradoria Geral da Fazenda Nacional (CF, art. 131, § 3º). Os Estados e o Distrito Federal se representam por seus procuradores (CF, art. 132), e assim também os Municípios, se tiverem esse cargo, e as entidades da Administração indireta. A defesa dos necessitados no processo se efetiva por meio da Defensoria Pública (CF, art. 134), salvo na inexistência de defensor, que será, então, designado pela OAB ou pelo juiz.

Todas as pessoas que, de qualquer modo, intervêm no processo se tornam sujeitos da relação processual, mesmo a testemunha, que vai dizer sobre fatos ao juiz; mesmo o carteiro, que leva as citações e intimações, quando a lei as permite por via postal. Como numa orquestra, em que do imponente violino ao triângulo humilde, todos os instrumentos se fazem necessários ou úteis ao conjunto, concorrendo para a inebriante harmonia dos sons, também no processo judicial, do juiz ao encarregado de coser com agulha e barbante as petições e outras peças nos autos, agem todos para tornar possível a jurisdição, substitutivo civilizado da justiça privada, instrumento de realização da paz social.

Victor Nunes Leal, um dos maiores juízes do Supremo Tribunal Federal em qualquer tempo, costumava lembrar que, visitando Brasília, ainda em construção, Juscelino Kubitschek indagava aos operários o que estavam fazendo. A resposta vinha específica: assentando um tijolo, erguendo uma parede, fixando uma viga. Um dia, o presidente perguntou a um candango que escavava fundo a terra onde se fincariam os alicerces do mais belo monumento da nova cidade: "E, você, o que faz aí embaixo?" A resposta comoveu de tal modo Juscelino, que ele saltou no fosso para abraçar o operário: "Presidente, eu estou construindo uma catedral". Urge que cada sujeito do processo se compenetre da sua função de construtor de catedrais.

4. Os terceiros – Porque a vida na sociedade se compõe de um feixe indeterminado de relações regidas pelo direito, os conflitos sociais não se exaurem na divergência entre os titulares da pretensão e da resistência, que se confrontam. Acabam, de algum modo, enredando terceiras pessoas que, não sendo os contendores, são atingidas pela lide. Por isso mesmo, a prestação jurisdicional, muitas vezes, extravasa do universo dos vínculos exclusivos entre o autor e o réu e apanha outras pessoas. O direito admite, em consequência, que essas pessoas ingressem, voluntariamente, na relação processual, ou sejam convocadas a integrá-la, ou porque sofrerão, inevitavelmente, as consequências do que nela se decidir, ou porque a prevenção ou a solução da lide só terá plena utilidade e eficácia se se estender a elas a prestação jurisdicional. As pessoas que intervêm voluntariamente no processo ou são chamadas a ingressar nele denominam-se *terceiros*, assim designadas porque não ocupam, na relação processual, nem a posição de autor, nem a de réu, tornando-se, contudo, também seus sujeitos. Faça-se uma ressalva: se o juiz, verificando que a eficácia do processo exige a presença de mais de uma pessoa, no seu polo ativo ou passivo (litisconsórcio necessário), e ordena o ingresso da pessoa faltante, esta não comparecerá como terceiro, mas na posição de autor ou na de réu, juntamente com a outra, ou outras, que nessa situação já se encontrem.

Dois exemplos talvez contribuam para aclarar o que acabo de dizer. Primeiro: a sublocação, como se sabe, é um contrato derivado da locação, subordinado a ela. O locatário toma a coisa em locação – v.g., um imóvel – e a dá, também em locação, no todo ou em parte, a uma outra pessoa. Porque o acessório segue o principal, se a locação se extingue também se extinguirá a sublocação (Lei nº 8.245, de 18.10.1991, do Inquilinato, art. 15). Logo, se o locatário sofre uma ação de despejo, o sublocatário tem interesse na vitória dele porque, acolhido o pedido de despejo do locatário, resolve-se a locação, extinguindo-se, por igual, a sublocação. Segundo exemplo: Júlio contratou Henrique para a execução de uma obra no seu apartamento. Agindo com imperícia, Henrique causou danos a Gabriel. Como o art. 932, III, do Código Civil, faz o empregador ou comitente responsável pela reparação de prejuízos causados por seus empregados, serviçais e prepostos, Gabriel move uma ação de indenização contra Júlio. Este último, acionado, quer reaver de Henrique o que pagou a Gabriel, conforme permite o art. 934 do Código Civil. No primeiro caso, o sublocatário tem interesse jurídico em que a sentença seja favorável ao locatário, seu sublocador, porque disso depende a subsistência da sublocação. No segundo caso, Júlio tem interesse em trazer Henrique ao processo para obter dele o que pagar a Gabriel. Numa como noutra hipótese, a lei permite a intervenção dos terceiros (sublocatário e Henrique – voluntária a primeira; forçada a segunda): naquela, porque o terceiro sofrerá a eficácia da sentença; nesta, porque a situação litigiosa só cessará por completo se a prestação jurisdicional se estender a todos os envolvidos. Eis, em traços rápidos, a razão por que se admite a intervenção de terceiros no processo.

As principais modalidades de intervenção de terceiros são disciplinadas pelo Código de Processo Civil, nos arts. 119 a 132. São elas: a *assistência*, na qual se admite venha o terceiro litigar ao lado da parte, quando tiver interesse jurídico em que a sentença seja favorável a ela (arts. 119 a 124); a *denunciação da lide* (art. 125, onde se usa a palavra *lide*, na sua acepção de processo), mediante a qual se convoca ao processo o terceiro (denunciado), para que a sentença, proferida contra o denunciante, declare a responsabilidade dele (na verdade, existem duas ações e duas relações processuais, formalmente reunidas numa só: aquela em que é parte o denunciante e a que este instaura contra o denunciado); o *chamamento ao processo*, pelo qual se convocam coobrigados, a fim de que a sentença lhes declare a responsabilidade (art. 130).

A *oposição* não constitui, rigorosamente, modalidade de intervenção de terceiro, por isso a retirou o Código de 2015 dessa categoria (art. 682). Consiste ela na ação proposta por um terceiro, quando pretende, no todo ou em parte, a coisa, ou o direito sobre que controvertem autor e réu. O terceiro, chamado *opoente*, move uma ação contra o autor e o réu, que passam a ser réus dela, com o nome de *opostos*, em litisconsórcio necessário, formando-se outra relação processual, paralelamente à primitiva. Assim, por exemplo, se Hilda e Amélia disputam, numa ação daquela contra esta, a propriedade de um terreno, Lúcia, que pretende o imóvel para si, ajuíza contra as duas uma *oposição*, destinada a excluir a pretensão de ambas e satisfazer a sua própria.

A assistência é figura típica de intervenção de terceiro, e por isso o Código vigente preferiu distinguir a assistência simples da litisconsorcial, diferente dos diplomas anteriores, que regulavam a assistência junto com o litisconsórcio. Outros casos há de intervenção de terceiros, como o recurso do terceiro prejudicado. Anote-se que o *terceiro* só adquire a condição de integrante do processo, depois da sua intervenção, coacta (denunciação da lide, chamamento ao processo, incidente de desconsideração da personalidade jurídica) ou voluntária (assistência, recurso de terceiro prejudicado), quando, então, se torna sujeito da relação processual.

5. Espécies do processo civil contencioso – Diz-se que o processo civil é contencioso (latim *contentiosus*, relativo a disputa; de *contentio*, esforço, discussão, provindo de *contendere*, armar, lutar), se se destina a prevenir ou compor uma lide. Chama-se voluntário (*voluntarius*, de *voluntas*, vontade) ou gracioso (*gratiosus*, que faz um favor, um obséquio; de *gratia*, agrado, benefício; daí, o que não resulta de *contenda*, dependente só da vontade da parte) se se instaura para a mera administração de interesses que o direito reputa socialmente relevantes. Grande parte da doutrina nega a existência de processo se a jurisdição é voluntária, reservando o vocábulo para designar, exclusivamente, o instrumento de atuação da jurisdição contenciosa. Não encontro fundamento lógico para esse entendimento e volto ao assunto, mais adiante, no item 9 deste capítulo.

O processo civil contencioso se divide em três espécies: *processo de conhecimento* ou *cognitivo, processo de execução, executivo* ou *executório*, e *processo cautelar ("tutela provisória")*. Apresentam-se essas espécies nos três tópicos seguintes. Observe-se, desde logo, que a classificação das ações em cognitivas ou de conhecimento, executivas ou executórias, e cautelares não considera a ação, em si mesma, porém a relação processual, que sua propositura desencadeia.

6. O processo de conhecimento – A lide é um fenômeno social, que se passa no grupo, longe das vistas do Judiciário. Para que a possa compor, corretamente, torna-se necessário que o juiz a conheça, isto é, que a compreenda, por meio da análise da pretensão e da resistência geradoras do conflito. Ao submeterem ao julgamento dos juízes as suas pretensões, as partes, e também os terceiros, apresentam-lhes seus pleitos, expondo os fatos aos quais atribuem consequências jurídicas, tudo isso para fazê-los cientes de um fenômeno social por eles até então ignorado. O processo se desenvolve, pois, mediante a prática de inúmeros atos de postulação e de convencimento do juízo sobre a veracidade dos fatos cuja existência se afirma ou se nega. Chama-se *processo de conhecimento* ou *cognitivo* a relação processual na qual se apresenta a lide iminente ou atual ao juiz, para que, ciente dela, ele a previna ou solucione.

O juiz julga diante daquilo de que toma conhecimento, podendo, inclusive, proferir julgamento sobre um conflito diferente do real, se não coincidir a verdade, revelada no processo, com a verdadeira situação conflituosa, tal qual ocorre no grupo social.

Depois de conhecer a pretensão das partes e de eventuais terceiros intervenientes, o juiz revela, no ato de julgar, o seu sentimento acerca do direito de cada um. *Sentença*, aliás, é ato de *sentir*. Pode o juiz até mesmo errar, como acontece aos humanos. Comete ele um *erro de inteligência*, quando entende mal o processo, não apreendendo, na inteireza, os elementos postos sob os seus olhos. Incide num *erro de vontade* quando, havendo compreendido o processo, não manifesta, na sentença, o seu verdadeiro sentimento, mas o deturpa com o propósito de decidir a favor de uma das partes. Se, na ação de Ricardo contra Horácio, para a cobrança de uma dívida, o juiz simplesmente não percebeu a existência de um documento que demonstrava o pagamento do débito, e por isso condenou o réu, cometeu perdoável erro de entendimento, autenticador da sua humanidade. Pecaria, entretanto, o juiz se, vendo o documento de quitação da dívida, fingisse ignorá-lo ou não lhe atribuísse a devida eficácia, porque queria, de qualquer modo, condenar o réu. Incidiria, então, no ignominioso erro de vontade, que compromete, definitivamente, a integridade de quem exerce um mister que envolve o compromisso inafastável de julgar com isenção.

Muitos processualistas dirão que, ao proferir o julgamento, o juiz faz atuar a vontade concreta da lei. Concebida a regra jurídica de modo abstrato e genérico, o juiz a aplica ao caso, que lhe é submetido, como se ela houvesse sido formulada para a solução dele. Essa é a doutrina de Enrico Tullio Liebman, processualista italiano, professor em Milão, judeu, que se refugiou da perseguição nazifascista em São Paulo, durante a II Guerra Mundial, a quem o Brasil ficou devendo o movimento de divulgação da ciência processual europeia, a partir do qual se desenvolveu a processualística nacional. Seu principal discípulo, Alfredo Buzaid, é o autor do Código de Processo Civil, para o qual transplantou muitos ensinamentos recebidos do seu mestre.

A doutrina de Liebman tem mais de ideologia que de realidade. Não se pode dizer que, na sentença, o juiz faça atuar, senão num plano idealístico, a vontade concreta da lei porque, fosse assim, deixaria de ser sentença, como é, o ato que aplica erroneamente o direito. Embora deva fazer atuar a vontade da lei na sentença, isso nem sempre ocorre. Veja-se, portanto, a sentença como um ato da vontade estatal de prevenir ou compor a lide, ainda que pela errônea aplicação do direito. Dir-se-á que existem meios de se insurgir contra o julgamento *injusto* (isto é, contrário ao direito). De certo que sim. Não se pode, porém, impedir que o último dos julgamentos seja injusto, também ele. A conclusão a que levam estas breves considerações, que representam um acréscimo ao que ficou dito, com ânimo didático, no capítulo I deste livro, é esta: chamando a si a função jurisdicional, o Estado se obriga a aplicar o Direito. Todavia, o julgamento dos seus agentes, os juízes de todas as instâncias, nem sempre alcança esse objetivo. Ainda assim, prevalece o julgamento pela vontade estatal de compor a lide, para atender à necessidade de pacificação do grupo social.

O processo de conhecimento é o processo por excelência. As duas outras espécies, autônomas embora, são tributárias dele, nelas se encontrando muitas das instituições daquele e sobre elas incidindo inúmeros dos seus princípios e normas, como, por sinal, proclama o parágrafo único do art. 771 do Código de Processo Civil, no qual se estatui que ao processo de execução se aplicam, subsidiariamente, as disposições que regem o processo de conhecimento. O mesmo fenômeno ocorre em relação ao processo cautelar, mesmo na ausência de norma explícita.

Eminentemente *dialético* (adjetivo do grego *dialektikós*, relativo à dialética, arte de discutir e argumentar), isto é, assinalado pelo debate, pela discussão, pelo confronto entre teses e antíteses, a estrutura do processo cognitivo compreende o pleito do autor, a postulação do réu (ou, ao menos, a oportunidade para que o demandado postule), a apresentação por ambas as partes dos meios de convencimento da verdade do que alegam, que o juiz pode também buscar ele mesmo, por conta própria, e o julgamento do órgão judicial. Quando, no inciso LV do art. 5º, a Constituição Federal inclui, entre os direitos e garantias fundamentais, a *ampla defesa*, não se refere apenas à prerrogativa do réu de se opor ao pedido do autor, mas ao direito das partes (autor, réu, terceiro, Ministério Público) de defender suas pretensões, tanto que a norma constitucional alude, corretamente, *aos litigantes*, e não apenas a um deles. Esclareça-se também, por oportuno, que, ao incluir entre os mesmos direitos e garantias fundamentais o devido processo legal (art. 5º, LIV), a Constituição não ordena apenas o respeito às normas que regem o processo, mas determina a observância de quaisquer normas jurídicas, que devem atuar conforme a vontade, que elas exprimem: devido processo legal é o adequado processo de atuação de qualquer norma jurídica.

7. O processo de execução – A sentença pode impor uma obrigação de pagar alguma soma, de dar alguma coisa, certa ou incerta, de fazer algo, ou de abstenção de uma prática, como quando condena o réu a pagar a quantia de tantas unidades monetárias, a entregar o automóvel em poder dele, ou 10 bois de uma certa raça, a promover o fechamento de uma janela indiscreta, ou a não efetivar o iminente esbulho possessório.

Diz-se *condenatória* a sentença que impõe uma obrigação. Diante dela, pode o devedor da obrigação cumpri-la, espontaneamente, ou recusar-se a atender ao seu comando. Nesta última hipótese, surgirá outra lide entre o credor e o obrigado. Proibido o uso da força para a satisfação da pretensão emergente da sentença, quando a ela se opõe uma resistência, e se não for viável a autocomposição, restará ao credor voltar ao Estado, reclamando a jurisdição, agora para que se satisfaça o seu crédito, reconhecido no ato decisório. Nova ação será proposta, quase sempre nos mesmos autos do processo do qual se proferiu a sentença. Outra relação processual estabelecer-se-á, esta consistente nos atos a se praticarem para se assegurar o cumprimento do comando transgredido e a consequente satisfação do direito do credor. Chama-se *processo de execução* a esse processo, que se mostra autônomo, distinto daquele no qual se deu a sentença exequenda. *Execução* vem de *exsecutio*, e esta de *exsequi*, seguir até o fim, acabar. A *ação executiva*, ou executória, ou de execução inicia esse processo e tem por pressuposto fático o inadimplemento do devedor, como se lê no art. 786 do Código de Processo Civil: "A execução pode ser instaurada caso o devedor não satisfaça a obrigação certa, líquida e exigível, consubstanciada em título executivo".

É tempo de dizer que a Lei nº 11.232, de 22.12.2005, acrescentou o capítulo X ao Título VIII do Livro I do CPC de 1973, sob a rubrica "Do cumprimento da sentença". Esse capítulo deslocou para o Livro I daquele Código o cumprimento da sentença, dispondo, no seu art. 475-I, que "o cumprimento da sentença far-se-á conforme os arts. 461 e 461-A desta Lei ou, tratando-se de obrigação por quantia certa, por execução, nos termos dos demais artigos deste Capítulo".

Não importa o lugar onde se encontra, o cumprimento da sentença não integra o processo cognitivo. É, por suas características, processo de execução, como revela o conteúdo das normas do aludido capítulo X. Aliás, o art. 475-R, resultante da aludida Lei nº 11.232, dispõe que: "Aplicam-se subsidiariamente ao cumprimento da sentença, no que couber, as normas que regem o processo de execução de título extrajudicial".

Note-se que, para promover o cumprimento da sentença, ou a execução, o credor precisa estar na situação jurídica de exigir o cumprimento da obrigação. Essa situação jurídica, consubstanciada na sentença condenatória, denomina-se *título, título executivo* (do latim *titulus*, inscrição, rótulo, cartaz, letreiro, parece que proveniente de *titus*, pombo bravo, barulhento, que se exibia por sua garrulice). O título é pressuposto legal de toda execução. Um título corresponde a uma situação jurídica, como as referidas no Código Civil, arts. 1.238, 1.242 e 1.260. O vocábulo, porém, se estende à sua expressão material, designando-se por título uma escritura de compra e venda, a certidão do registro imobiliário, ou a sentença, que documenta o ato de jurisdição. A situação jurídica legitimante do cumprimento da sentença ou da execução se consubstancia num título executivo. No art. 515, o Código de Processo Civil enumera os *títulos executivos judiciais*, emergentes do exercício da função jurisdicional do Estado.

Razões de ordem política, vinculadas, inicialmente, à necessidade de se dar maior rapidez a certos negócios mercantis, levaram o direito a equiparar determinados créditos, documentados por escrito, às sentenças condenatórias, transformando-os também em títulos suscetíveis de execução. Constituem estes os *títulos executivos extrajudiciais,* porque não são criados em juízo, por uma sentença condenatória, mas por determinação da lei, não admitida a sua formação pela só vontade das partes. Assim, o Código de Processo Civil arrola, no art. 784, títulos que se executam como se se tratasse de sentenças condenatórias (v.g., a letra de câmbio, a nota promissória, a duplicata, a debênture, o cheque, o crédito garantido por hipoteca), dispensada a atividade jurisdicional de cognição porque a lei os dota de eficácia executiva.

O pressuposto jurídico do processo de execução é o título executivo, judicial ou extrajudicial. Por isso, a voz clara do art. 786 do Código de Processo Civil: "A execução pode ser instaurada caso o devedor não satisfaça a obrigação certa, líquida e exigível, consubstanciada em título executivo". *Nulla executio sine titulo.*

No processo de execução, não há sentença condenatória, porque a obrigação já consta do título exequendo. Existe uma verificação formal da existência do título e uma ordem judicial ao devedor, no sentido de que cumpra a obrigação, seguindo-se, no caso de descumprimento, os atos necessários à satisfação do direito do credor, independentemente da vontade do devedor. Procede-se, por exemplo, à tomada e à venda de bens do devedor para se pagar com o respectivo produto o crédito de dinheiro; entrega-se a coisa ao credor, ainda que se tenha de retirar dela o devedor, ou procurá-la e apreendê-la; obtém-se a prestação da obrigação de fazer por terceiro, quando isso for possível, mas à custa do devedor; cobram-se perdas e danos do devedor, se ele descumpriu a obrigação de não fazer e não houver meio de restituir a situação ao estado anterior.

Indagar-se-á se o devedor permanece indefeso, o que constituiria absurdo, se se imaginassem hipóteses como a da sentença condenatória, proferida em processo para o qual ele não foi citado, ou a nota promissória, na qual é falsa a assinatura que aparece como sua. Ele tem defesa, mas não a exerce no próprio processo de execução e, sim, mediante a propositura de uma ação, denominada embargos do devedor, na qual buscará a declaração de ineficácia do título. Os embargos instauram um processo de conhecimento, evidentemente acessório do processo de execução. Diga-se o mesmo da impugnação, referida no art. 525, § 1º.

No processo de execução, o Estado é parcial. Põe-se ao lado do autor da ação executiva, denominado credor ou exequente, para satisfazer-lhe a pretensão creditícia, independentemente do concurso do réu, devedor, executado. Não quer isso dizer que o processo de execução ou o cumprimento da sentença se destinem a oprimir o réu. Nele se busca a satisfação do direito do exequente, já constante do título, mas do modo menos gravoso para o executado (Código de Processo Civil, art. 805), que nem sempre descumpre a obrigação pelo deliberado propósito de deixá-la insatisfeita.

Só se executam as sentenças, declaradas títulos executivos judiciais pela lei (v.g., CPC, art. 515), ou os títulos extrajudiciais, a que norma expressa atribuir essa condição (CPC, art. 784).

Algumas vezes, a sentença não determina o objeto do título, ou não lhe especifica o valor (v.g., a sentença condenou o réu a compor todos os danos, passados e futuros, oriundos do acidente, sem declarar, entretanto, o seu montante; ou ordenou o pagamento da soma necessária à restauração do imóvel danificado, sem indicar o valor respectivo; ou condenou o devedor ao pagamento da soma cobrada com juros e atualização monetária mais honorários de 10% sobre a condenação e o ressarcimento das despesas processuais, sem especificar a quantia correspondente). Diz-se *ilíquida* a sentença, nesses casos. Para determinar o seu alcance, mister será liquidá-la, ou por meio de operações aritméticas, ou através de um arbitramento, ou mediante a prova de certos fatos (v.g., a ocorrência de um dano, posterior à sentença, mas oriundo do acidente). O Código determina a instauração de um processo, preparatório da execução, mas de natureza cognitiva, denominado *liquidação da sentença* (arts. 509 a 512).

Só pode ser objeto da execução o título de obrigação a *líquida, certa* e *exigível*. Assim reza o art. 783 do Código de Processo Civil, redundante porque fala na execução para cobrança de crédito, quando toda execução visa à cobrança de um crédito, na acepção dessa palavra no direito das obrigações. A liquidez consiste na determinação do objeto do título; a certeza é atributo da existência do título, tal como a lei o define (CPC, arts. 515 e 784, onde se alinham os títulos executivos judiciais e extrajudiciais); a exigibilidade se consubstancia na ausência de fato impeditivo à execução, não se admitindo se postule a prestação fora do momento indicado no título (v.g., não se pode exigir o pagamento da promissória antes da data do seu vencimento, nem cabe pedir os frutos pendentes, concedidos pela sentença, antes do momento próprio para a sua colheita).

O processo de execução, e bem assim o cumprimento da sentença, só se encerra pela acolhida definitiva da impugnação ou dos embargos, com a consequente declaração de ineficácia do título; pela renúncia ao crédito; pela composição entre o credor e o responsável; ou pela satisfação da obrigação (CPC, art. 924, I, II, III, IV, V), que não será plena, se faltar patrimônio suficiente do devedor. A responsabilidade patrimonial domina o processo de execução (art. 789), que deixou de ser corporal, no sistema jurídico a que pertence o brasileiro (cap. X, nº 2), desde o advento, em Roma, da *Lex Poetelia Papiria*, no ano 326 a.C. A prisão do devedor de alimentos, permitida pela Constituição (art. 5º, LXVII; CPC, art. 528, § 3º), mas encarada como inidônea, vexatória e obsoleta pela corrente doutrinária a que me filio, não constitui modo de satisfazer o direito do credor, mas meio excepcionalíssimo de compelir o devedor ao cumprimento da obrigação. O Código de Processo Civil preceitua, no art. 925, que a extinção da execução só produz efeito quando declarada por sentença. Infundada, pois, a suposição de que não há sentença no processo executivo.

8. O processo cautelar – O processo civil contencioso divide-se em três partes. A primeira delas, sem dúvida a mais complexa, trata do processo de conhecimento. A segunda, do processo de execução, mediante o qual se efetiva a sentença condenatória, independentemente da vontade do devedor. A terceira espécie é o processo cautelar, do qual fala este item. Principie-se, entretanto, pela observação de que o Código de Processo Civil de 1973 regulou o processo cautelar autonomamente, no seu Livro III (arts. 796 a 889), ao passo que o código vigente não lhe dedicou um livro, mas o embutiu no Livro V da sua Parte Geral, sob a rubrica "Da Tutela Provisória". Como, porém, a ubiquação não altera a natureza jurídica dos institutos, é mister reconhecer que a lei de 2015 não eliminou, como seria impossível, o processo cautelar do direito positivo. Apenas o regulou sob outra denominação, no título indicado. Colhem-se, entretanto, em diversos dispositivos do Livro V referências a medidas cautelares, como se vê, *v.g.*, no parágrafo único do art. 294, no art. 301 e já na epígrafe do cap. III do mesmo livro, no qual se diz que os seus dispositivos disciplinam o procedimento da tutela cautelar. Interpretem-se, pois, as normas reguladoras da tutela de urgência como regras consubstanciadoras do processo cautelar. Ressalve-se, contudo, que a Tutela de Evidência, objeto do Título III do mesmo livro (art. 311) não integra a jurisdição cautelar, como se vê nos incisos deste artigo, mas sim, como já escrevi "da anteposição do julgamento da lide ao momento próprio desse ato".

Ao processo não falta a morosidade, que retarda a prestação jurisdicional de conhecimento ou de execução. Essa demora decorre de múltiplos fatores, desde a complexidade da relação jurídica processual, desdobrada em inúmeros atos, até as condições, nunca ideais, de administração da justiça, espantosamente precárias no terceiro mundo. Uma das figurações de Themis, a deusa da Justiça, existente no *Palais de Justice*, em Paris, a retrata de olhos vendados, segurando a balança e a espada, mas com o pé pousado, significativamente, sobre uma tartaruga. A realidade, conhecida e proclamada, é que a justiça demora e isso pode terminar frustrando a eficácia da sentença, ou prejudicando a execução. Afinal, para repetir o verso de Tomás Antônio Gonzaga, "a glória que vem tarde já vem fria". Lutam os processualistas de todo o mundo para dar *efetividade* ao processo, transformando-o num instrumento de rápida composição da lide, sem comprometer o exercício do direito de defesa dos contendores. Só se alcança essa meta conciliando-se os ideais de segurança e de celeridade, de realização problemática.

Imagine-se que Cláudio e Afonso litiguem sobre a propriedade de uma caixa de vinhos, em poder do réu; diga-se, para enfeitar estas linhas insípidas com um exemplo literário, uma caixa de *Romanée-Conti*, de 1858, ou de *Chambertin*, safra 1861, dos quais Eça de Queiroz escreveu, em *O Mandarim*, que "quem bebe o primeiro cálice não hesitará, para beber o segundo, em assassinar seu pai..." Pode acontecer que, no momento em que a sentença definir que os capitosos vinhos pertencem ao autor, o réu já os tenha bebido, não se podendo, por isso, satisfazer a pretensão do demandante a não ser pela via indireta, insatisfatória, da compensação monetária. Não se exclua, ainda, a hipótese de que, sabedor da ação futura, o réu oculte as garrafas ou consuma o vinho. A ilustração torna evidente a necessidade de se pôr em segurança o bem, o direito e até a pessoa (pense-se na criança, cujo pai, separado, ameaça retirar do país) que já é objeto do processo judicial de conhecimento, ou de execução, com a finalidade de se assegurar a eficácia prática da jurisdição contenciosa, ou mesmo voluntária. Para satisfazer essa necessidade, o direito criou, paralelamente ao processo cognitivo e executivo, uma terceira espécie de processo, cuja formação também depende da propositura de uma ação, na qual se formule o pertinente pedido. Eis a figura do *processo cautelar*, expressão na qual o adjetivo, obviamente, vem de *cautela*, cuidado, precaução; de *cautus*, precatado, prudente, prevenido; particípio passado de *cavere*, tomar cuidado (*cave canem*: "cuidado com o cão", adverte a expressão latina).

Destina-se o processo cautelar ao exercício da jurisdição, requerida para a obtenção de uma medida transitória e urgente, capaz de resguardar a coisa, a pessoa, o direito, o fato com que vão tratar o processo principal de conhecimento ou de execução, cuja eficácia fica assim assegurada. Se ocorre a probabilidade de o réu mutilar ou ocultar a coisa, como no exemplo da caixa de vinhos; se o pai separado, com quem litiga a mãe pela posse do menor, ameaça retirar a criança do país; se se vão pedir alimentos, mas é necessário atender, desde logo, às necessidades do alimentando; se se pretende usar em juízo o depoimento de uma pessoa cuja morte se mostra próxima pela idade avançada, ou pela saúde precária; se se quer documentar o estado ruinoso da coisa, para consertá-la em seguida, sem espera da sentença de reparação de danos; se o devedor da promissória exequenda se apresta para transferir seus bens com o ânimo de excluí-los da execução, nesses e em inúmeros casos semelhantes se pede a medida cautelar, cuja eficácia pode perdurar até a extinção do processo principal.

Pressupostos de obtenção da tutela cautelar, isto é, da proteção transitória, que se pediu, são o *fumus boni juris* (literalmente, a fumaça do bom direito; quer dizer, a aparência do direito que o autor afirma existir, verificada em cognição superficial, muito sumária, sem investigação profunda, só na base do que se vislumbra, entrevendo-se, mas não se vendo por inteiro) e o *periculum in mora* (o perigo na demora da jurisdição cognitiva ou executiva, decorrente da natural morosidade do respectivo processo), configurado esse risco na probabilidade de um dano grave, de reparação difícil ou impossível.

Dois artigos do Código de Processo Civil explicam a essência do processo cautelar. O art. 297 estatui que o juiz poderá determinar as medidas que julgar adequadas para efetivação da tutela provisória. O art. 305 obriga a indicação da lide e de seu fundamento, a exposição sumária do direito que se objetiva assegurar e o perigo de dano ou risco ao resultado útil do processo. Advirta-se que não é correto supor que o processo cautelar só se admite como acessório do processo de conhecimento. Cabe também para assegurar o desfecho exitoso do processo de execução. As hipóteses do art. 813 do código anterior mostram cabível a tutela de urgência em situações semelhantes às previstas naquele dispositivo.

Diante da possibilidade de que a parte, ciente da ação cautelar, lhe frustre os objetivos, comprometendo a eficácia da medida (v.g., faz desaparecer o bem que se quer conservar; destrói o documento cuja guarda se pretende até que se declare a sua falsidade ou autenticidade; celebra o ato jurídico cuja prática se quer sustar), cabe a tutela de urgência, outorgada inclusive liminarmente (art. 300, § 2º), isto é, logo no início do processo (*liminaris*: soleira da porta, entrada) ou após as medidas destinadas à demonstração da necessidade da providência. Concede-se a medida *inaudita altera parte*, não ouvida a outra parte, isto é, a parte ré da ação cautelar. Nestes casos, antecipa-se a providência cautelar.

Esclareça-se, nesta oportunidade, que o requerente do pedido de tutela de urgência será não apenas o autor da ação principal como também o réu dela ou o terceiro, já que também estes podem necessitar da medida cautelar (v.g., o autor da ação reivindicatória de bem imóvel se apossou da coisa, que ao réu interessa se conserve, até a definição da propriedade; o litisdenunciado quer ouvir depoimento da testemunha que se encontra na iminência de mudar-se do país).

A jurisdição cautelar, ao contrário da cognitiva ou da executiva, pode exercer-se independentemente de provocação das partes e sem a manifestação delas, como ocorre quando o juiz manda reservar em poder do inventariante bens suficientes para pagar o credor, cujo crédito é discutido (art. 643 e parág. único), ou quando autoriza a alienação dos bens penhorados na execução, se sujeitos a deterioração ou depreciação (art. 852, I).

O pedido de tutela de urgência, já se disse que é uma ação cautelar, pode ser instaurado antes do processo principal de cognição ou execução, como também no curso dele, mas é sempre dependente do principal. O juízo competente para a tutela de urgência é sempre o competente para a ação principal futura ou já proposta. No tribunal, se lá estiver o processo principal por força de recurso, propõe-se a ação, perante o respectivo relator, cabível da decisão dele o agravo interno, previsto no art. 1.021. A lei admite a outorga de providências nitidamente cautelares, dentro do próprio processo de conhecimento ou de execução: trata-se de cautelares *embutidas*, como a liminar no processo possessório, que é cognitivo (CPC, art. 562), ou a penhora (art. 831), ou o arresto (art. 830) de bens do devedor no processo de execução.

Cabe uma palavra sobre o conteúdo do processo cautelar, a menos estudada das três espécies do processo civil contencioso. Atrai, dentre outras, a doutrina de José Alberto dos Reis. Esse esplêndido processualista, falecido catedrático de processo civil da Faculdade de Direito da Universidade de Coimbra, autor do Código de Processo Civil português de 1939 e de opulenta obra, notável pela profundidade e clareza extrema, infelizmente só difundida entre os especialistas brasileiros, vê, no processo cautelar, a apreciação provisória da relação litigiosa,[4] na qual o juiz examina, em abreviada cognição, essa relação com a finalidade de outorgar providência transitória e urgente, destinada a assegurar a eficácia prática da prestação jurisdicional no processo de conhecimento ou no de execução.

Também não se exclui a possibilidade de requerimento de tutela de urgência, preparatória ou incidental, quando é de jurisdição voluntária o processo principal. Aliás, as alienações judiciais do art. 730 do Código de Processo

---

[4] *A Figura do Processo Cautelar*, ed. hist., Porto Alegre, Ajuris, 1985, p. 25.

Civil são medidas cautelares, tendo a mesma natureza as providências a que alude o art. 739, III. Havendo necessidade de medida transitória e urgente, antes da instauração do feito de jurisdição graciosa, ou depois dela, cabe a tutela de urgência, coexistindo, então, as jurisdições voluntária e contenciosa.

A transitoriedade caracteriza a tutela de urgência, que conserva sua eficácia enquanto pender o processo principal, mas pode ser revogada ou modificada em qualquer tempo (CPC, art. 296).

Por vezes, entretanto, a providência, em tutela de urgência, mesmo outorgada liminarmente, pode prevenir ou compor a lide, de modo definitivo. Nesses casos, a doutrina afirma que a medida cautelar é *satisfativa*, parecendo-me de melhor vernáculo o adjetivo *satisfatória*. Veja-se este quadro muito expressivo, que me chegou ao conhecimento: na véspera da cirurgia de amígdalas, recomendada com toda urgência pelo médico, a mãe do menor, em cuja companhia ele se encontrava, informou ao pai que preferia entregá-lo ao tratamento de uma curandeira. Munido de declarações médicas, documentando a premente necessidade da intervenção, o pai requereu ao juiz que mandasse entregar-lhe a criança, a fim de submetê--la à cirurgia inadiável. Concedida a liminar e consumada a operação, ficou solucionada a lide. Hipótese ontologicamente idêntica ocorrerá, por exemplo, quando um acionista obtém do juiz a ordem impeditiva da assembleia, que o autor não importa se realize, mas apenas não quer efetivada na data da convocação. Já se vê que há casos em que, por meio da tutela de urgência, se compõe o conflito, dispensando-se o processo principal. Isso ocorre quando se deve satisfazer o que o imenso James Goldschmidt, professor de Berlim, chamou de *necessidades primárias*,[5] que, ou se acodem imediatamente, ou já não se poderão atender de modo eficaz. Nessas hipóteses, não se faz necessário o ajuizamento da ação principal, não incidindo o autor do requerimento de tutela na sanção do art. 302, III, combinado com o art. 309, I, do Código de Processo Civil. A composição definitiva da lide não é estranha ao processo cautelar, tal como disciplinado no direito positivo brasileiro, tanto assim que o Código de Processo Civil, no art. 310, permite ao juiz, por economia processual e utilidade da jurisdição, declarar a prescrição da pretensão do autor – o que só pode fazer a pedido do réu da cautelar – ou a decadência do seu direito, o que se admite faça independentemente de provocação.

---

[5] *Derecho Procesal Civil*, Madrid, Labor, 1936, p. 747.

9. O processo de jurisdição voluntária – Já se explicou a jurisdição voluntária como a administração de interesses sociais de relevo, entregue pela lei ao Judiciário. Grande parte da doutrina nega caráter jurisdicional a essa atividade. Eu próprio escrevi, há mais de 30 anos, no opúsculo que deu origem a este livro:

> "A jurisdição voluntária, a rigor, não é jurisdição, mas mera atribuição que a lei conferiu aos órgãos jurisdicionais, para administrar interesses de relevância social, como poderia ter conferido a quaisquer outros. Aliás, a chamada jurisdição voluntária já se exerceu através de órgãos não jurisdicionais".[6]

Em consonância com esse entendimento, a jurisdição voluntária fica, mais ou menos, como "A Casa" do espirituoso poema infantil de Vinícius de Moraes: "Era uma casa/muito engraçada/não tinha teto/não tinha nada". Posto que a chamem de *jurisdição*, e ela se efetive mediante a declaração do direito, dizem os doutos que de jurisdição não se trata. Existe o direito de invocá-la, mas, segundo eles, não é reclamada por ação, mas por *requerimento* ou *provocação*. Seu postulante não é autor, porém *interessado*, como *interessado*, jamais réu, é a pessoa contra a qual se pede, não uma sentença, mas uma *providência*, que se alcança, sempre na cartilha deles, jamais através de um processo, mas de simples *procedimento*, como se pudesse existir um movimento sem um móvel. Lide não existe, ainda quando ocorra uma pretensão a que se oponha uma resistência. Nem sentença, mas *providência*. Leia-se o art. 720 do Código de Processo Civil e o escrúpulo com que o legislador faz profissão de fé no entendimento exposto:

> "O procedimento terá início por provocação do interessado, do Ministério Público ou da Defensoria Pública, cabendo-lhes formular o pedido devidamente instruído com os documentos necessários e com a indicação da providência judicial.".

O art. 721 fala na citação dos *interessados*. Fraquejou o art. 724, aludindo à *sentença*.

Renego o entendimento anterior e, filiando-me a Pontes de Miranda,[7] vejo, hoje, a jurisdição voluntária como uma espécie de função jurisdicional

---

[6] Minha *Iniciação*, p. 21.

[7] Leia-se o autor citado, a partir da sua exposição introdutória sobre os procedimentos especiais de jurisdição voluntária, nos *Comentários ao Código de Processo Civil*, Rio de Janeiro, Forense, t. XVI, cuja 1ª ed. é de 1977.

do Estado, invocada por meio de uma ação, que dá origem a um processo, culminado por uma sentença que ou compõe ou previne uma lide entre duas ou mais pessoas, que estão no processo como autor e réu, ou ao menos atende a uma pretensão.

O processo de jurisdição voluntária possui características próprias, que não lhe desfiguram a natureza de relação jurídica: *linear*, se se estabelece só entre o autor e o juiz, como quando uma pessoa física pede a alteração do seu nome (arts. 56, 57 e 58 da Lei nº 6.015, de 31.12.1973, que dispõe sobre os registros públicos); *angular*, se se formula o pedido contra uma parte, como na interdição (art. 751).

Dentre as peculiaridades do processo de jurisdição voluntária, destacam-se, além da possibilidade de não se destinar ele, necessariamente, à prevenção ou composição de uma lide (caso em que haverá pura administração de interesse social relevante, como na homologação do divórcio ou separação consensual dos cônjuges – arts. 731 e segs.), a dispensa da obrigação do juiz de observar critério de legalidade estrita, "podendo adotar em cada caso a solução que considerar mais conveniente ou oportuna", como dispõe o art. 723, parágrafo único, norma expressa, necessária ao julgamento por equidade (art. 140, parágrafo único), que ocorre quando o juiz molda a lei a circunstâncias específicas, temperando-a com a necessidade de atender à situação concreta do jurisdicionado, abrandando os rigores da norma, construindo paralelamente a ela, mas sem contrariar seu comando (v.g., na separação consensual, decide a mulher retomar o nome de solteira, mas pedem os cônjuges que, para atender às necessidades de um filho menor com problemas emocionais, ela conserve o nome de casada durante certo tempo após o desquite). *Equidade, aequitas* em latim, vem de *aequus*, de origem grega, significando razoável, conveniente, igual. Em um excelente estudo sobre a jurisdição voluntária, Niceto Alcalá-Zamora y Castillo, processualista espanhol, que a hedionda ditadura de Franco fez refugiar-se no México (como levou a abrigar-se na Argentina outro colega seu, Santiago Sentís Melendo, que lá desenvolveu fecunda atividade editorial de divulgação, em língua espanhola, de obras fundamentais da processualística), mostra que cada sistema de direito positivo seleciona, mediante critérios de conveniência do legislador, a matéria objeto da jurisdição voluntária,[8] não sendo raro encontrar tratada, num país, como de jurisdição voluntária,

---

[8] "Premisas para determinar la indole de la llamada jurisdiccion voluntaria", *in Estudios de Teoria General e Historia del Proceso*, México, Inst. Inv. Juridicas, 1974, t. I, pp. 115 e segs.

o que noutro se inclui na jurisdição contenciosa. No Brasil, por exemplo, o inventário ficou no âmbito desta última (CPC, arts. 610 e segs.), quando outras legislações o colocam sob a jurisdição voluntária. Não existe, portanto, um critério seguro para delimitar a jurisdição voluntária, sem se contemplar um determinado sistema de direito positivo.

10. Princípios processuais – Como toda ciência, a *processualística*, a ciência do processo, é dominada por *princípios* (de *princeps*, o principal, palavra formada de *primus*, o primeiro, e *capere*, tomar, agarrar, pegar: o que toma primeiro, o predominante). Muitos desses princípios foram explicitamente transformados em normas legais; outros se encontram nelas de modo velado, descobrindo-se ainda outros no sistema integrado por essas normas. Nomeiem-se, com breve explicação, alguns dos mais importantes princípios processuais, que o juiz deve observar, quando exerce a jurisdição, e as partes, quando a postulam, incumbindo ao magistrado recorrer a eles também para suprir as lacunas do ordenamento jurídico (CPC, art. 140).

O *princípio da inércia* governa a jurisdição, que, salvo excepcionalmente, só mediante provocação se exerce (CPC, art. 2º). O *princípio da igualdade* (art. 139, I) reflete, no processo, a igualdade assegurada na Constituição (art. 5º, *caput* e inciso I). Ele impõe tratamento idêntico aos postulantes da jurisdição, quando se encontrarem na mesma situação, merecendo tratamento diferente os que se colocarem em posições diversas. Um dos desdobramentos desse princípio é a obrigatoriedade de se ouvir a parte contrária, ou de conceder-se a ela oportunidade de manifestação, antes de qualquer pronunciamento judicial. *Audiatur altera parte* (ouça--se a outra parte, como manda o Código, por exemplo, no art. 437, § 1º). Aliás, desdobramento desse preceito é o *princípio do contraditório*, garantia constitucional (CF, art. 5º, LV), que assegura a dialética processual, configurada no debate, na discussão, inerente ao *princípio da ampla defesa* (CF, art. 5º, LV), que manda conceder aos participantes do processo adequadas oportunidades de exporem as suas pretensões. O *princípio dispositivo* limita a atividade jurisdicional à postulação das partes (arts. 2º, 490 e 492). Elas podem, inclusive, submeter apenas uma parcela da lide à composição do Estado (v.g., pretendendo um imóvel e um móvel, o autor só reivindicou o primeiro). Têm, ademais, o poder de exercer, ao seu critério exclusivo, certos direitos processuais, como o de recorrer (arts. 998, 999 e 1.002), ou o de executar (art. 775).

O *princípio da economia processual*, um dos preceitos cardeais do processo contemporâneo, manda dispensar a prática de atos inúteis. Porque onerosa para o Estado e para as partes, a jurisdição se deve exercer na medida em que for aproveitável, não se concebendo práticas ociosas, supérfluas, desnecessárias. Vinculado a ele, está o *princípio da utilidade*, que manda desprezar tudo o que é estranho aos fins do processo e impede se comprometa o seu resultado por algo imprestável (*utile per inutile non vitiatur*: não se vicia o útil pelo inútil, como ocorreria, por exemplo, se se anulasse o processo pela citação nula do réu, o qual, entretanto, compareceu espontaneamente e exerceu, de modo regular, o seu direito de resposta). Os princípios da economia e da utilidade compõem outro princípio, o da *prevalência do fundo sobre a forma*, claramente enunciado numa das mais expressivas normas do Código de Processo Civil, o art. 277: "Quando a lei prescrever determinada forma, o juiz considerará válido o ato se, realizado de outro modo, lhe alcançar a finalidade". Estreitamente ligado a esses, encontra-se o *princípio da celeridade* (art. 139, II), que impõe a duração razoável do processo, para que ele produza os resultados próprios ao seu fim.

Encontram-se assentados, na Constituição, o *princípio da publicidade* dos atos processuais e o *princípio da fundamentação* das decisões judiciais (arts. 5º, LX, e 93, IX), que o Código de Processo Civil também consagra, nos arts. 189, 489, II e 490, destinando-se ambos aqueles preceitos a permitir a fiscalização da função jurisdicional pelas partes e pela sociedade. A Constituição acolheu também o *princípio do juiz natural*, no art. 5º, XXXVII, quando proíbe juízo ou tribunal de exceção, impondo, consequentemente, o julgamento das partes pelo órgão competente, conforme a lei. O sistema do Código de Processo Civil, concernente à competência, obedece a esse princípio, quando declara inderrogável a competência (art. 62) e permite a arguição da incompetência absoluta ou relativa do órgão judicial (art. 64), podendo a declaração da incompetência absoluta ser alegada a qualquer tempo e grau de jurisdição (art. 64, § 1º).

O *princípio da livre investigação* (art. 370) permite ao juiz determinar provas, por sua própria conta, porque não apenas o processo penal, como também o civil, de conteúdo publicístico, se empenha na descoberta da verdade para a justa composição da lide. O *princípio da livre apreciação das provas* (art. 371) dá liberdade ao juiz para lhes atribuir o valor que elas merecerem, sem estabelecer uma hierarquia dos meios probatórios, na qual uma prova valesse mais que a outra.

As partes encontram-se vinculadas umas às outras, e todas ao Estado, pelo *princípio da lealdade processual*, de intenso conteúdo moral, que determina a elas observar a verdade, conduzir-se com boa-fé, não praticar atos protelatórios (art. 77). O *princípio da sucumbência* impõe ao vencido a obrigação de responder pelas despesas processuais e por honorários do advogado do vencedor (art. 82, § 2º), pelo fato objetivo da derrota, que gera a presunção de que o perdedor forçou, indevidamente, seu adversário a recorrer à jurisdição. O *princípio da preclusão* impede que se retorne a etapas processuais já ultrapassadas, praticando-se, de novo, atos já realizados, ou não efetivados no respectivo prazo, tudo com a finalidade de impelir o processo na direção da prestação jurisdicional demandada.

Muitos outros princípios se aplicam ao processo contencioso e voluntário (v.g., o *princípio do duplo grau da jurisdição* e o *princípio do duplo exame*, examinados no cap. VIII, nº 1, deste livro). Os denominados *princípios da concentração, da imediação, da irrecorribilidade de certas decisões, da predominância da palavra vocalizada sobre a escrita* integram um conjunto denominado *sistema da oralidade*. Porque atinentes ao procedimento, serão examinados no cap. VII, nº 8.

11. O Direito Processual Civil e suas normas – *Direito Processual Civil:* assim se designa o complexo das normas que disciplinam o exercício da jurisdição civil. *Direito* porque conjunto de regras reguladoras da vida social, num dos seus segmentos; *processual* porque rege, precipuamente, a relação jurídica mediante a qual a jurisdição atua, sem se excluir, entretanto, a sua incidência direta no grupo social, que ocorre quando essas normas se cumprem, espontaneamente, sem a necessidade de um ato de vontade estatal (v.g., ciente de que o juiz deferirá, liminarmente, o interdito possessório, o turbador ou o esbulhador deixa o imóvel, só pela notícia de que o possuidor turbado ou esbulhado irá a juízo; o alimentante entrega os alimentos, que não pretendia pagar, para não sofrer a prisão, que o constrangerá ao cumprimento da obrigação; o vencido cumpre a sentença, para evitar a execução; os cônjuges elaboram a petição de separação, observando as diretrizes da norma pertinente); *civil* porque regula a jurisdição que aplica, principalmente, as normas que não constituem objeto de uma jurisdição especial (penal, penal-militar, trabalhista, eleitoral), não afastada, entretanto, a incidência de quaisquer regras de direito objetivo necessárias à prevenção ou solução das lides, ou à administração de interesses sociais relevantes. Durante longo tempo, e ainda hoje, aludiu-se ao direito processual como *direito judiciário* (de *judex*, juiz), usando-se, indistintamente, as duas locuções, embora esta última indique, com propriedade, as normas concernentes aos juízes e seus auxiliares, nos múltiplos aspectos do exercício das suas funções, desde a investidura até a organização dos órgãos do Poder Judiciário.

As normas processuais são formais ou instrumentais, porque se destinam a fazer atuar outras normas, ditas, estas, substanciais ou materiais, porque regulam as relações do grupo social. Numa classificação ultrapassada, cujos vestígios ainda se notam no linguajar forense, Jeremias Bentham chamou o direito concernente ao processo de *adjetivo*, porque qualificaria, pela dinâmica emprestada a elas, as demais normas, substantivas estas. Compreenda-se que não é a topologia que dita a natureza processual de uma regra jurídica, porém a sua finalidade. Normas processuais há, na Constituição (vejam-se, por exemplo, as referidas no item anterior) e em inúmeros códigos e leis, sem que as desnature o lugar onde se encontram, ainda quando heterotópicas (do grego *heteros*, outro, diferente, e *tópos*, lugar: normas que se encontram fora do lugar, isto é, em leis não concernentes à matéria objeto delas). Porque regulam a jurisdição, as normas processuais estão intimamente vinculadas ao direito constitucional, aspecto constantemente ressaltado, entre os brasileiros, pela brilhante e saudosa processualista Ada Pellegrini Grinover, titular insigne de Processo Penal no Largo de São Francisco, sempre empenhada em associar o direito processual aos princípios assentados na Constituição. Eduardo Couture chegou a afirmar que as leis de processo nada mais são que "o texto que regula a garantia de justiça contida na Constituição".[9]

Se da Constituição emanam todas as normas, criadas em consonância com ela ou por ela vivificadas quando aproveita, pelo fenômeno da *recepção* (que se poderia identificar também pelo nome de *absorção compatível*), as leis editadas nas ordens constitucionais anteriores, a carta política é a fonte primária do direito processual, encontrando-se, nela própria, assim como nas suas leis complementares, inúmeras regras de processo. Na sua imensa maioria, porém, as normas pertinentes ao exercício da jurisdição civil acham-se reunidas e sistematizadas no Código de Processo Civil, uma lei ordinária, a Lei nº 13.105, de 16.3.2015, em vigor desde 18.3.2016 (art. 1.045). Um código (de *codex*, tabuinha de escrever – de *caudex*, tronco da árvore de onde se retirava a madeira – e, logo, o escrito, o registro nela feito, a lei e a coletânea de leis) é, como diz Clóvis Beviláqua, o autor do Código Civil de 1916:

> "... uma organização lógica de regras jurídicas. Por força da sistematização, que os simplifica, ordena e esclarece, os preceitos adquirem maior nitidez de forma e maior energia de império, do que teriam, se se conservassem dispersos ou desordenadamente amontoados".[10]

Com 1.072 artigos, ao contrário dos ordenamentos processuais civis alemão e austríaco (ZPO), que se dividem apenas em parágrafos, o Código

---

[9] Cf. o trabalho "Direito de Petição e Estado de Direito", no meu livro *Direito Processual Civil – Estudos e Pareceres*, cit., pp. 166, notas 1 e 2, e 167.
[10] *Código Civil Comentado*, 9ª ed., Rio de Janeiro, F. Alves, 1951, vol. I, pp. 84 e 85.

de Processo Civil brasileiro compõe-se de Parte Geral e Parte Especial. A primeira divide-se em seis livros, enquanto a segunda compõe-se por quatro livros, sendo o último chamado *Livro Complementar* (a palavra livro, de *liber*, película que se encontrava entre a casca e o tronco de certas árvores, sobre a qual se escrevia, designa, num código ou numa lei, as suas principais divisões). Os livros se dividem em títulos, separados em capítulos e estes, por vezes, em *seções*, arrumadas as normas desses capítulos em *artigos*. Os artigos se fragmentam em *incisos*, designados por algarismos romanos, também chamados *números* ou *itens*, em *parágrafos* e em *alíneas*, referidas também como *letras*. À parte principal do artigo, quando este se fraciona em incisos, parágrafos, alíneas, se reserva o nome latino *caput* (cabeça).

Muitas normas processuais são objeto de leis específicas, ditas *leis extravagantes* ou *leis especiais*, porque se encontram fora do Código. Assim, v.g., a nova Lei do Mandado de Segurança (Lei nº 12.016, de 07.08.2009), a Lei de Alimentos (Lei nº 5.478, de 25.07.1968), a Lei da Ação Popular (Lei nº 4.717, de 29.06.1965) e a Lei de Ação Civil Pública (Lei nº 7.347, de 24.07.1985), a Lei de Falências e Recuperação de Empresas (Lei nº 11.101, de 09.02.05), substituta da Lei de Falências (Decreto-Lei nº 7.661, de 21.06.1945). Na oportunidade, rendo homenagens ao eminente e saudoso jurista brasileiro Theotonio Negrão. No seu escritório, em São Paulo, esse notável advogado reuniu impressionante coletânea de leis processuais, com a pertinente jurisprudência, e, a partir de 1974, fez os profissionais do direito beneficiários do seu fecundo trabalho, publicando um volume intitulado *Código de Processo Civil e Legislação Processual Civil em Vigor*, na 48ª edição, no momento em que revejo estas linhas. Nas notas de rodapé, que são milhares, indicam-se as normas relacionadas a cada artigo, bem como a jurisprudência correspondente, não se esquivando de registrar também suas opiniões, dando à obra um conteúdo doutrinário. Trata-se, acima de qualquer dúvida, do melhor *vade mecum* processual (literalmente, *vai comigo*, nome com que, imemorialmente, se designam os volumes de coletâneas de leis, que se devem sempre ter à mão, aportuguesado na palavra *vademeco*, que se ouve no foro, mas não se encontra registrada nos léxicos) já publicado no país, de consulta obrigatória pelos que desejarem ter um roteiro panorâmico do Direito Processual Civil positivo brasileiro.

Theotonio Negrão encontrou dignos sucessores em José Roberto Ferreira Gouvêa, Luis Guilherme Aidar Bondioli e João Francisco Naves da Fonseca que prosseguem o trabalho com a mesma competência e descortino do falecido autor, merecendo, por isso, também eles, todos os aplausos.

O Código de Processo Civil será aprimorado por uma série de leis, destinadas a corrigir seus defeitos, suprir suas omissões, aperfeiçoar suas normas. Em 1985, o Governo da República nomeou uma comissão de cinco juristas, que tive a honra de integrar, para rever o Código de 1973. Apresentamos um projeto de modificações, que foi aproveitado na reforma geral do Código de Processo Civil, empreendida pelas Leis n°s 8.950, 8.951, 8.952 e 8.953, todas de 13.12.1994, pela Lei nº 9.079, de 14.07.1995, pelas Leis n°s 9.139, de 30.11.1995, 10.352, de 26.12.2001, 10.358, de 27.12.2001, 10.444, de 07.05.2002, 11.187, de 19.10.2005, pela Lei nº 11.232, de 22.12.2005, e por outras que a elas se seguiram e seguirão.[11]

---

[11] Veja-se, da minha autoria, *A Reforma do Código de Processo Civil*, Freitas Bastos, Rio de Janeiro, 1995, 2ª ed., São Paulo, Saraiva, 1996.

Capítulo VI
PRESSUPOSTOS PROCESSUAIS, DESENVOLVIMENTO E ATOS DO PROCESSO

Sumário: 1. Os pressupostos processuais e sua classificação – 2. Pressupostos relativos ao juiz – 3. Pressupostos relativos às partes – 4. Pressupostos objetivos – 5. Desenvolvimento do processo (formação, suspensão, extinção) – 6. Fatos e atos processuais – 7. Atos de postulação – 8. Atos de prova – 9. Atos de jurisdição – 10. Atos decisórios (despachos, decisões interlocutórias e sentenças) – 11. Forma dos atos processuais – 12. Tempo e lugar dos atos processuais – 13. Comunicação dos atos processuais.

1. Os pressupostos processuais e sua classificação – A existência, a validade e a eficácia de qualquer ato ou relação jurídica encontram-se subordinadas a certos requisitos, chamados *pressupostos* (de *pre*, o que vem adiante, do latim *prae*, diante, e *suposto*, particípio de *supor*, de *supponere*, pôr debaixo, aproximar, dar por verdadeiro; consequentemente, o que já se reputa existente). Os requisitos de existência, validade e eficácia do processo denominam-se *pressupostos processuais*. O Código de Processo Civil não se valeu dessa expressão, preferindo falar em "pressupostos de constituição e de desenvolvimento válido e regular do processo" (art. 485, IV). A doutrina alemã reúne entre os pressupostos processuais as condições da ação, mas os autores brasileiros seguem, de ordinário, as pegadas dos italianos, que separam os dois conceitos.

Adoto, em linhas gerais, a classificação dos pressupostos processuais do grande processualista gaúcho Galeno Lacerda, no seu livro *Despacho Saneador*, obra clássica da literatura processual brasileira. Agrupam-se os pressupostos processuais em *subjetivos* e *objetivos*. Os pressupostos processuais *subjetivos*, concernentes aos integrantes da relação processual, se referem *ao juiz* (*investidura, competência, imparcialidade*), *às partes* e *aos terceiros* (*capacidade de ser parte, capacidade processual*, ou de estar em juízo, *capacidade postulatória*). Os pressupostos processuais *objetivos* dizem respeito à relação processual em si mesma, tal como se manifesta, e se consubstanciam na *inexistência de fatos impeditivos* da formação, do desenvolvimento e da extinção do processo, assim como na *subordinação do processo às normas legais*.

2. Pressupostos relativos ao juiz – O primeiro dos pressupostos relativos ao juiz é a *investidura*. Cumpre que a pessoa ou pessoas que exercem a jurisdição no processo, em todos os graus em que ele tramita, estejam investidas nas funções de julgar, na forma da Constituição e das leis. Sem juiz regularmente investido, o processo será nulo, havendo quem chegue a sustentar sua inexistência, nesse caso.

A *competência* do juiz e do órgão jurisdicional, já tratada no capítulo IV deste livro, é o segundo dos pressupostos agora examinados. Inovando em relação ao diploma anterior, o § 4º do art. 64 da lei atual determina a subsistência dos efeitos da decisão do juízo incompetente, até que outra seja proferida, se for o caso, pelo juízo competente. O prolongamento dessa eficácia pode, conforme o mesmo parágrafo, ser obstado pelo próprio juízo incompetente, antes de remeter o feito ao competente, ou por este último.

A *imparcialidade* constitui o terceiro pressuposto processual relativo ao juiz. Não se exagera afirmando-se que o juiz parcial transforma o órgão onde funciona num juízo ou tribunal de exceção, proibido pela Constituição (art. 5º, XXXVII). A parcialidade do juiz se presume, em termos absolutos, ainda que não questionada ou declarada, nos casos de impedimento, exaustivamente enumerados no art. 144 do Código de Processo Civil. As hipóteses do art. 145 apenas fazem fundada a imputação de parcialidade do juiz, o qual, todavia, pode exercer a jurisdição, se sua suspeição não for arguida, no prazo e na forma legais. Declarada, entretanto, a suspeição pelo próprio juiz (art. 145, § 1º), ou pelo tribunal, o processo ficará irremediavelmente comprometido pela falta do pressuposto apontado, se dele não se afastar o juiz.

3. Pressupostos relativos às partes – Nas suas diferentes manifestações, o direito regula a vida das *pessoas*. Só pessoas podem se submeter ao comando das normas jurídicas e só pessoas podem exercer os poderes que essas normas lhes conferem. Por isso mesmo, o conceito jurídico de pessoa a apresenta como o ente capaz de exercer direitos e contrair obrigações. A personalidade, atributo unicamente das pessoas, dá a elas a *capacidade de ser parte*, o primeiro dos pressupostos processuais relativos às partes e aos terceiros intervenientes na relação processual. As pessoas são físicas, ou naturais, e jurídicas, ou morais. A lei processual não regula a personalidade, objeto das normas de direitos material. Entretanto, paralelamente às pessoas físicas ou jurídicas, o Direito Processual confere personalidade a certos entes, para que eles possam ingressar no processo: trata-se das chamadas *pessoas* *formais*, universalidades a que a lei atribui a condição de pessoas: por exemplo, o espólio, a herança jacente ou vacante, a massa falida, o condomínio, as sociedades não constituídas regularmente. A capacidade de ser parte se confunde, então, com a personalidade, é decorrência dela e sem ela o requisito não se configura. Nulo será o processo instaurado por pessoa morta (v.g., o autor faleceu antes da propositura da ação) ou contra pessoa morta (v.g., o réu morreu sem que o autor soubesse desse fato). O nascituro, cujos direitos a lei resguarda (CC, art. 2º), tem antecipada a sua personalidade e, por isso, não lhe falta capacidade de ser parte. Nascendo morto, o processo se extinguirá.

A *capacidade processual* ou *capacidade para estar em juízo* constitui outro pressuposto processual referente às partes. "Toda pessoa que se encontre no exercício de seus direitos tem capacidade para estar em juízo", diz o art. 70 do Código de Processo Civil. Pressuposto da capacidade processual é a capacidade de ser parte. Não basta, contudo, que a pessoa que integra o polo ativo ou passivo da relação processual, ou nela intervém como terceiro, tenha personalidade física, jurídica ou formal. É preciso que ela também se ache no exercício dos seus direitos (CPC, art. 70), tendo capacidade plena, ou que se faça representar, ou assistir, se sua capacidade for limitada. Conforme o art. 71, "o incapaz será representado ou assistido por seus pais, por tutor ou por curador, na forma da lei". Por vezes, a lei processual condiciona a aquisição da capacidade a algum requisito nela própria estabelecido. Assim, para propor ações que versem sobre direitos reais imobiliários, um cônjuge só adquire capacidade processual se contar com o consentimento do outro, ou com ato judicial que supra o consentimento porventura recusado (arts. 73 e 74). Nos casos arrolados no § 1º do art. 73, no qual se exige a citação de ambos os cônjuges para figurar como réus de certas ações, a hipótese não é de capacidade processual, mas de litisconsórcio necessário. A capacidade processual, as pessoas jurídicas e as formais a alcançam, fazendo-se representar no processo, na forma da lei. O art. 75 do Código de Processo Civil dispõe sobre o modo de representação dessas pessoas, como fazem também leis extravagantes relativamente a outras, ali não enumeradas. Sem a devida representação, ou assistência, nos casos em que a pessoa não se encontre no exercício pleno dos seus direitos, não se configurará a capacidade processual. Quando a falta de capacidade for sanável (v.g., o menor relativamente incapaz veio ao processo, mas desassistido; a pessoa jurídica não se fez representada por quem a lei ou seus atos constitutivos designam), o juiz deve permitir se repare a anomalia (art. 76).

Não basta que a pessoa, no pleno exercício dos seus direitos, ou devidamente assistida ou representada, venha ao processo. Relação jurídica eminentemente técnica, como se assinalou no capítulo anterior, o processo torna indispensável que a parte se faça representar por quem tenha condições de falar por ela. Por isso, a lei exige a sua representação, no processo, por advogado regularmente inscrito na Ordem dos Advogados do Brasil, só dispensável se a própria parte tiver habilitação profissional. Assim dispõe o art. 103 do Código de Processo Civil. As partes se fazem representar por advogado; as pessoas jurídicas de direito público, por seus procuradores. Claro que leis especiais podem dispensar o advogado, como acontece com a Lei nº 9.099, de 26.09.1995, dos juizados especiais, art. 9º, a qual se faculta às partes comparecerem desassistidas, nas causas de valor até vinte salários mínimos. Nas de valor superior, a presença do advogado é indispensável.

Uma vez representados por advogado legalmente habilitado (CPC, art. 103), a parte e o terceiro adquirem a *capacidade postulatória*, que aparece como o terceiro dos pressupostos processuais agora examinados. A capacidade postulatória, isto é, a capacidade de falar em juízo adquire-se pela integração do binômio *parte-advogado*, não bastando só um desses elementos para configurá-la. Assim, urge que a parte (por si mesma, se no pleno exercício da sua capacidade, ou representada ou assistida, quando a lei o exigir) outorgue poderes ao advogado, sem o que, salvo nas exceções que a lei expressamente contempla, não existirá capacidade postulatória, que deve coexistir com os demais pressupostos.

4. Pressupostos objetivos – Os pressupostos processuais objetivos são requisitos relativos ao processo em si mesmo, como objeto, como fenômeno jurídico, com abstração das pessoas dos seus sujeitos.

Alguns desses pressupostos são *extrínsecos*, isto é, são situações que ocorrem fora do processo, mas de cuja verificação dependem a validade e a eficácia da sua constituição, do seu desenvolvimento e da sua extinção. É preciso que não haja obstáculos à formação do processo e ao seu prosseguimento. A litispendência, a coisa julgada e a peremção (perda, determinada por lei, do direito de propor a ação, como no caso do § 3º do art. 486) constituem esses obstáculos (art. 485, V). Portanto, a *ausência de fatos impeditivos* à constituição, ao desenvolvimento ou à terminação da relação processual é pressuposto objetivo extrínseco. Por vezes, um mesmo fato pode representar, simultaneamente, a falta de um pressuposto processual subjetivo e objetivo. Exemplifique-se: a morte da pessoa, anterior ao processo, a privação da capacidade de ser parte e, consequentemente, da capacidade processual e da postulatória. Enquanto fato jurídico, a morte impede a instauração válida e eficaz do processo e obstará ao prosseguimento dele, nas ações intransmissíveis, como as de separação e divórcio.

Outros pressupostos objetivos são *intrínsecos* na relação processual. Configuram-se eles na *subordinação do processo às normas jurídicas* que, imperativamente, o regem e que, por seu caráter cogente, não podem ser descumpridas, sem quebra da sua indispensável incidência, que é o devido processo legal (v.g., a citação ou o comparecimento espontâneo da parte são requisitos de validade do processo, conforme o art. 239 e seu § 1º; a validade da sentença está condicionada aos elementos essenciais, indicados no art. 489). A transgressão das normas que regulam o processo, na sua essência e na sua existência, despoja a relação processual de validade e eficácia, acarretando--lhe a nulidade. Não se perca de vista, na verificação desses pressupostos, o sistema de nulidades do Código de Processo Civil (arts. 276 a 283), dominado pela sábia regra do art. 277, a qual, incidindo, afasta a possibilidade de inexistência de pressupostos intrínsecos. O processo judicial deve obedecer à lei, salvo quando ela própria admitir que seu comando se efetive de modo diferente do previsto na norma.

A falta de quaisquer pressupostos processuais, que devem coexistir, isto é, ser satisfeitos em conjunto, sem que nenhum deles quede desatendido, acarreta a extinção do processo sem possibilidade de um julgamento do mérito (CPC, arts. 485, IV e V), ou compromete esse julgamento, tornando--o nulo ou ineficaz.

5. Desenvolvimento do processo (formação, suspensão, extinção) – O processo judicial, como relação jurídica, não existe para durar. Depois de findo, permanece apenas registrado nos autos que o materializam, como documento do exercício da jurisdição na causa que constitui seu objeto. Instrumento da jurisdição, o processo se extingue tão logo atinja sua finalidade de permitir a atuação da função jurisdicional, ou no momento em que se verifica sua inaptidão para produzi-la. A instrumentalidade do processo, superiormente versada pelo eminente processualista Cândido Rangel Dinamarco, na tese com que conquistou uma das cadeiras de Direito Processual Civil da Faculdade de Direito da Universidade de São Paulo,[1] também se manifesta na sua efemeridade. Assim como os homens nascem, vivem e morrem, o processo judicial também começa, forma-se e se extingue; e são essas as três etapas do seu desenvolvimento. O processo que subsistisse indefinidamente fugiria à sua natureza, tal como Asverus, o judeu da lenda, amaldiçoado por Cristo com a pena da eternidade, nega a condição humana. Por vezes, a relação processual se suspende, paralisando-se como numa cena imóvel de um filme, ou de uma peça teatral, mas para logo prosseguir, consoante a

---

[1] *A Instrumentalidade do Processo*, 3ª ed., São Paulo, Ed. Malheiros, 1993.

sua indefectível predestinação. O Título I do Livro VI do CPC disciplina a formação, a suspensão e a extinção do processo, das quais agora se trata, nas suas linhas mestras.

"O processo começa por iniciativa da parte", diz a primeira proposição do art. 2º do Código de Processo Civil. Já se explicou que a qualidade de parte se adquire pela simples presença na relação processual, sem qualquer outra consideração. Propondo a ação (CPC, art. 312) por meio da demanda, a parte proponente – o autor – dá início à relação processual, que principia linear. Pode-se, com efeito, concebê-la como uma linha inclinada, em cuja extremidade inferior se encontra o demandante e, na ponta superior, o órgão judicial. O processo só se angulariza com a integração do réu na relação, mediante sua citação, ou seu comparecimento espontâneo. Fala-se em angularização imaginando-se um ângulo agudo, um v invertido (/\), colocando-se o juiz no seu vértice, o autor na ponta da linha esquerda e o réu na extremidade da linha direita. Esse ângulo não se incompatibiliza com a concepção triangular da relação processual, bastando que se unam suas extremidades inferiores com uma linha, representativa da reciprocidade de direitos e deveres do autor e do réu, um para com o outro.

Completada a relação processual pela integração do réu, o processo, então, "se desenvolve por impulso oficial", conforme a segunda parte do art. 2º. Repita-se que o processo não constitui um negócio das partes, porém uma relação jurídica de Direito Público, na qual predomina o interesse social. Por isso, o Código confia o seu prosseguimento ao juiz, que não deve ficar, indefinidamente, à espera da iniciativa das partes, embora isso ocorra, lamentavelmente, na vida forense, por fatores de ordem diversa, nenhum dos quais se pode debitar à lei, que põe ao alcance do órgão judicial meios eficazes de levar adiante o processo.

Algumas vezes, torna-se necessário paralisar o processo, ou melhor, suspender sua dinâmica, para assegurar-lhe seu regular prosseguimento. O art. 313 enumera, nos seus oito incisos, os casos de suspensão do processo. Assim, por exemplo, a morte de qualquer das partes, do seu representante legal ou do seu procurador impõe a interrupção da marcha processual (art. 313, I), até que venha ao processo o sucessor da parte falecida, ou até que se regularize sua representação, ou se restaure sua capacidade postulatória. O Código também permite a suspensão do processo pela convenção das partes (art. 313, II), pelo prazo máximo de seis meses (§ 4º), para que elas busquem, extrajudicialmente, a composição da lide. Não é só no art. 313 que se encontram as hipóteses de suspensão do processo, tanto assim que o seu inciso VIII fala "nos demais casos, que este Código regula" (v.g., suspensão para sanar a incapacidade processual ou irregularidade da representação, prevista no art. 76; suspensão do processo executivo, nos casos do art. 921, cujo inciso I, que remete ao art. 313, é dispensável, sabido que, não bastasse o parágrafo único do art. 771, as disposições gerais do Livro I não se restringem à Parte Especial).

A suspensão do processo, obviamente, não faz desaparecer a relação processual, apenas sustada no seu movimento. Durante a suspensão, só se podem praticar atos de urgência, determinados pelo juiz para evitar dano irreparável, salvo no caso de arguição de impedimento e de suspeição (CPC, art. 314).

O processo só se extingue por meio de uma *sentença* estável, imutável, insuscetível de modificação no âmbito da própria relação processual (veja--se o cap. IX). Aliás, enquanto a sentença puder ser substituída, não existe entrega da prestação jurisdicional, mas mera *apresentação* dessa prestação, chamada *oferta* na doutrina processual. Quando se fala em *sentença* extintiva do processo, emprega-se o vocábulo numa acepção mais abrangente do que a de ato do juiz singular da primeira instância, pois ela assume também a significação de *acórdão*, denominação do julgamento dos tribunais (de *cor*, coração, tomada essa palavra, aqui, como símbolo do sentimento: o acórdão encerra o sentimento da maioria, ou da unanimidade dos integrantes do colegiado acerca da questão discutida). Prolongando-se a relação processual, depois da sentença do juízo do primeiro grau, até o tribunal, por força da interposição de recurso, será o acórdão do tribunal, proferido no recurso, o ato de extinção do processo (veja-se o cap. VIII).

A sentença, agora na acepção de ato decisório do juízo singular da primeira instância e também do tribunal (acórdão), extingue o processo, sem julgar-lhe o mérito, ou, então, mediante o julgamento dele. Diz-se *terminativa* a sentença de extinção sem julgamento do mérito e *definitiva* a sentença de extinção do processo com julgamento do mérito, ou seja, com acolhida ou rejeição do pedido, formulado pelo autor da ação.

Pode-se ver a sentença terminativa como um modo anômalo de extinção do processo, pois ela frustra o objetivo da jurisdição, que é prevenir ou solucionar a lide, ou administrar o interesse social relevante, mantendo a estabilidade do grupo social. Muitas vezes, porém, torna-se impossível decidir o mérito, como demonstra a análise dos incisos do art. 485 do Código de Processo Civil. Se, diante do exame da petição inicial, o juiz verifica a impossibilidade de um julgamento do mérito, ele extingue o processo no nascedouro, enquanto ainda linear a relação processual, indeferindo aquela petição (CPC, art. 485, I, e art. 330). Assim também procede em vários outros casos, como, por exemplo, se faltantes os pressupostos processuais (art. 485, IV e V) ou as condições da ação (art. 485, VI).

A extinção do processo sem julgamento do mérito é fenômeno intraprocessual, de eficácia limitada ao processo onde ocorre, não impedindo que o autor torne a propor a ação, salvo se o processo foi extinto pela declaração de perempção, litispendência ou de coisa julgada (arts. 486 e 485, V). Parecerá estranho que a lei permita ao autor a repropositura da ação cujo processo se extinguiu. Entenda-se, porém, que ele pode voltar a invocar a jurisdição depois de providenciar a remoção do entrave ao julgamento do mérito. Ainda quando não o faça, o direito de provocar a jurisdição é pleno, obrigando o Estado a responder à invocação, no cumprimento do dever, que ele assumiu, ao proibir as partes de fazer justiça pelas próprias mãos. Por sinal, até mesmo no caso do art. 485, V, o autor pode propor de novo a ação, instaurando um outro processo, fadado à extinção sem julgamento do mérito pela incidência da regra do art. 486, e ficando o demandante sujeito à sanção do art. 79 porque estará, visivelmente, litigando de má-fé, pois deduzirá pretensão contra texto expresso de lei (art. 80, I). Ainda nesse caso, a simples propositura da ação, manifestamente descabida, obrigará o Estado a uma resposta, que ele dará por meio de sentença terminativa.

A extinção do processo com julgamento do mérito ocorre por meio de uma sentença que componha a lide, acolhendo ou rejeitando o pedido formulado na ação ou na reconvenção (CPC, art. 487, I), inclusive diante do reconhecimento da procedência do pedido formulado na ação ou na reconvenção (art. 487, III), desde que eficazes essas manifestações. Também se extingue o processo com o julgamento do mérito mediante declaração da decadência do direito do autor, ou da prescrição da sua pretensão (art. 487, II), ou pela homologação da transação das partes (art. 487, III, *b*). Em todos esses casos, a jurisdição alcançará o seu propósito de impedir a instauração do conflito ou de debelá-lo, e o processo terá atingido a sua finalidade última de instrumento de realização da paz social por meio da administração da justiça.

6. Fatos e atos processuais – Numa acepção ampla, todos os fenômenos suscetíveis de influir no processo, constituindo, resguardando, modificando ou extinguindo direitos ou situações processuais, são atos ou fatos processuais. O Código de Processo Civil obsequia a doutrina, que vê os fatos como acontecimentos involuntários, e prende os atos à vontade, quando dissocia fato e ato (*v.g.*, art. 21, III: fato ocorrido ou ato praticado; art. 53, IV: lugar do ato ou do fato). Considerada essa distinção, pode-se dizer que os fatos processuais são fenômenos involuntários, que repercutem no processo (o incêndio, que determina a paralisação das atividades forenses ou destrói os autos; a chuva, que interrompe a realização de um ato externo; a enfermidade, que impede o comparecimento do juiz), enquanto atos processuais constituem as práticas de todos os sujeitos do processo, principais e secundários, dentro da relação processual. Nessa concepção estreita, o pagamento do crédito reclamado na ação, feito ao autor fora do juízo, ou a transação extrajudicial constituem atos jurídicos, mas só será ato processual a manifestação das partes, que trouxer um desses fenômenos ao processo, bem como a sentença, que extinguir a relação por causa deles. Obviamente, o ato processual é ato jurídico e o ato que se pratica no processo, contrariamente à lei, é ato ilícito.

Há muitas maneiras de classificar os atos processuais, como demonstram as obras doutrinárias. Numa tentativa de simplificação, compatível com a natureza deste livro, podem-se agrupar os atos processuais, mediante um critério subjetivo, tomando-se em conta as pessoas que os praticam no processo, ou por um critério objetivo, que considera os atos em si mesmos, na sua natureza e na sua finalidade.

Em consonância com o primeiro critério, os atos serão do órgão judicial e dos seus auxiliares, ou das partes (usada esta palavra, aqui, no seu alcance mais amplo, no sentido de todas as pessoas que, não constituindo o órgão judicial, nem sendo auxiliares dele, atuam no processo). Assim, os atos do órgão judicial serão os praticados pelo juiz e por todos os órgãos jurisdicionais auxiliares, permanentes ou temporários (atos do escrivão, do escrevente, do contador, do perito e assistentes, da testemunha). *Atos das partes* serão os atos do autor, do réu, do terceiro interveniente, dos advogados, procuradores, defensores públicos e do Ministério Público.

Considerados objetivamente, cabe reunir os atos processuais em atos de postulação, atos de prova e atos de jurisdição. *Atos de postulação* são os atos que, de qualquer modo, reclamam a jurisdição: da demanda, que efetiva o direito de ação, à resposta, que realiza o direito de exceção, aos múltiplos requerimentos e promoções, que se acumulam no processo. Atos de prova são os atos tendentes a convencer da certeza do que no processo se alega. *Atos de jurisdição* são os atos que exprimem a vontade estatal na condução do processo, desde a sua formação até a sua extinção. Os itens seguintes se ocupam dos atos de postulação, de prova e de jurisdição.

7. Atos de postulação – *Postular* (de *poscere*, pedir com insistência) é reclamar, rogar, suplicar. Pouco mais fazem as partes, ao longo do processo, do que pedir a prestação jurisdicional, na forma das diferentes decisões que os órgãos judiciais vão proferindo, até que se extinga a relação processual por uma sentença estável (terminativa ou definitiva).

O principal ato de postulação do autor é a petição inicial (CPC, art. 319), na qual ele formula o pedido de atuação jurisdicional, concretizando assim o direito de ação, por meio da demanda. Pede ainda o autor, quando se manifesta sobre a resposta do réu a que já se aludirá (chama-se réplica a resposta à contestação), quando suscita incidentes, quando propõe ação incidental, quando se pronuncia sobre documento junto aos autos, quando recorre, quando faz qualquer requerimento.

O réu postula, exercendo o direito de exceção (direito de invocar a jurisdição) por intermédio da sua resposta. Ela se dá por três meios, o primeiro deles a *contestação*, na qual o réu concentra sua defesa (CPC, art. 336 – de *contestari*, formar por testemunhas, pelo fato de que o réu chamava pessoas em seu auxílio, para convencer da veracidade das suas afirmações; invocar, pedir auxílio). A segunda modalidade de resposta é a *reconvenção* (de *re*, movimento para trás, e *convenire*, vir juntamente, encontrar-se; portanto, voltar-se contra), ação que o réu move contra o autor, no mesmo processo (art. 343), nem sempre admitida. Pode o réu, tal qual o autor, propor ação incidental e fazer outras manifestações idênticas às dele, inclusive recorrer, chamando-se tréplica a sua resposta à réplica.

Os terceiros intervenientes ingressam no processo pelo ato postulatório da sua intervenção. Admitidos, endereçam ao órgão judicial pleitos múltiplos, podendo também recorrer. O Ministério Público, agindo como fiscal da lei, ou em favor de uma parte, postula nessas duas condições, pois também pede a jurisdição. Conquanto advogados, procuradores e defensores normalmente falem em nome dos seus representados, como se estes postulassem, podem também manifestar-se no seu próprio nome, como quando declaram o seu endereço, ou comunicam a alteração dele (art. 106), ou renunciam ao mandato, pedindo a intimação do mandante (art. 112), ou prestam informação ao juízo inerente à sua condição.

Se existem atos das partes que não constituem postulação (*v.g.*, a composição feita em juízo; uma simples declaração), a imensa maioria deles se compõe de atos dessa natureza, nem todos efetivados por escrito, porque, em determinados momentos processuais, partes e terceiros, pelos respectivos procuradores, ou por si mesmos, e o Ministério Público fazem uso da palavra oral, para expor suas razões e pretensões, como ocorre na audiência, referida no próximo capítulo, ou por ocasião do julgamento de certos recursos (cap. VIII).

8. Atos de prova – No livro *O Conde de Abranhos*, Eça de Queiroz pinta a figura do "obeso e obtuso" desembargador Amado:

> "Sem razão, de repente, embirrava. E era então como o obstáculo bruto, inerte, material, dum enorme pedregulho numa estrada. Era uma resistência passiva e espessa: as bochechas tornavam-se-lhe mais balofas, as pálpebras papudas mais pesadas, e sem dar razões, rosnava surdamente:
> – Não estou pelos autos... Não vai... Não me calha".

Mas o juiz tem de estar pelos autos. A lei o obriga a julgar, "a prova constante dos autos, independentemente do sujeito que a tiver promovido" (CPC, art. 371).

Se existe evidente exagero na máxima, cunhada no Direito Canônico, *quod non est in actis non est in mundo* (o que não está nos autos não está no mundo), pois o juiz não pode decidir com abstração de certas circunstâncias do mundo que o rodeia, nem ignorar a norma incidente, ainda que dela não se tenha cogitado no processo, há também muita verdade nesse provérbio. A lei torna o juiz um incrédulo. Salvo excepcionalmente, ele precisa convencer-se da exatidão do que se declara quanto a fatos. O conjunto de meios pelos quais se demonstra a veracidade das alegações produzidas no processo – e também cada um desses meios – recebe o nome de *prova* (em latim, *probatio*, de *probare*, ensaiar, examinar, cujo étimo é *probus*, o que é de boa qualidade, o que é bom). A função investigatória do juiz não se restringe ao exame das provas, produzidas pelas partes. Pode ele, de ofício (isto é, em razão do próprio cargo que exerce, independentemente de provocação), determinar as provas necessárias ao julgamento do mérito (CPC, art. 370). Oferecidas, porém, as provas pelas partes, ou colhidas por iniciativa dele, o juiz está obrigado a decidir com base nelas, tanto assim que o art. 371 o compele a "indicará na decisão as razões da formação de seu convencimento". A verdade real, "verdade verdadeira", a cuja descoberta visa ao processo, pode não se alcançar pelas compreensíveis limitações humanas, ditadas por fatores múltiplos. Entretanto, compõe-se, nos autos, uma verdade, correspondente à realidade, distante dela, ou até estranha a ela, mas é em consonância com a verdade do processo, aparente, formal, que a função jurisdicional se exerce pela impossibilidade de se trazer sempre ao julgador a exatidão dos fatos. Mais que a julgar consoante a verdade, o Estado obriga-se a julgar e a pacificar o grupo social, pela administração da justiça.

A primeira das normas regentes da prova o Código de Processo Civil a enuncia no art. 369, quando estatui que as partes têm o direito de empregar todos os meios legais, bem como os moralmente legítimos, ainda que não especificados na lei, são hábeis para provar a verdade dos fatos em que se funda o pedido ou a defesa. Essa norma se ajusta ao inciso LVI do art. 5º da Constituição: "São inadmissíveis, no processo, as provas obtidas por meios ilícitos". Outro princípio fundamental: o ônus da prova incumbe a quem alega (art. 373, I e II, aplicáveis, sem qualquer dúvida, também aos terceiros). Casos há em que a prova é dispensável (art. 374), como quando se afirma um fato notório, do conhecimento geral num lugar e num determinado tempo (*v.g.*, se Fábio se obrigou a cumprir a obrigação no dia da independência do Brasil, dispensa-se a prova, perante o Judiciário nacional, de que se trata do 7 de setembro).

Os meios de prova (ou, simplesmente, as provas) que o Código admite e que se produzem por meio de atos de prova, emanados das partes, ou determinados pelo juiz, constituem a *prova documental*, a *prova oral* e a *prova pericial*.

A *prova documental* (*documento* vem do latim *docere*, ensinar; é o que ensina, o que exibe), consistente nos elementos materiais com que se demonstra a veracidade das alegações, não se limita a textos escritos, estendendo-se ainda a quaisquer objetos suscetíveis de infundir a certeza dos fatos (papéis, desenhos, coisas e até pessoas, quando destas, e não de manifestações suas, se recolhe a convicção, como a identificação do autor de um ato, ou de uma abstenção, ou as amostras de sangue e cabelo tão úteis para determinar a filiação). A inspeção judicial, pela qual o juiz verifica pessoas ou coisas (CPC, art. 481), constitui ato de prova documental.

A *prova oral* (do latim *os*, boca) compreende o depoimento que as próprias partes ou terceiros intervenientes prestam ao juiz (daí se chamar *depoimento pessoal* – art. 139) e o depoimento de pessoa estranha à relação processual, que vem ao processo dizer dos fatos da causa: a *testemunha* (de *testis*, o que está ou assiste como terceiro). Quando o perito e os assistentes, sobre os quais já se falará, compareçam a juízo para prestar *esclarecimentos verbais* sobre seu laudo e pareceres (art. 477, § 3º), praticam ato de prova oral, complementar da pericial.

Quando a prova do fato depender de conhecimento técnico ou científico, o juiz, que não pode dominar todos os ramos do saber, se serve de um perito (art. 156), podendo as partes indicar, para auxiliá-lo, especialistas, que se chamam assistentes técnicos (art. 465, § 1º, II). A prova por eles produzida, após as necessárias verificações, se denomina *técnica* (do grego *tekhnikos*, arte, destreza, habilidade) ou *pericial* (do latim *peritia*, conhecimento adquirido pelo uso, experiência) e se formaliza num texto escrito, chamado *laudo*, se proveniente do perito, ou *parecer*, se emanado dos assistentes (a palavra *laudo* é a 1ª pessoa do presente do indicativo de *laudare*, louvar, aprovar; laudo significa "eu aprovo". Por isso, costuma-se chamar o perito de *louvado*. *Parecer* vem de *parere*, aparecer, ser manifestado). O juiz não está adstrito ao resultado da prova pericial, cabendo-lhe formar a sua convicção também com outros elementos ou fatos provados nos autos (art. 479).

Pela sumária descrição feita, conclui-se que os atos de prova, chamados também atos de *instrução* (porque ensinam ao órgão jurisdicional os fatos do processo), são realizados pelo juiz, por todos os seus órgãos auxiliares, pelas partes e terceiros, pelas pessoas que os praticam. Esses atos fornecem ao juiz elementos para convencer-se, e ele os pode apreciar livremente, consoante o *princípio da livre apreciação da prova*, sem criar hierarquia entre os meios probatórios, que ficam todos no mesmo plano, mas sempre obrigado a indicar os motivos da formação do seu convencimento (CPC, art. 371: não basta, portanto, que o juiz afirme, por exemplo, que o inquilino causou danos ao imóvel, ou que fulano provocou o acidente, cumprindo-lhe declarar as razões da sua certeza).

9. Atos de jurisdição – O exercício da função jurisdicional incumbe ao juiz e a todos que o auxiliam. Ela se efetiva por meio de atos do Estado, destinados a administrar a justiça, os quais se devem praticar em consonância com a lei. Os atos dos órgãos jurisdicionais auxiliares traduzem o desempenho das suas, sem dúvida importantes, mas limitadas, incumbências (ilustre-se: os oficiais de justiça, *v.g.*, fazem citações, intimações, penhoras; os avaliadores determinam o valor de bens, para diferentes fins; os contadores efetuam operações de cálculo; o pessoal dos cartórios e secretarias guarda os autos e os movimenta, conforme as determinações judiciais ou legais).

10. Atos decisórios (despachos, decisões interlocutórias e sentenças) – Nem todos os atos do juiz correspondem a um julgamento, pois ele também os pratica sem esse conteúdo (*v.g.*, quando interroga a parte ou faz perguntas às testemunhas, ou assina ofícios, ou realiza a inspeção de pessoas e coisas). Todavia, os atos de maior relevo dentre quantos pratica o juiz são os atos decisórios, de tal forma predominantes que o legislador não sentiu necessidade de qualificá-los, no *caput* do art. 203, no qual falou apenas em *pronunciamentos do juiz*, sem lhes acrescentar o adjetivo *decisórios*. Em sentido amplo, decisões (de *decidere*, cortar, pôr termo, finalizar) do juiz são a sentença, as decisões interlocutórias e os despachos, referidos na ordem inversa da sua enunciação nos três parágrafos daquele dispositivo.

O § 3º do art. 203 valeu-se de um critério excludente para conceituar despacho, tarefa que, aliás, não cabe ao legislador. Ali se lê, em síntese, que despachos são todos os pronunciamentos, que não sejam sentenças nem decisões interlocutórias. A tradição acadêmica faz troça desse método de definir por exclusão: "O que é navio?", pergunta o professor de Direito Comercial; "navio é tudo o que flutua", responde o aluno despreparado; "o pato é navio?", ironiza o professor; volta o aluno com um sorriso desconcertado: "Navio é tudo o que flutua... menos o pato". Em vez de declarar que despacho é tudo o que não apareça como sentença, ou decisão interlocutória, talvez o legislador, se insistisse em se aventurar na seara da doutrina, pudesse dizer que despachos são os atos pelos quais o juiz impulsiona o processo, imprimindo-lhe uma sequência. Por exemplo, se o juiz defere a inicial, determinando a citação (art. 334), se manda o autor replicar (art. 350), se ordena a manifestação de uma parte sobre documentos juntos pela outra (art. 437, § 1º), se defere uma providência requerida pelo Ministério Público, se designa a data para a prática de um ato, ou a produção de uma prova, se esclarece a dúvida do serventuário; em todos esses casos estará a despachar (este verbo entrou no português possivelmente por meio do provençal *despeechier*, sem dúvida formado pelo latim *impedire* com a preposição *de*, usada como prefixo de negação: desimpedir, remover um obstáculo; logo, dar curso, sequência, impulso).

A doutrina oferece diferentes classificações de despachos, algumas delas sem qualquer utilidade científica ou prática. O Código de Processo Civil destacava, na classe dos despachos, os *despachos de mero expediente*, nominalmente referidos no art. 1.001, atos de mero ordenamento do processo, no que se assemelham aos demais, caracterizados, entretanto, pelo fato de que não podem causar prejuízo a ninguém – essa, a sua singularidade (exemplos: o despacho que ordena a juntada de uma petição, para posterior apreciação; o que determina a substituição da esgarçada capa dos autos, ou manda corrigir a defeituosa numeração das suas folhas; o que solicita uma informação ao cartório). Se do despacho advém sucumbência (cap. VIII, nº 2), ele perde a natureza de ato de mero expediente. Entretanto, a Lei nº 11.276, de 07.02.2006, alterou a antiga redação do art. 504 do CPC de 1973, ficando com a mesma redação que o art. 1.001 do Código vigente. Esse dispositivo estatui, simplesmente, que "dos despachos não cabe recurso". Essa redação inclui, por óbvio, os despachos de mero expediente, espécie de que os despachos são gênero.

Ao longo do processo, surgem questões que perturbam o seu curso normal, de cuja solução depende o seu desenvolvimento. Essas questões configuram *incidentes processuais* (de *incidere*, cair sobre, ou em cima), como o decorrente da verificação da incapacidade processual, ou irregularidade da representação da parte (art. 76), a impugnação ao valor da causa (art. 293). Faz pouco, observou-me uma aluna que caberia comparar o incidente processual ao pênalti num jogo de futebol, que pode acontecer durante a partida, sem constituir ato indispensável ao seu curso. O § 2º do art. 203 reserva o nome de *decisões interlocutórias* (de *interloqui*, interromper falando) aos atos que decidem as questões incidentes, ou incidentais (veja-se no capítulo VIII, item 6). Cumpre não confundir questões e ações incidentais. Estas últimas são ações que se ajuízam ao longo de um processo, dentro dos respectivos autos, ou em autos apartados, relativamente à matéria nele versada, ou antes da formação dele, mas nas quais se formula pedido autônomo de prestação jurisdicional, como na reconvenção, na ação cautelar, anterior ou posterior ao ajuizamento da principal. O julgamento destas ações se faz pela sentença. Se a ação incidental é anterior à principal, dá-se uma espécie de incidentalidade por antecipação.

O mais importante ato decisório é a *sentença* (de *sentire*, sentir, porque encerra o sentimento do juiz acerca do direito aplicável), que o § 1º do art. 203 define como "o pronunciamento por meio do qual o juiz, com fundamento nos arts. 485 e 487, põe fim à fase cognitiva do procedimento comum, bem como extingue a execução." Nesse texto, a palavra sentença abrange o acórdão (julgamento colegiado proferido pelos tribunais – art. 204), desde que este tenha o mesmo conteúdo.. O processo, todavia, pode prolongar-se, num outro grau de jurisdição, mediante a interposição de recurso (cap. VIII). São *terminativas* as sentenças (e acórdãos) que extinguem o processo sem resolução do mérito (art. 485) e *definitivas* as que se pronunciam sobre o mérito (art. 487), acolhendo ou rejeitando o pedido formulado na ação ou na reconvenção, ou entregando uma prestação suscetível de compor a lide, ou de administrar o interesse social relevante.

As sentenças definitivas se dizem *declaratórias* (de *declarare*, dar a conhecer, manifestar, esclarecer) ou *meramente declaratórias*, quando se limitam a declarar a existência, a inexistência ou do modo de ser de uma relação jurídica, ou a falsidade ou autenticidade de um documento (CPC, art. 19, I e II). Todas as sentenças que julgam improcedente o pedido, rejeitando-o, são declaratórias negativas. Possui também essa natureza a que declara extinto o processo de execução (art. 925), em cujo âmbito não cabe qualquer outra sentença de mérito, admitindo-se, todavia, as terminativas. Dizem-se *condenatórias* (do latim *condemnare*, de *cum damno*, com dano, com perda, em detrimento) as que impõem alguma prestação, consistente na obrigação de entregar alguma coisa, inclusive de pagar certa quantia, ou na de fazer ou de não fazer. Parte da doutrina brasileira, Pontes de Miranda na liderança, vê como sentença mandamental (de *mandare*, encarregar, cometer, ordenar) a sentença que expede uma ordem, especialmente à autoridade (*v.g.*, as concessivas de mandado de segurança – CF, art. 5º, LXIX e LXX), no sentido de uma prática ou abstenção, mas parece que julgamentos dessa espécie cabem na categoria das sentenças condenatórias. Finalmente, são constitutivas (do latim *constituere*, de *cum*, com, e *statuere*, pôr num estado, estabelecer) as que alteram relações, ou situações jurídicas, como as que decretam a separação judicial, ou as que anulam um ato, maculado por um dos vícios da vontade.

Pontes de Miranda ensina, com razão, que nenhuma sentença possui natureza exclusivamente declaratória, condenatória, mandamental ou constitutiva.[2] Com efeito, todas as sentenças definitivas têm algo de uma dessas espécies, haja vista, por exemplo, que, para condenar, ou alterar relação ou

---

[2] *Tratado das Ações*, São Paulo, Ed. Rev. Tribunais, 1970, t. I, pp. 117 e segs.

situação jurídica, o julgamento, necessariamente, declara. Acrescente-se, aqui, que às sentenças definitivas, dadas nos processos cautelares, pode-se estender o conceito de sentença definitiva no processo de conhecimento, faltando-lhes apenas, pelo caráter transitório, a permanência inerente a esta última. A denominação sentenças *determinativas* (de *determinare*, demarcar, limitar, inclusive no tempo, pondo um termo, um fim) atende ao fato de que, decidindo relações jurídicas continuativas, seu comando só prevalece enquanto não se alterarem as circunstâncias que elas regulam, podendo ser revistas, se houver modificação no estado de fato ou de direito (CPC, art. 505, I), como acontece com as sentenças que concedem alimentos, que vigoram enquanto perdurarem as necessidades do alimentando e as possibilidades do alimentante, podendo ser alteradas, conforme haja transformação daquelas ou destas.

Quando se classificam ações, qualificando-as de acordo com a sentença a que visam (*v.g.*, ações condenatórias, constitutivas, declaratórias), classifica-se, na verdade, não a ação, mas a sentença reclamada: diz-se condenatória a ação de cobrança de um crédito, mas, se o pedido resulta improcedente, a ação muda de classe e passa de condenatória a declaratória negativa, o que mostra a impropriedade de tal classificação, de um ponto de vista estritamente técnico.

11. Forma dos atos processuais – Poucas exigências faz o Direito Processual contemporâneo quanto à forma dos atos processuais. O Código de Processo Civil brasileiro, código moderno, não se deixou prender nem a formas, nem a fórmulas. Por isso, espanta e admira o sucesso de formulários, nos quais se pretende ensinar formas e fórmulas, como se a preterição delas pudesse acarretar prejuízos à parte. Nada disso. O art. 188 do Código de Processo Civil é expresso:

> "Os atos e os termos processuais independem de forma determinada, salvo quando a lei expressamente a exigir, considerando-se válidos os que, realizados de outro modo, lhe preencham a finalidade essencial".

Termo processual (de *terminus*, marco, limite; logo, o registro do que se praticou) é a documentação de um ato, ou de um fato, feita pelo serventuário encarregado do processo (*v.g.*, o termo da audiência, previsto no art. 367; o termo das primeiras declarações do inventariante, no art. 620). Diz o art. 208 que "os termos de juntada, vista, conclusão e outros semelhantes constarão de notas datadas e rubricadas pelo escrivão ou pelo chefe de secretaria". Quando se junta uma petição, ou se abre vista dos autos, para que as partes os examinem no cumprimento de determinação judicial ou legal, lança-se neles uma nota, geralmente por meio de um carimbo, na qual o serventuário faz a declaração do ato que praticou, nela apondo a data e sua assinatura. Termo de conclusão (conclusão: de *concludere*, fechar, cerrar – o serventuário encerra uma etapa e manda os autos ao juiz) é nota semelhante, documentando esta a remessa dos autos ao juiz, para que ele pratique algum ato da sua competência.

A observância rígida da forma depende de previsão expressa da lei (art. 188). A sentença, por exemplo, é ato processual solene, sujeito à forma determinada, cujo descumprimento acarreta a sua nulidade. Veja-se que o art. 489, *caput*, alude aos seus elementos *essenciais*: relatório, fundamentação e dispositivo. Os acórdãos devem vir encimados por um resumo da matéria neles decidida, chamado *ementa* (de *ementum*: *e*, da, e *mens*, razão, intento, vontade; logo, ideia, pensamento) (art. 943, § 1º), o qual, contudo, não é parte indispensável do julgado. A falta da ementa não anula o acórdão porque a lei não cogita essa sanção.

Os atos processuais obedecem ao princípio da publicidade. Praticam-se, pois, em público, salvo em circunstâncias especiais (CF, arts. 5º, LX, e 93, IX; CPC, art. 11, parágrafo único), sob as vistas de todos, mesmo das pessoas sem qualquer interesse direto no processo. Infelizmente, poucos atos assumem a forma oral, que depende da expressa autorização da lei (*v.g.*, CPC, arts. 364 e 937), predominando a escrita (*v.g.*, arts. 319 e 335), obrigatório o uso do vernáculo (art. 192), que é a língua portuguesa (CF, art. 13). Só se admite a juntada de documento em língua estrangeira quando acompanhado da versão em língua portuguesa, tramitada por via diplomática ou pela autoridade central, ou assinada por tradutor juramentado (CPC, art. 192, parágrafo único), funcionando um intérprete, nomeado pelo juiz, para traduzir documento duvidoso em língua estranha, traduzir declarações em idioma estrangeiro e também a interpretação simultânea dos depoimentos das partes e testemunhas com deficiência auditiva que se comuniquem por meio da Língua Brasileira de Sinais, ou equivalente (art. 162).

12. Tempo e lugar dos atos processuais – Proclama o livro bíblico do Eclesiastes, cap. 3, vers. 1, que "todas as coisas têm o seu tempo e todas elas passam debaixo do céu segundo o tempo que a cada uma foi prescrito". Assim também ocorre no processo, no qual há um tempo, que a lei estipula para a prática de qualquer ato, pelas partes e terceiros, pelo Ministério Público, pelo juiz e seus auxiliares. Realizam-se os atos em dias úteis, das 6 às 20h, podendo as regras de organização judiciária restringir o funcionamento forense, respeitando esses limites do art. 212, cujo § 2º, ao permitir a prática extemporânea de atos urgentes, mostra que a lei contrapôs a expressão *dias úteis* aos domingos e feriados, estes últimos definidos em normas federais, estaduais e locais.

Chama-se *prazo* (de *placitus*, particípio de *placere*, agradar, parecer bem; logo, o que agradou; dia ou momento que apraz como o marco inicial) o lapso de tempo que medeia entre dois momentos, ditos *termos* (de *terminus*, limite), um, o *termo inicial* (termo *a quo*: de que, do qual; ponto do qual se parte; também juízo ou tribunal *a quo*, órgão de que emanou a decisão recorrida), e o outro, o *termo final* (termo *ad quem*: para o qual; limite para o qual se vai; também o órgão judicial para o qual se recorre).

Os prazos se dizem *peremptórios* (de *perimere*, destruir, aniquilar, esgotar), quando fixam os limites para a prática de um ato processual, isto é, quando dentro deles o ato deve ser praticado (*v.g.*, arts. 335, 1.003, § 5º, 829, 306 e 721), e *dilatórios* (de *dilatare*, alargar, estender), quando distanciam momentos processuais, sem que algo se deva praticar no curso deles, como o prazo do edital de citação (art. 257, III), a partir de cujo termo final começa a correr o prazo para a resposta do réu, ou o prazo do art. 334, que afasta a citação do réu, pelo mínimo de 20 dias, da data da sua defesa, para dar-lhe tempo de aprestá-la.

Na contagem do prazo, só se consideram os dias úteis (art. 219). Conforme o art. 224, que transformou em norma um princípio geral de direito, os prazos serão contados com exclusão do dia do começo e inclusão do dia do vencimento. Cumpre atentar todavia nos três parágrafos desse dispositivo. O § 1º do artigo usa o verbo *protrair* (de *pro*, para frente e *trahere*, trazer), que significa avançar, adiar. Efetivamente, como reza essa norma, considerar-se-ão o dia do começo e o dia do vencimento o primeiro dia útil seguinte ao dia em que o expediente forense for encerrado antes ou iniciado depois da hora normal, ou houver indisponibilidade da comunicação eletrônica. Assim, aplicar-se-á quanto aos dias do começo e do vencimento, o *caput* do art. 224. A suspensão do prazo, diferente da suspensão do processo, implica a paralisação da sua contagem, sem prejuízo do lapso já decorrido. Cessada a causa da suspensão (*v.g.*, arts. 220 e 221), o prazo corre só pelo saldo do tempo. A *interrupção* do prazo acarreta o seu reinício por inteiro, uma vez cessada a respectiva causa (v.g., art. 1.004, no qual se fala que o prazo será restituído).

Prazos existem para todos os atos processuais: das partes, as quais, se a lei ou o juiz não fixarem outro, devem praticar o ato em cinco dias (art. 218, § 3º); dos serventuários (art. 228); dos juízes (art. 226), que ficam sujeitos a sanções e até à perda da competência funcional (art. 235).

Há regras especiais sobre prazos, como a do art. 180, consoante a qual, quando a parte for o Ministério Público, duplica-se o prazo para manifestar-se nos autos; a do art. 229, pelo qual, havendo litisconsortes, representados por diferentes procuradores, contam-se em dobro os prazos para todas as suas manifestações (abrangendo o verbo, aqui, as outras modalidades de resposta – art. 335), em qualquer juízo ou tribunal, independentemente de requerimento; as do art. 223, 2ª parte e §§ 1º e 2º, que permitem a devolução do prazo à parte, se ela não realizou o ato por justa causa. Convém pôr toda atenção nessas regras e na observância dos prazos, terror dos advogados, porque, conforme o art. 223 do Código de Processo Civil, "Decorrido o prazo, extingue-se o direito de praticar ou de emendar o ato processual", chamando-se *preclusão* a esse fechamento, ao qual se aludirá, adiante, no capítulo IX, nº 1.

Ao *lugar dos atos processuais*, o Código de Processo Civil dedica, especificamente, apenas o art. 217. Nele se determina a prática dos atos, ordinariamente, na sede do juízo. Ressalve-se, no entanto, que os atos se podem praticar alhures, em razão de deferência (v.g., o art. 454), de interesse da justiça (v.g., art. 483), ou de obstáculo arguido pelo interessado e acolhido pelo juiz.

13. Comunicação dos atos processuais – Torna-se necessária a comunicação de atos às partes do processo e a outras pessoas, não figurantes dele. O Código de Processo Civil dedica todo o Capítulo I do Título II do seu Livro IV à comunicação dos atos processuais (arts. 236 a 275). Os atos judiciais se praticam por ordem do juiz, se tiverem de realizar-se nos limites territoriais da sua competência, mas são requisitados por carta, se sua efetivação houver de ocorrer fora deles (art. 236). As cartas são *de ordem*, quando emanam de tribunal subordinante do juízo ao qual se determina a prática do ato; *precatórias* (de *precare*, pedir), se o ato se deve realizar no território nacional; *rogatórias* (de *rogare*, perguntar, pedir perguntando), se dirigidas à autoridade judiciária estrangeira (art. 237). Assim, v.g., o desembargador do Tribunal de Justiça de São Paulo expede carta de ordem a um juiz cível de Santos, para que lá se ouça uma testemunha; o juiz da 1ª Vara Cível de Natal expede precatória ao juiz cível de Guarapari, para o mesmo fim. O juiz de Bagé envia carta rogatória ao juiz competente de Paris com o mesmo propósito. O cumprimento das rogatórias depende da legislação do país destinatário e pode inclusive ser objeto de tratado ou convenção entre estados soberanos. O cumprimento das cartas de ordem e precatórias só pode ser recusado nos casos expressos em lei (art. 267), sendo obrigatório, pois não se trata de favor, ainda que a tanto levem a crer fórmulas antigas, ainda hoje praticadas só por força da tradição, como a que se lê neste pitoresco fecho usado em precatórias: "assim procedendo V. Exa. fará justiça às partes e a mim especial mercê, que outro tanto farei quando deprecado".

Convoca-se a parte ao processo por meio de *citação* (de *citare*, mover, provocar). Citação é o ato de integração de pessoa na relação processual. Ao defini-la, o art. 238 teve o escrúpulo de falar também em interessado, atento à jurisdição voluntária e também a que se pode citar alguém que não deva ocupar o polo passivo da relação processual (v.g., se há litisconsórcio necessário passivo e nem todos os litisconsortes estão no processo, o juiz mandará citar o faltante – parágrafo único do art. 115). A citação é pressuposto processual objetivo intrínseco ao processo e sua falta, só suprida pelo comparecimento espontâneo do citando, assim como sua nulidade, acarreta a nulidade do processo e a ineficácia da prestação jurisdicional (art. 239 e § 1º). Vários são os efeitos da citação (art. 240), que se faz pelo correio, por oficial de justiça, pelo escrivão ou chefe de secretaria, se o citando comparecer em cartório, por editais ou por meio eletrônico (art. 246).

O art. 269 define o ato pelo qual se dá ciência a alguém (partes em sentido amplo, e seus representantes, ou pessoas estranhas ao feito) dos atos e termos do processo, chamando-o *intimação* (de *intimare*, introduzir, inscrever, trazer para dentro, tornar íntimo). As partes são intimadas, por meio dos seus procuradores, pela só publicação dos atos na imprensa oficial, onde ela existir, desde que da publicação constem, sob pena de nulidade, os nomes das partes e dos advogados, suficientes para a sua identificação. Onde não houver imprensa, o escrivão ou chefe de secretaria intima os advogados, pessoalmente, lavrando o termo respectivo, ou por carta registrada com aviso de recebimento, se domiciliados fora do juízo (art. 273, I e II). Admite-se a intimação por oficial de justiça, sempre determinada pelo juiz (art. 275), caso em que ela se faz do modo como se opera a citação por oficial. Obviamente, têm de ser intimadas as pessoas que, estranhas ao processo, devem praticar nele algum ato (v.g., as testemunhas – art. 455), assim como as partes, quando se exige o seu comparecimento, ou a sua ciência pessoal (v.g., arts. 385, § 1º, e 485, § 1º).

Ninguém está obrigado a integrar o processo ou a praticar nele qualquer ato, independentemente de citação ou intimação, que, por isso, constituem marcos (não, necessariamente, termo inicial – veja-se o art. 231) para a atividade a que visam. Sob a forma de intimação, encontram-se, no Código, atos de citação, como o do reconvindo, para contestar (art. 343, § 1º), ou o do embargado, para impugnar os embargos do devedor (art. 920).

A Lei nº 11.419, de 19.12.2006, que "dispõe sobre a informatização do processo judicial", regula o uso de meio eletrônico na tramitação de processos judiciais, comunicação de atos e transmissão de peças processuais (art. 1º). No art. 2º, esse diploma admite o envio de petições, de recursos e a prática de atos processuais em geral por meio eletrônico. No art. 4º, ela permite aos tribunais a criação de *Diário da Justiça eletrônico*, disponibilizado em sítio da rede mundial de computadores. Descabida a análise dessa lei nos acanhados limites deste livro, cumpre observar que ela consubstancia a evolução dos meios de comunicação de atos processuais pelo aparecimento de recursos postos, hoje, ao alcance geral. Faltantes esses recursos, usam-se os meios tradicionais.

Capítulo VII
O PROCEDIMENTO

Sumário: 1. Ideia de procedimento – 2. Classificação do procedimento – 3. Procedimento comum – 4. Procedimentos sumário, sumaríssimo e especiais – 5. Procedimentos no processo de execução – 6. Procedimentos no processo cautelar – 7. Procedimentos na jurisdição voluntária – 8. Sistema da oralidade e seus princípios.

1. Ideia de procedimento –[1] Sento-me para escrever, enquanto uma belíssima e vibrante voz feminina enche a minha sala cantando "Garota de Ipanema", gravada no *compact disc Ella abraça Jobim.* Lembro-me de que, noutro disco, *Montreux,* Ella Fitzgerald também canta a composição de Tom e Vinícius, mas de modo diferente. A música não muda, nem muda a letra, porém as duas apresentações diferem quanto à maneira pela qual a cantora vocalizou a melodia e repetiu os versos, alterando o ritmo, a entonação e a duração. Também o processo judicial, enquanto permanece a mesma relação jurídica, tratada nos dois capítulos anteriores, varia no seu *modo* de desenvolver-se, ora mais expedito, ora mais alongado, umas vezes mais complexo, outras mais singelo, composto de atos mais numerosos ou mais escassos.

Chama-se *procedimento* ao modo pelo qual o processo se desenvolve. Trata-se, portanto, do processo na sua dinâmica, na maneira pela qual se instaura, prossegue e se extingue. João Mendes de Almeida Júnior, processualista de São Paulo, onde lecionou a ciência no início do século passado, o primeiro autor brasileiro a distinguir *processo* de *procedimento*, explica:

---

[1] Sobre o tema, versado neste capítulo, meu estudo "Considerações sobre o procedimento", *in Direito Processual Civil,* cit., pp. 4 e segs. Também meu estudo "Notas sobre o procedimento ordinário e o procedimento sumaríssimo no CPC", na 2ª série da mesma obra, São Paulo, Ed. Saraiva, 1994, pp. 4 e segs.

"O sufixo nominal *mentum* é derivado do grego *menos*, que significa princípio de movimento, vida, força vital, e *to,* que é uma partícula expletiva. Como sufixo nominal, exprime o ato em seu modo de fazer e na forma em que é feito, isto é, exprime o ato regularmente formalizado".[2]

O Código de Processo Civil dissocia, cuidadosamente, os dois conceitos, como de boa técnica, embora não constitua crime hediondo, como querem alguns intolerantes, falar-se em processo, no lugar de procedimento, quanto se quer aludir ao primeiro na sua dinâmica, no seu modo de mover-se, porque mesmo a linguagem científica pode servir-se de metonímias.

José Carlos Barbosa Moreira, o maior processualista brasileiro da atualidade, destaque fulgurante na processualística mundial hodierna, publicou *best-seller,* em numerosas edições, com o título *O Novo Processo Civil Brasileiro*,[3] embora trate, naquela obra de leitura indispensável, principalmente do procedimento. A diferença entre processo e procedimento está em que o processo é o conjunto de todos os atos constitutivos da relação jurídica destinada ao exercício da jurisdição (noção estática), ao passo que o procedimento é a ordem ou a maneira de se sucederem os atos processuais (ideia dinâmica).[4]

2. Classificação do procedimento – Quanto à forma que imprime aos atos processuais, o procedimento é escrito ou oral (sobre a expressão *procedimento oral,* veja-se o último tópico deste capítulo, no qual se trata do *sistema da oralidade*). Quanto ao seu dinamismo, extrai-se do Código de Processo Civil a classificação do procedimento em *comum* e *especiais* (art. 318, parágrafo único).

O procedimento comum é privativo do processo de cognição, que, contudo, também se move por procedimentos especiais, estabelecidos no Título III do Livro I do próprio Código de Processo Civil, ou em leis extravagantes. No processo de execução há vários procedimentos, todos especiais, estabelecidos com vistas à natureza da prestação que o título executivo judicial, ou extrajudicial, torna exigível.

---

[2] *Direito Judiciário Brasileiro,* 3ª ed., Rio de Janeiro, Ed. F. Bastos, 1940, pp. 264 e 265.
[3] Obra da Ed. Forense.
[4] Sobre a diferença entre processo e procedimento, o muito saudoso Wellington Moreira Pimentel, magistrado e professor no Rio de Janeiro, *Comentários ao CPC*, vol. III, 2ª ed., São Paulo, Ed. Rev. Tribunais, 1979, pp. 8 a 14.

3. Procedimento comum – Ideal que se conseguisse estabelecer um procedimento para o processo de cada ação, determinado pelo juiz, ao deferir a inicial, considerando a melhor maneira para o desenvolvimento de uma relação processual específica. Adivinham-se os transtornos e inconveniências da norma que assim dispusesse, por causa da adoção dos distintos critérios de cada magistrado, cujas funções se agravariam pela necessidade de conceber projetos procedimentais, como um arquiteto antevê a obra de execução futura. A lei cria, então, um procedimento para o processo cognitivo, a ser obedecido, a menos que norma expressa ordene a aplicação de um outro: o *procedimento comum*.

A importância do procedimento comum o parágrafo único do art. 318 a demonstra, quando preceitua que ele se aplica, subsidiariamente, aos demais. Quando se fala em *ação ordinária*, significa dizer *ação cujo processo segue o procedimento comum*. Usa-se, então, a *ação ordinária*, quando a lei expressamente não ordenar a adoção de outra (v.g., de consignação em pagamento; de prestação de contas; de manutenção e reintegração na posse – *de* posse, na imperfeita mas tradicional fórmula forense, empregada também pelo Código de Processo Civil). Na verdade, quando se mencionam essas ações, alude-se ao procedimento que segue o processo emergente da propositura delas. Nesses casos, não se classifica a ação, mas apenas o procedimento.

Costuma a doutrina mencionar as *fases do procedimento* (postulatória, probatória, ou instrutória e decisória) considerando o elemento predominante nas suas etapas. Prefiro falar em atividades no procedimento, já que a postulação, a prova e as decisões ocorrem em todos os momentos procedimentais. Examine-se, em traços gerais e rápidos, com remissões aos dispositivos do Título I o procedimento comum, tal como o Código de Processo Civil o estrutura, sem omitir a nota de que, ao discipliná-lo, o legislador introduziu, na sua sistemática, normas estranhas, de caráter não procedimental (v.g., as concernentes ao pedido), lá colocando, corretamente, outras, aplicáveis a todos os procedimentos, não importa a espécie de processo.

O procedimento comum começa pela petição inicial escrita, que deverá atender aos requisitos dos arts. 319 e 320. Pode o juiz deferi-la, ordenando a citação do réu (art. 334), ou determinar, antes disso, a sua emenda (art. 321). Cabe a ele indeferi-la, nos casos do art. 330, dentre os quais sobressai o da sua inépcia, definida no § 1º do dispositivo. O indeferimento da inicial é sentença terminativa (arts. 203, § 1º, e 485, I), que dá lugar ao recurso de apelação (art. 1.009), mas com possibilidade de revisão da sentença pelo próprio juiz (art. 331).

Citado, ou comparecendo espontaneamente (art. 239, § 1º), o réu responde, em 15 dias (art. 335), por meio de contestação.

A contestação, regulada nos arts. 336 a 341, é o ato de defesa do réu, no qual ele deve alegar toda a matéria com que impugna o pedido do autor.

Chama-se princípio da eventualidade ao preceito que determina a reunião de todas as defesas, processuais (as do art. 337) ou materiais (as que se opõem ao pedido – v.g., pagamento, compensação, nulidade do contrato), ainda que contraditórias umas com as outras, para a hipótese (eventualidade) do órgão judicial rejeitar uma, ou algumas, e acolher outra, ou outras.

A falta de contestação chama-se *revelia* (de *rebellis*, o que se rebela; *rebellare* de *re*, novamente, e *bellum*, guerra – revoltar-se; daí, o que se rebela contra a convocação para ir a juízo). A revelia acarreta o funesto efeito de fazer reputarem-se verdadeiros os fatos afirmados pelo autor (art. 344). Ela não leva, contudo, necessariamente, à procedência do pedido. Se os fatos não produzirem a consequência jurídica pretendida pelo demandante, o juiz julga improcedente o pedido (v.g., a ausência da contestação faz presumir verdadeira a alegação da inicial, de posse do imóvel por seis meses, mas esse tempo é insuficiente para gerar a usucapião, que se quer declarada na sentença). A revelia não produz o efeito do art. 344, nas situações do art. 345, ou quando inverossímeis os fatos narrados na inicial, mas acarreta sempre a sanção do art. 346. Não impede o réu de intervir no processo a qualquer tempo, recebendo-o no estado em que se encontra. A revelia é uma espécie de *contumácia*, abstenção da parte quanto à prática de ato da sua incumbência (de *contumax* – de *cum*, com, e *tumere*, estar inchado, empantufado, orgulhoso, desdenhoso).

A reconvenção quando oferecida, deve estar contida na contestação (art. 343), não se admitindo a apresentação delas em momentos diferentes. A reconvenção constitui ação do réu, nela reconvinte, contra o autor, *reconvindo*, no mesmo processo da ação principal (art. 343), mas é autônoma (art. 343, § 2º) e impõe a citação do autor da ação principal, nela réu, na forma de intimação, inclusive eletrônica, ao seu procurador, para contestar em 15 dias (art. 343, § 1º).

Passa o juiz, então, às *providências preliminares*, assim rotuladas, porque preparatórias do julgamento. Se, ocorrente embora pelo fato objetivo da ausência da contestação, a revelia não gerou seus efeitos, o juiz manda o autor especificar as provas (orais) que pretenda produzir na audiência (art. 348). Se o réu, reconhecendo o fato sobre o qual se funda a ação, outro lhe opuser impeditivo (v.g., prescrição ou decadência), modificativo (v.g., novação) ou extintivo (v.g., pagamento, compensação, confusão), o juiz ouvirá o autor, em réplica (de *replicare*, dobrar ou vergar para trás), no prazo de 15 dias (art. 350). Assim procederá também, conforme o art. 351, se o réu alegar uma das defesas do art. 337, ou se juntar documento (art. 437, § 1º). Mandará também o juiz que a parte responsável supra irregularidades ou nulidades sanáveis (art. 351). Superada a etapa das providências preliminares, o procedimento evolui na direção da sentença.

O princípio da celeridade, de cuja observância o art. 139, II, faz do juiz o principal guardião, torna impositivo o julgamento, sem protelações desnecessárias, tão logo o processo se ache em condições de receber a sentença. O Código de Processo Civil, mirando-se na legislação alemã, chamou *julgamento conforme o estado do processo* ao conjunto de métodos que põe à disposição do juiz para proferir a sentença.

Deve o juiz proceder à *extinção do processo,* consoante o art. 354, se se encontrar diante de qualquer dos casos do art. 485, que levam a uma sentença terminativa, ou ocorrendo uma das hipóteses dos incisos II e III do art. 487, que conduzem a uma sentença definitiva. Por igual, cumpre ao juiz proferir *julgamento antecipado da lide,* julgando diretamente o pedido (isto é, sem a realização de audiência), se a questão de mérito for só de direito, ou, sendo de fato e de direito, não houver necessidade de produzir prova (oral) em audiência, ou ainda se ocorreu a revelia e ela produziu o efeito do art. 344 e não houver requerimento de prova (art. 355). Cabe ao juiz julgar antecipadamente a lide, mesmo se deferir prova pericial, desde que, em seguida à sua produção, assegurada a manifestação das partes sobre ela, não haja necessidade da colheita de prova oral, a única a justificar a audiência. O art. 357 confirma isso.

Se o caso não comportar nem a extinção do processo (art. 354), nem o julgamento antecipado da lide (art. 355), o juiz, então, fiel ao art. 357, profere o *despacho saneador* (assim chamado pelo próprio CPC, no art. 377 – de *sanear,* do latim *sanare,* curar, sarar; procedente de *sanus,* com saúde, saudável). Considerada a classificação que o código dá aos atos decisórios, no art. 203, e só ela, o despacho saneador será uma *decisão interlocutória,* conforme o § 2º desse dispositivo, se nele se decidir algum incidente (v.g., a contestação arguiu a inépcia da inicial, a incompetência absoluta ou a carência da ação pela falta das respectivas condições, ou qualquer outra defesa preliminar, e o juiz, na oportunidade do saneador, decide a questão, depois de ouvir o autor, em consonância com o art. 351). O juiz proferirá o despacho saneador, na própria audiência de conciliação, que designará, se a causa versar sobre direitos disponíveis, a menos que nela obtenha o acordo. Não sendo o caso de audiência de conciliação, o juiz saneia após as providências preliminares, salvo se já tiver condições de sentenciar.

Ao declarar saneado o processo, considerando-o apto a receber julgamento de mérito, o juiz defere provas, inclusive exame pericial, nomeando perito e facultando às partes a indicação dos respectivos assistentes técnicos, e designa a audiência de instrução e julgamento, se nela houver provas a se produzirem. Não há motivo lógico, ou jurídico, para que o juiz designe a audiência somente porque deferiu a prova pericial. O Código, no seu sistema e no art. 357, só permite a designação da audiência de instrução se nela houver provas orais a serem produzidas. Não constitui razão suficiente para compelir o juiz a designar a audiência o simples deferimento da prova pericial. Note-se que ao processo repugnam os atos inúteis e a audiência só terá utilidade se nela se colher alguma prova *oral*, o que mostra o Código de Processo Civil, criando, no art. 355, o julgamento antecipado da lide. Assim, ao deferir a perícia, o juiz só deve designar a audiência, se já houver razões determinantes desse ato, que emperra sobremaneira o processo pelo congestionamento das pautas. Não havendo razões (que podem surgir, contudo, depois da perícia – v.g., quer uma parte esclarecimentos verbais do perito e assistentes; a perícia mostrou a conveniência do depoimento pessoal da parte, ou da prova testemunhal), o juiz defere a prova pericial, colhe a manifestação das partes sobre o laudo e pareceres, e, então, verificada a necessidade de prova oral, designa a audiência, ou, desnecessária ela, julga antecipadamente a lide, aplicando o art. 355, I.

No art. 300, o código permite ao juiz antecipar a tutela, isto é, atender, antes da sentença, ao pedido do autor, desde que satisfeitos os requisitos do art. 311.

O legislador intrometeu, no Título I do Livro I da Parte Especial, o vasto Capítulo XII, reunindo 115 artigos (arts. 369 a 484), regulando a prova. Evidentemente, nem a prova se usa apenas no processo de conhecimento, pois se destina a qualquer processo, e se realiza em qualquer procedimento, nem a matéria, regulada no Capítulo XII, possui natureza exclusivamente procedimental. Distinguem-se, porém, na disciplina da prova, normas concernentes ao modo da sua produção, integrantes de um sistema que se poderia identificar como *procedimento probatório.*

Apontem-se regras fundamentais, dentre as que, no Capítulo XII, compõem o procedimento probatório (ou instrutório): na Seção I, vale atentar nos arts. 449, com a observação de que ele alude à prova oral, 385, 377 e 380. Na Seção IV, os arts. 385 e 386, com a anotação de que, conquanto, além do art. 77, I, exista uma regra moral que a obrigue a dizer a verdade, não há sanção para a parte que mentir ao depor, pelo princípio de que ninguém pode ser obrigado à autoimputação. Na Seção V, destacam-se os arts. 390 e 394, cabendo advertir que a confissão não leva, necessariamente, à vitória do adversário (v.g., confessou-se a existência de convenção sobre renúncia a alimentos, proibida pelo art. 1.707, 1ª parte, do Código Civil, ou fato inverossímil, ou fato que não produz as consequências jurídicas pretendidas pela parte contrária). Na Seção VI, todos os artigos, salvo o 400, contêm normas de conteúdo procedimental. Ao disciplinar a prova documental, na Seção VII do Capítulo XII, o Código de Processo Civil concentrou as normas procedimentais relativas a ela, na Subseção II (arts. 430 a 433), valendo destacar que a arguição de falsidade constitui ação incidental, bem como na Subseção III (arts. 434 a 438). As regras pertinentes ao procedimento de produção da prova testemunhal se reúnem na Subseção II (arts. 450 a 463) da Seção IX.

Regras procedimentais concernentes à prova pericial se descobrem em todos os dispositivos da Seção X (arts. 464 a 480). Todas as regras da Seção XI (arts. 481 a 484) estão dedicadas à inspeção judicial, meio pelo qual o juiz examina pessoas ou coisas e também se esclarece quanto a aspectos técnicos. Pode o juiz ordenar a reconstituição dos fatos, numa encenação (art. 483, III), mais conhecida por seu uso na investigação criminal.

No parágrafo agora encerrado, não tive o intuito de fazer rigorosa seleção das normas procedimentais do sistema probatório, mas só o propósito de acentuar aquelas nas quais predomina tal feição.

Entende-se que o código haja colocado a *audiência* (*audientia*, de *audiens*, ouvinte; de *audire*, ouvir) de *instrução* (*instructio*, ação de adaptar ou ajustar; de *instruere*, ordenar ou dispor; logo, ato de esclarecer e de esclarecer-se, de aprender) e *julgamento* (latim *judicium*, de *judex*, juiz, palavra que vem de *judicare*, julgar, composta de *jus*, direito e *dico*, eu digo: eu digo o direito), no Capítulo I do Título I, dedicado ao procedimento comum.

A *audiência de instrução e julgamento* é ato procedimental, não privativo, claro está, do procedimento comum, o qual, porém, fornece subsídios aos demais procedimentos (art. 318, parágrafo único). Destina-se a audiência à tentativa de conciliação, se juridicamente admissível; à colheita da prova oral (depoimentos pessoais, depoimento das testemunhas, esclarecimentos verbais do perito e assistentes); aos debates das partes, por seus procuradores; ao pronunciamento do Ministério Público, apenas nos processos em que ele intervém; e à prolação da sentença, tudo vocalizado, razão por que não se deve realizar a audiência sem a necessidade de produção de prova oral. Se não há julgamento, deixada a sentença para oportunidade posterior, a audiência tem conteúdo exclusivamente instrutório. O juiz preside à audiência, que é pública, salvo se o processo correr em segredo de justiça (art. 368), nela exerce o poder de polícia (art. 360).

No dia e hora designados, o juiz declara aberta a audiência e manda apregoar as partes e seus advogados (art. 358). O pregão (de *praeco*, pregoeiro público; arauto, indicando o prefixo *prae*, diante de, adiante, o que vem na frente) é anúncio feito em voz alta, na antessala do juiz, no lugar onde os advogados, partes e outras pessoas costumam aguardar os atos do juízo, chamada, na França, de sala dos passos perdidos, porque por ela se caminha, durante a espera, sem se ir a nenhum lugar. Se o litígio versar sobre direitos patrimoniais de caráter privado, ou nas causas de família (melhor: se, por sua natureza, a lide puder terminar por autocomposição), o juiz manda comparecerem as partes e tenta conciliá-las (a ausência da parte não lhe acarreta prejuízo, presumindo-se que não deseja a conciliação), lavrando-se termo do acordo porventura alcançado (art. 459). A audiência do art. 334 não impede nova tentativa de conciliação, no início da audiência de instrução.

Segue-se, então, a instrução. Em 39 anos de advocacia e em 50 de vivência forense, iniciada, na minha adolescência, no escritório do meu pai, nunca soube de juiz que cumprisse a regra do art. 357 (art. 331, § 2º, do CPC de 1973), fixando os pontos controvertidos sobre os quais incidirá a prova.

Ouvem-se, em seguida, se tiverem de depor, o perito e os assistentes técnicos, os depoimentos pessoais do autor e do réu (e o de terceiro) e as testemunhas (art. 361). Finda a instrução, o juiz dá a palavra ao advogado do autor, ao do réu, e ao Ministério Público, se atuar no processo em qualquer das suas duas condições, pelo prazo de 20 minutos para cada um, prorrogável por mais 10, a critério do juiz (art. 364). O prazo se aumenta para 30 minutos, se houver litisconsorte ou terceiro interveniente, que dividirão esse tempo em partes iguais, se não convencionarem o contrário (§ 1º). Quando a causa apresentar questões complexas, os debates podem ser substituídos por razões finais escritas, que serão apresentadas pelo autor e pelo réu, bem como pelo Ministério Público, se for o caso de sua intervenção, em prazos sucessivos de 15 dias, assegurada vista dos autos (§ 2º).

Encerrados os debates, ou oferecidas as razões finais, o juiz proferirá a sentença. Se, por qualquer motivo, não tiver condições de dar a sentença na audiência, transformando-a também em ato de julgamento, o juiz a proferirá em 30 dias, contados da audiência, ou da apresentação dos memoriais (art. 366). O serventuário presente à audiência lavrará termo, resumindo suas ocorrências, do qual também constarão todas as decisões proferidas durante o ato, inclusive a sentença. Subscrito pelo juiz, pelos advogados, membro do Ministério Público e escrivão ou chefe de secretaria, o original do termo é encadernado em livro próprio, ficando nos autos uma cópia dele (art. 367 e parágrafos).

4. Procedimentos sumário, sumaríssimo e especiais – O Código de Processo Civil de 2015 cuidou do procedimento comum, no Título I do Livro I da sua Parte Especial e, no Título III do mesmo Livro, dos procedimentos especiais. No Capítulo XV do Título III, regulou os procedimentos de jurisdição voluntária que também são especiais, se contrastados com o procedimento comum. O Código de 2015, obviamente, não eliminou do direito processual positivo brasileiro os procedimentos sumário e sumaríssimo que, ao lado dos especiais, constituem categorias distintas do procedimento comum cujas regras se aplicam, subsidiariamente, a todas modalidades procedimentais. Colhem-se aqui e ali na legislação extravagante procedimentos que podem ser qualificados de sumaríssimos ou sumário. Como todas as instituições jurídicas, também o procedimento sumaríssimo, instituído no processo eclesiástico, a que se submetiam assuntos leigos em função do poder temporal da Igreja, surgiu para atender a necessidades sociais de tornar mais rápida a prestação da justiça. A ele se refere a própria Constituição, no art. 98, I, no qual aparece vinculado a causas cíveis de menor complexidade.

A Lei nº 9.099, de 26.09.1995, que dispõe sobre os Juizados Especiais Cíveis e Criminais (juizados de pequenas causas), estabelece, a partir do seu art. 12, um procedimento próprio para as causas da competência daqueles órgãos jurisdicionais. Esse procedimento, confrontado com os que o Código de Processo Civil regula, é ainda mais breve. O art. 272 do código revogado dividia o procedimento comum em *ordinário* e *sumário*, como já não acontece no diploma vigente. O superlativo *sumaríssimo* qualifica o procedimento da lei aludida e quejandos.

O singelo procedimento da Lei nº 9.099, cuja leitura se recomenda, orienta-se pelos critérios da oralidade, simplicidade, informalidade, economia processual e celeridade, buscando, sempre que possível, a conciliação ou a transação, como enuncia o art. 2º desse diploma legislativo, aludindo ao processo também quanto ao modo pelo qual se desenvolve.

O art. 3º da referida lei submete aos Juizados Especiais e, consequentemente, ao processo e ao procedimento nela regulados as causas cujo valor não exceda 40 vezes o salário mínimo. Dispõe, ademais, esse artigo, que a lei incide também; *(a)* quando não houver juizado especial funcionando no foro da causa; *(b)* quando a lei de organização judiciária porventura limitar a competência do juizado especial, de modo que ela não abranja todas as situações do art. 3º daquela lei; e *(c)* quando a causa for uma daquelas excluídas da competência dos juizados especiais (art. 3º, § 2º, da Lei nº 9.099), mas se submeter à Lei dos Juizados Especiais da Fazenda Pública.[5]

O Código de Processo Civil instituído pela Lei 13.105, de 16.3.2015, não cuidou de um procedimento sumário, como fazia a lei revogada. Esse procedimento, entretanto, continua figurando entre as espécies procedimentais.[6]

O adjetivo *sumário* (de *summa*, resumo, abreviação, epítome) qualifica o procedimento, abreviado pela simplicidade da causa. Na sistemática do Código

---

[5] O legislador criou os Juizados Especiais da Fazenda Pública (Lei nº 12.153, de 22.12.2009). Esse Juizado fará parte da Justiça comum, compreendido no conjunto de Juizados Especiais Cíveis e Criminais estaduais, e dependerá da Organização Judiciária dos Estados e Distrito Federal para sua implementação. A União Federal também organizará, no âmbito das ações julgadas pela Justiça Federal nos Juizados Especiais Federais já existentes, varas específicas destinadas ao julgamento das ações exclusivas da Fazenda Pública Federal.

[6] A Lei nº 12.122, de 15.12.2009, acrescentou uma alínea ao inciso II do art. 275 do CPC de 1973, mas esse dispositivo foi revogado pelo Código atual. Pelo procedimento sumário passarão a ser julgadas, também, as causas que *versem sobre revogação de doação*.

de 1973, ele começava pela petição inicial escrita, acompanhada dos documentos pertinentes, na qual o autor indica as provas e já oferece o rol de testemunhas. O juiz designava, então, a audiência de conciliação, ordenando a citação do réu sob pena de revelia, deferindo as provas que nela houvessem de produzir-se. Citava-se o réu para comparecer à audiência, que não se realizava em prazo inferior a um decêndio da citação, para que o demandado pudesse preparar sua defesa (prazo dilatório, não se destinando à prática de ato processual, mas permitindo ao réu a rememoração dos fatos, a localização de documentos, a contratação de advogado e providências semelhantes). O réu comparecia à audiência e nela oferecia defesa (contestação, ou exceção), na forma escrita, ou na pouco utilizada forma oral. Na audiência, o juiz tentava a conciliação e, frustrada a tentativa, o réu apresentava a contestação com documentos, o rol de testemunhas, se as tivesse, e eventual pedido de prova pericial, formulando os seus quesitos e indicando assistente técnico. Na contestação, podia o réu formular pedido em seu favor, desde que fundado nos mesmos fatos referidos na petição inicial. Tratava-se de uma reconvenção. O autor, então reconvindo, respondia na própria audiência, ou na audiência de instrução e julgamento que o juiz designaria para data próxima, ou para depois de concluída a perícia. Nessa audiência, ou no prazo de dez dias, o juiz proferiria a sentença.

Acabo de repetir o que ficará nas edições anteriores deste livro, sobre o procedimento sumário. Assim o fiz, para mostrá-lo, na sua estrutura, que bem pode ser encontrada na legislação extravagante, ou ser adotada em leis futuras.

Assinalei, nas edições anteriores, que muitas questões poderiam surgir no procedimento sumário, que a natureza da controvérsia pode tornar complexo. Esses problemas persistem quando se adota o procedimento sumário. Se por exemplo, na audiência se verifica a necessidade de perícia, o juiz a interrompe convertendo o julgamento em diligência (do latim *diligentia*, de *diligens*, zeloso, dedicado, atento; daí, ato de atenção a um aspecto, de ocupação com ele), para que a prova se produza. A arguição de impedimento, ou suspeição, suspende o processo (art. 313, III). Tanto menos tormentosa será a solução dos problemas que aparecem nessa modalidade procedimental, ou que surgem nos demais procedimentos, quanto se mantiver a lembrança dos princípios da simplicidade, informalidade, celeridade, governantes daquela, e de que o procedimento comum supre as omissões da lei em qualquer caso (art. 318, parágrafo único).

Algumas palavras sobre os procedimentos especiais, regulados os de jurisdição contenciosa cognitiva, no Título III do Livro I da Parte Especial e também em leis extravagantes. Espécie (*species*, de *specere*, ver, olhar; por isso, o que se nota e se distingue pela aparência, como parte de um todo) é uma categoria, uma classe. Efetivamente, no gênero de procedimentos, destacam-se alguns, de características próprias, se confrontados com o procedimento comum. Chamam-se, por isso, *procedimentos especiais*. A natureza do pedido formulado, a demonstração de fatos e a investigação, tornadas necessárias no processo, os atos cuja prática se mostra indispensável e até a maneira de julgar, tudo determina que a lei estabeleça um modo peculiar, específico, para o desenvolvimento de certas relações processuais. Suponha-se que Matilde pretenda contas de Carmem, que sequer admite a obrigação de prestá-las. Imagine-se que Oscar queira a declaração judicial de aquisição da propriedade de um terreno pela usucapião. Óbvio que o processo, no primeiro exemplo, não poderá ter o mesmo curso, o mesmo rito do segundo: neste último, o autor provará sua posse, a extensão da terra que pretende haver usucapido, o que envolve manifestação dos seus confrontantes, para que não se invadam os imóveis lindeiros, além da defesa da pessoa em cujo nome se encontra registrada a propriedade imobiliária e o pronunciamento do poder público. Na hipótese da ação de exigir contas, terá que ser discutida, da existência da obrigação de prestar, ao modo de prestar-se. O direito processual toma os processos mais frequentes que, por sua natureza, não se ajustam ao procedimento comum, e lhes dá disciplina procedimental própria. Isso acontece não apenas no processo de conhecimento como na jurisdição executiva, na cautelar e na voluntária.

O Código regula muitos procedimentos especiais, como se lê no Título III, do Livro I da sua Parte Especial. Mas, pela complexidade (pense-se na recuperação judicial e na falência com suas variantes, ou na locação de imóveis de diversa natureza), leis específicas também regulam procedimentos especiais. Algumas vezes, o processo segue procedimento especial só até um certo ponto, a partir do qual assume o procedimento comum (v.g., art. 566), noutras conservam, do início ao fim, um modo peculiar de desenvolvimento. Só se obedecem os procedimentos especiais, mediante determinação expressa da lei, e a eles sempre se aplicam, subsidiariamente, as regras do procedimento comum, como determina o Código de Processo Civil, no parágrafo único do art. 318.

5. Procedimentos no processo de execução – Variável a obrigação emergente do título executivo judicial, ou extrajudicial (arts. 515 e 784), torna-se impossível adotar um procedimento padrão no processo executivo, ou no cumprimento da sentença. Logicamente, ele não pode se desenvolver do mesmo modo, se se cobra uma nota promissória ou se se vai demolir um muro. Por isso, todos os procedimentos do processo de execução são especiais e o Código de Processo Civil e leis extravagantes os disciplinam, considerando a prestação objeto do título, recorrendo a disposições gerais e ao procedimento comum como fonte subsidiária (CPC, art. 771, parágrafo único).

Os procedimentos especiais do processo executivo, o código os apresenta no Título II do seu Livro II da Parte Especial sob a rubrica *das diversas espécies de execução*. Não se pode esquecer todavia que o *cumprimento da sentença*, tem o conteúdo de execução, como se descobre desde o art. 513: "O cumprimento da sentença será feito segundo as regras deste Título, observando-se, no que couber e conforme a natureza da obrigação, o disposto no Livro II da Parte Especial deste Código". Não se pode, entretanto, cumprir a sentença sem a observância dos arts. 797 e seguintes.

Atente-se que estão regulados, no Livro II, Título II, a execução para a entrega de coisa, a execução da obrigações de fazer e não fazer, a execução por quantia certa, a execução contra a Fazenda Púbica e a execução de alimentos. Não se pode esquecer que por execução também se cumpre a sentença proferida no processo civil que reconheça a existência de obrigação de pagar quantia certa. Dessarte, não se executa apenas a sentença condenatória ao pagamento de quantia, como ainda a que, simplesmente, reconhece a existência dessa obrigação, como ocorrerá na procedência do pedido formulado na ação declaratória de existência ou inexistência de relação jurídica (art. 19, I). Se a sentença afirmar a existência da obrigação de pagar, pode ela ser executada. Nestes casos, há que se verificar o conteúdo da sentença, que não poderá ser executada se não reconhecer, categoricamente, a existência da obrigação de pagar.

No cumprimento da sentença, a defesa do devedor faz-se por meio da impugnação, referida no art. 525, cujos fundamentos se encontram na enumeração exaustiva do art. 525, § 1º. Essa impugnação tem natureza de ação, tal qual os embargos do devedor. Trata-se na verdade de ação de conhecimento cujo processo se concluirá por uma sentença declaratória da ineficácia do título exequendo, se procedente o pedido nela formulado, ou por sentença de improcedência, que é, como todas do gênero, declaratória negativa.

O Título III do Livro II, encimado pela rubrica "Dos embargos à execução", principia pela norma do art. 914, cujo *caput* dispõe que o executado, independentemente de penhora, depósito ou caução poderá se opor à execução por meio de embargos. Vê-se, então, que a defesa do executado, no cumprimento de sentença, faz-se por meio de impugnação, enquanto na execução de título extrajudicial, ela se opera mediante a oposição de embargos. Impugnação e embargos são ambos esses remédios ações cognitivas, acessórias da execução.

Pode acontecer que a penhora ou a avaliação (arts. 829, § 1º e 870) não estejam feitas no prazo dos embargos à execução. Nesse caso, se o devedor quiser opor embargos à execução fundados no inciso II do art. 917, alegando incorreção da penhora, ou avaliação errônea poderá opor embargos complementares.

Na execução por quantia certa contra devedor insolvente, chamada *insolvência civil* (de *solvere*, dissolver, derreter, extinguir, como faz o que paga uma dívida, por isso *solvente*; anteposto da partícula negativa *in*, o insolvente, que não paga), pode ser executada pessoa física (o devedor pessoa natural), formal (o espólio) e jurídica (sociedades civis). Não se executa, na verdade, um título preexistente, mas a indispensável sentença de insolvência (art. 761 do CPC de 1973 c/c art. 1.052 do diploma de 2015), resultante de um processo cognitivo, que antecede a execução, iniciado por uma ação de insolvência (arts. 754 a 760 do CPC de 1973), cujo procedimento é especial, como mostram os arts. 754 a 760. O processo de execução começa depois dessa sentença, de natureza constitutiva, e obedece, a partir dela, a um procedimento com variantes (arts. 762 e segs. do CPC de 1973).

6. Procedimentos no processo cautelar – O Código de Processo Civil de 1973 dedicou todo o seu Livro III ao processo cautelar. Não assim o CPC de 2015 que, sobre o *nomen iuris* "Da Tutela de Urgência", embutiu o processo cautelar na sua parte geral, colocando as normas disciplinadoras dessa espécie de jurisdição contenciosa, no Título II do Livro V (arts. 300 a 310). Não é apenas o capítulo III, cuja epígrafe alude, explicitamente, a tutela cautelar, que regula essa espécie do processo civil contencioso. A leitura dos dispositivos do Título II mostra a natureza das normas nele enfeixadas. Leiam-se, v.g., o art. 300 e seus parágrafos, o art. 301 e o art. 302, igual ao art. 811 da lei revogada, e se verá que essas regras como as demais são típicas da jurisdição que concede medidas transitórias e urgentes, hábeis a resguardar a coisa, a pessoa, o direito, o fato com que vão tratar o processo principal de conhecimento ou de execução, cuja eficácia fica assim assegurada. Medidas cautelares tipificadoras da tutela de urgência podem ser adotadas também na jurisdição voluntária, como será, por exemplo, a notificação, quando a lei a considerar condição de uma ação. No processo cautelar, e assim também no âmbito da tutela de urgência, usam-se, indistintamente, os vocábulos ação, processo, procedimento e medida embora tenham um significado nítido e preciso é, entretanto, ação o direito de postular a tutela de urgência. Proposta, ela desencadeia um processo, preparatório ou incidental, que se desenvolve consoante certo procedimento. Existem procedimentos nominados de tutela de urgência, como se vê no art. 301, no qual se fala em arresto, sequestro, arrolamento de bens e protesto, ao lado das quais há medidas inominadas.

Os capítulos II e III do Título II do Livro V da parte geral do Código disciplinam o procedimento da tutela antecipada, requerida em caráter antecedente e o procedimento da tutela cautelar, também requerida em caráter antecedente. Esses dois procedimentos cuidam de pedidos preparatórios, daí o adjetivo antecedente, usado nas epígrafes de ambos os capítulos. Cabe, entretanto a tutela de urgência incidental, requerida no curso do processo cognitivo, executivo, ou de jurisdição voluntária. O parágrafo único do art. 294, inserto no Título I do Livro V, regulador da tutela provisória de que a tutela de urgência é espécie, declara, literalmente, que "a tutela provisória de urgência, cautelar ou antecipada pode ser concedida em caráter antecedente ou incidental". O art. 295 também fala em tutela requerida incidentalmente, quando há dispensa do pagamento de custas.

Vezes há em que a tutela de urgência leva a composição da lide, como será o caso, aludido no inciso IV do art. 302, no qual se mostra que o juiz pode acolher alegação de decadência ou prescrição da pretensão do autor.

A tutela de que se trata é requerida por escrito. Cita-se o réu, também chamado requerido, para ficar integrado no processo preparatório ou incidental e intimado para audiência de conciliação. Conforme o art. 306 o prazo para contestar o pedido, no procedimento da tutela cautelar requerida em caráter antecedente é de cinco dias. Também é esse o prazo para contestar o pedido de tutela antecipada requerida em caráter antecedente. O inciso III do parágrafo I do art. 303 diz que o prazo para contestação será contado na forma do art. 335. Essa regra dispõe sobre o modo de se contar o prazo, mas não explicita a sua duração. Citado o réu, haverá audiência de conciliação ou de mediação, como está no art. 334 que incide. Da decisão que concede a tutela e ao que alega, cabe agravo de instrumento, como dispõe inciso I do art. 1.015 do Código de Processo Civil

O art. 311 no CPC de 2015 regula a tutela da evidência que todavia não tem natureza cautelar. Este tipo de proteção, como alhures escrevi, ocorrerá quando os elementos trazidos ao processo mostrarem, inequivocamente a existência dos requisitos da sua outorga. Não se trata de providência cautelar, mas anteposição do julgamento da lide ao momento próprio desse ato.

7. Procedimentos na jurisdição voluntária – Muito do que se acaba de afirmar, no item anterior, sobre os procedimentos no processo cautelar, se aplica aos procedimentos da jurisdição voluntária, *mutatis mutandis* (isto é, *mudando o que deve ser mudado,* fazendo-se as devidas adaptações. Continuo insistindo em traduzir tudo, nesta obra de cunho introdutório, porque verifico que não só alunos, mas até profissionais, desconhecem o real sentido de certas palavras e expressões de uso corrente, e nunca tiveram ânimo para procurar, por conta própria, o seu significado, nem coragem de se esclarecer com alguém, por causa da timidez cabocla, incrustada na alma nacional. Sei de advogados, ignorantes de que *data venia* – *venia,* favor e, por isso, permissão – significa *dada licença, com a devida licença,* e uma médica amiga, até há pouco, usava, ao fazer a anamnésia das enfermidades dos seus pacientes, o advérbio latino *sic* – assim, deste modo – comumente empregado para manifestar espanto, ou estranheza, ou para registrar algo tal como dito ou escrito, supondo que se tratava de sigla, composta das iniciais da frase *segundo informações colhidas...*).

Voltando aos procedimentos da jurisdição voluntária, deve-se notar que, no Capítulo XV do Título III do Livro I da Parte Especial (arts. 719 a 770), o Código de Processo Civil regula alguns, que são *nominados* (*v.g.*, divórcio e separação consensual e interdição), deixando a disciplina de outros às leis extravagantes (*v. g.*, Lei dos Registros Públicos).

O Capítulo XV do Título III do Livro I, além de conter regras gerais sobre a jurisdição também chamada graciosa, a cujo processo se aplicam, subsidiariamente, quanto ao modo de se desenvolverem, normas do procedimento comum, estabelece um procedimento padrão. Conforme o art. 720, o procedimento voluntário começa por provocação (evita o Código falar em *ação*), feita em requerimento, devidamente instruído, de certo endereçado ao Juízo competente. Citam-se os interessados e o Ministério Público, bem como a Fazenda Pública, se couber a intervenção destes (arts. 721 e 722). Produzem-se provas, quaisquer provas, de iniciativa das partes, ou do juiz, inclusive pericial; colhendo-se as orais em audiência. O juiz profere sentença (art. 723), decidindo o pedido sem necessidade de observar critérios de legalidade estrita. Obedecem a essas regras os procedimentos nominados, que o art. 725 enumera.

8. Sistema da oralidade e seus princípios – A processualística contemporânea submete o procedimento a certos princípios, que a lei processual brasileira acolheu com variável intensidade. Esses princípios integram um conjunto, denominado *sistema oral*, ou *procedimento oral*, ou *processo oral*, ou *sistema da oralidade*. Assim o batizou Chiovenda, que escolheu para identificá-lo o nome de um dos preceitos que o compõem, como fazem certos cronistas – o meu saudoso e insuperável conterrâneo Rubem Braga, por exemplo, ou o admirável Fernando Sabino, ou o caleidoscópico Pitigrilli –, dando aos seus livros de crônicas o título de uma delas.

Enumerem-se, mantendo-se fidelidade a Chiovenda, os princípios integrantes do sistema da oralidade, com as remissões e observações pertinentes.

O princípio da *prevalência da palavra como meio de expressão, combinada com o uso de meios escritos de preparação e de documentação*, possui evidentes vantagens, pela celeridade que a predominância da palavra apenas vocalizada imprime ao processo, tornando-o mais efetivo e prático. Não o acolheu o código, senão timidamente (*v.g.*, arts. 364 e 937). Quase tudo se faz por escrito, ou a escrito é reduzido. O princípio da imediação (ou *imediatidade*) *da relação entre o juiz e as pessoas cujas declarações deve apreciar*, o código o adotou porque ao juiz não convém tomar conhecimento apenas indireto de elementos relevantes da causa. Por isso ele pode convocar as partes à sua presença (art. 139, VIII), inspecionar pessoas ou coisas (art. 481), competindo-lhe proceder, direta e pessoalmente, à colheita das provas orais (art. 361).

O princípio da *concentração do conhecimento da causa num único período (debate) a desenvolver-se numa audiência ou em poucas audiências contíguas* encontra obstáculos na própria natureza do processo. Esse preceito se manifesta, contudo, em normas como a do art. 365, parágrafo único.

O princípio da *irrecorribilidade das interlocutórias* torna célere o processo. Se se permitisse o recurso de todos os despachos e decisões, poderia sua acolhida desfazer o processo, transformando-o numa espécie de tecitura de Penélope, a qual, sem voltar Ulisses da Guerra de Troia, havendo prometido escolher um pretendente tão logo terminasse a tela para o dossel funerário do seu sogro Laertes, desfazia, à noite, os fios urdidos durante o dia. Imagine-se, com efeito, o caso em que o juiz rejeitou o requerimento de prova pericial, fazendo seguir o processo, mas o tribunal, julgando o recurso, muito tempo depois da decisão, a entendeu necessária, mandando, consequentemente, realizar a prova, declarou suspeita e mandou repetir a audiência. Múltiplas razões, do inconformismo das partes à liberalidade de órgãos judiciais, impediram a adoção plena desse princípio, do qual, entretanto, se encontram exemplos, no art. 1.001 e na limitação da admissibilidade do agravo de instrumento, como está no art. 1.015 e seu parágrafo único, que afastam a interposição desse recurso fora dos casos, mencionados ali ou em lei especial.

O sistema da oralidade, por cuja adoção lutam os processualistas, é mais uma demonstração do seu empenho em transformar o processo num instrumento célere e confiável de administração da justiça.

Capítulo VIII
RECURSOS E PROCESSO NOS TRIBUNAIS

Sumário: 1. O recurso (conceito, natureza, espécies) – 2. Pressupostos e juízo de admissibilidade dos recursos – 3. Procedimento recursal – 4. Recurso adesivo e reexame necessário – 5. Embargos declaratórios – 6. Recursos ordinários (finalidade e espécies) – 7. Recursos extraordinários (finalidade e espécies) – 8. Processo nos tribunais – 9. Súmula vinculante – 10. Incidente de resolução de demandas repetitivas.

1. O recurso (conceito, natureza, espécies) – O *princípio do duplo grau de jurisdição* cria a possibilidade de revisão das decisões judiciais por órgãos hierarquicamente superiores aos que as proferiram. O *princípio do duplo exame,* historicamente mais antigo pela concentração da autoridade nas mãos de uma só pessoa no grupo primitivo, consente a revisão das decisões pelos próprios órgãos dos quais elas emanaram. Variante dele é a revisão por outro órgão da mesma hierarquia (CF, art. 98, I, *in fine*). Evidenciam-se as razões desses princípios, resultantes da experiência, acumulada ao longo das idades. A revisão de um ato decisório diminui a possibilidade do erro judicial (*error in procedendo*, erro de procedimento, se o juiz viola norma da qual ele é destinatário; *error in judicando*, erro de julgamento, se o juiz não aplica, de modo correto, a norma disciplinadora da relação jurídica levada ao seu julgamento). Além disso, a revisão satisfaz a índole humana, pois aos homens sói não aceitarem uma decisão adversa, principalmente quando única. Os dois princípios, às vezes, atuam conjugados, abrindo a oportunidade tanto a um reexame do que se decidiu, feito no próprio órgão decisório, quanto noutro, de superior *instância* (tomada essa equívoca palavra, agora, no sentido de *grau de jurisdição*), tal como se procede nos bancos, onde o caixa conta o dinheiro recebido do cliente e repete a operação ao guardá-lo, recontadas as cédulas por outro funcionário, de maior responsabilidade, quando chegam ao cofre. Para tornar efetivos esses preceitos, o direito processual dota as pessoas do direito de pedir a revisão das decisões judiciais. Esse direito denomina-se *recurso.*

O vocábulo *recurso* compõe-se de *cursus* (carreira, corrida; particípio passado de *currere*, correr), anteposto da partícula *re*, que indica movimento para trás, retrocesso (fluxo e refluxo da maré). A atividade recursal consiste, exatamente, em voltar-se ao ponto de partida, para se refazer todo o raciocínio contido no julgamento impugnado, com o propósito de verificar-se do acerto, ou desacerto dessa decisão, por isso chamada decisão *recorrida*. Do ponto de vista do Estado, o julgamento do recurso é um ato de jurisdição, por meio do qual, por seus agentes, os juízes, ele procede ao reexame das suas próprias decisões. Do ângulo do interessado, o recurso é um direito subjetivo, um tanto semelhante à ação, mas direito de reinvocar a jurisdição, abstrato, porque se concebe independentemente da existência de uma decisão errônea que, efetivamente, mereça reforma ou anulação. Em outras palavras, a lei dá às pessoas o direito de recorrer, obrigando-se o Estado a um pronunciamento qualquer, mesmo para declarar que ele não pode julgar o recurso, pela falta dos respectivos pressupostos, dos quais falarei no próximo item; ainda que para afirmar que a decisão é válida e justa (conforme o direito), não existindo razões para modificá-la. Ato de jurisdição o seu julgamento, consubstanciador da vontade estatal de aperfeiçoar a administração da justiça, o recurso é direito subjetivo do recorrente.

O direito de pedir o reexame das decisões, com o propósito de anulá-las ou reformá-las, evitando-se que elas se tornem imutáveis, denomina-se recurso. Exerce-se esse direito por meios diversos: as diferentes espécies de recurso, ditas, também elas, com fins de simplificação, os recursos. Assim, o Código de Processo Civil, na atual redação do art. 994, declara que "são cabíveis os seguintes recursos: I – apelação; II – agravo de instrumento; III – agravo interno; IV – embargos de declaração; V – recurso ordinário; VI – recurso especial; VII – recurso extraordinário; VIII – agravo em recurso especial ou extraordinário; IX – embargos de divergência". Nove recursos? – indagar-se-á com espanto. Nada disso. Na verdade, maior é o seu número, que torna extremamente morosa a jurisdição, principalmente porque, no direito brasileiro, ao contrário do que em outros países acontece, enquanto pender um recurso, a decisão não adquire a estabilidade permanente, que a faz imutável.

Dizem-se os recursos (e, doravante, se aludirá a *recursos*, na correntia acepção de espécies recursais) *ordinários* ou *extraordinários*, conforme a sua finalidade preponderante. Certos recursos se instituíram com o propósito dominante de permitir o reexame da decisão, para torná-la mais perfeita, mais consentânea com o direito, assegurando justiça ao jurisdicionado. Esses, os recursos *ordinários*. Outros existem com o objetivo precípuo de proteção do direito objetivo, para assegurar a adequada aplicação das suas normas, a fim de que se preserve a eficácia delas, na conformidade da respectiva vontade, fazendo-as aplicar do modo mais uniforme entre os seus destinatários. Aqui, os recursos *extraordinários*. Claro que, quando se serve de qualquer recurso, o recorrente quer satisfazer a sua pretensão, pouco lhe importando a razão pela qual a lei criou o remédio de que se utiliza. A classificação apresentada não se prende, entretanto, à vontade do recorrente, mas à finalidade precípua do recurso, tanto mais saliente quanto se analisarem os recursos da última espécie, tratados no item 7 deste capítulo.

2. Pressupostos e juízo de admissibilidade dos recursos – A admissibilidade de um recurso é sua aptidão para receber um julgamento de mérito. Não se confunda, entretanto, o *mérito do recurso* com o *mérito da ação* porque este último é o pedido formulado na ação, enquanto aquele constitui o objeto do recurso, o reexame do conteúdo da decisão, que leva à sua anulação, reforma ou confirmação.

Para que se julgue o mérito do recurso, urge se atendam a certos requisitos, chamados *pressupostos recursais,* relativos uns à pessoa do recorrente, por isso *subjetivos,* outros ao recurso tal qual se manifesta, *objetivos* portanto.

Os pressupostos subjetivos são a *legitimidade* e a *sucumbência*. A legitimidade recursal é a situação subjetiva, que autoriza o recorrente a interpor o recurso. Decorre da lei. O art. 996 afirma que o recurso pode ser interposto pela *parte* (parte, na ampla acepção de autor, réu ou terceiro já presente no processo); pelo *terceiro prejudicado*; pelo *Ministério Público*, atue ele como fiscal da lei ou em proveito da parte. O *terceiro prejudicado* é a pessoa estranha ao processo, titular de uma relação jurídica suscetível de ser afetada pela decisão no processo (art. 996, parágrafo único – o sublocatário, por exemplo, tem legitimidade para recorrer da sentença que decreta o despejo do locatário, sublocador dele, porque, rompendo a locação, ela resolve a sublocação; e também para impugnar a decisão que, no processo da ação de despejo, indeferiu prova, que o locatário quer produzir com vistas à improcedência do pedido). O outro pressuposto recursal subjetivo é a *sucumbência* (de *succumbere,* cair sob, ser derrotado, sucumbir), consistente na distonia, na divergência entre a pretensão deduzida ou dedutível pelo recorrente e o conteúdo da decisão. Significativamente, o art. 996 fala em parte *vencida*. A sucumbência gera o interesse recursal, pela necessidade do reexame da decisão, e esse interesse se completa pelo uso do recurso adequado.

O primeiro pressuposto recursal objetivo (primeiro, obviamente, na ordem da apresentação agora feita, pois todos os pressupostos, subjetivos e objetivos, devem coexistir, simultaneamente, sem que a nenhum se desatenda) é a *recorribilidade*: a possibilidade de impugnação do ato pela via recursal, quase sempre existente pela largueza com que a lei admite os recursos, mas que pode não existir por proibição legal (v.g., art. 1.001), ou porque a decisão (usa-se esta palavra, ao longo deste capítulo, no sentido de qualquer ato decisório, a menos que qualificada pelo adjetivo interlocutória) já não pode ser impugnada. Se o recorrente *renunciou* ao direito de recorrer (art. 999), para ele (não para outro colegitimado) a decisão se tornou irrecorrível. Também se ele aquiesceu à decisão, expressamente (o que envolve declaração de aceitação), ou tacitamente, pela prática, sem reserva alguma (isto é, sem ato de ressalva, v.g., "entrego o imóvel", pura e simplesmente, em vez de "entrego o imóvel, para não me sujeitar ao pagamento da indenização pelo seu uso, se a sentença for confirmada, mas declaro que exercerei meu direito ao recurso") de ato incompatível com a vontade de recorrer (art. 1.000 e parágrafo único). A desistência de um recurso (art. 998) só torna a decisão irrecorrível, se não houver mais tempo para a interposição de outro.

Tempestividade, eis o segundo pressuposto recursal objetivo. Como ato processual, o recurso se interpõe no prazo, fixado pela lei para o seu exercício (CPC, art. 1.003, ou normas específicas), contado tal como a lei determina. Suspende-se o prazo, sem prejuízo do lapso já decorrido, restando, pois, apenas o saldo, nos casos da lei (v.g., arts. 220 e 221). As hipóteses do art. 1.004 são de interrupção do prazo, pois ali se fala na restituição dele. Interposto a destempo, o recurso se torna intempestivo e encontra o óbice de uma decisão imutável.

A *singularidade* recursal é a suscetibilidade do ato judicial a apenas um recurso. Salvo mediante expressa autorização da norma (como na rara situação do recurso extraordinário e do recurso especial, tratados no item 7 deste capítulo), não se pode impugnar uma decisão por meio de mais de um recurso, mesmo porque, normalmente, só existe um recurso para cada espécie de pronunciamento judicial e, interpostos dois ou mais, não haverá interesse recursal quanto aos incabíveis. A possibilidade de interposição simultânea do Recurso Extraordinário e do Recurso Especial não constitui exceção ao pressuposto da singularidade porque o primeiro versa matéria constitucional e o segundo, questão de direito federal. Ambas impugnam o mesmo aresto, mas com finalidades distintas. Visa o Recurso Extraordinário preservar o império da Constituição, enquanto o Recurso Especial busca assegurar a observância do direito federal. Se me permitirem a pausa etimológica, a palavra *aresto* aparece, neste livro, pela primeira vez, e como sinônimo de *acórdão*, tal qual empregada na terminologia forense. O dicionário *Aurélio* a apresenta como variação de *arresto,* medida cautelar de apreensão de bens, mas não indica a etimologia desta última, que já encontrei explicada como proveniente de *ad-restare, tendente a imobilizar.* Parece-me, entretanto, que *arresto* vem de *arreptus,* tomado e levado à força, particípio de *arripere,* agarrar, tomar, arrebatar, este verbo proveniente de *ad-rapere,* tendente a tomar de modo abrupto. *Aresto* (com um *r*), variação de *arresto,* ou não, passou a designar, por metonímia, a causa por um dos seus vários efeitos: o julgado pelo ato de apreensão de coisa ou pessoa, nele ordenado. Esta minha preocupação de tentar explicar – com a ressalva da precariedade dos meus conhecimentos – a origem das palavras, mormente em obra da natureza desta, prende-se à verificação, feita ao longo da vida, de que professores e profissionais do direito padecem, normalmente, de crassa ignorância da terminologia por eles usada. Se o leitor achar que exagero, faça um teste: pergunte a 20 doutos por que, se os romanos usavam *jus,* se emprega, hoje, nas línguas românicas e germânicas, a palavra *direito,* que daquela não procede. "Cartas para esta coluna...", com a promessa de nota de rodapé, na improvável hipótese deste livro alcançar mais uma edição.[1]

A *adequação,* outro pressuposto recursal objetivo, decorrência da singularidade, consiste na propriedade do recurso de suscitar o reexame da decisão que impugna. A lei prevê um recurso determinado para cada decisão (v.g., arts. 1.009 e 1.015), sendo os demais recursos inidôneos a impugná-la. Daí decorre a falta de interesse recursal, se o recorrente não se vale do remédio concedido pela lei. O princípio do aproveitamento dos atos processuais e o da prevalência do fundo sobre a forma geraram outro princípio, este o da *fungibilidade recursal,* expressamente abrigado no art. 810 do Código de Processo Civil de 1939, norma que o legislador do Código de 1973 não repetiu, na ingênua suposição de que estabelecera uma sistemática recursal que não daria lugar a perplexidades. Elas, entretanto, persistem (v.g., se o juiz indefere a inicial da reconvenção, que é ação, ou se extingue o processo relativamente a somente um dos pedidos, profere sentença ou decisão interlocutória? O ato é apelável ou agravável?). Prevaleceu, também sob o CPC de 1973, o princípio da fungibilidade, consoante o qual a interposição do recurso inadequado, em lugar do adequado, não prejudica o recorrente, desde que o recurso inadequado se interponha no prazo do adequado (exemplo: interpôs-se apelação, quando o recurso cabível era agravo, mas se acolherá aquela como se fosse este, desde que interposto no prazo deste – de dez dias, no caso, e não no prazo da apelação, de 15 dias). Perguntava-me o muito saudoso desembargador Basileu Ribeiro Filho, permanentemente absorvido com sua função, por que, se se admite o recurso inadequado em lugar do adequado, também não se tolera que aquele se interponha no respectivo prazo, ainda que mais

---

[1] Até esta 6ª edição, ninguém se manifestou.

longo que o deste (v.g., o recurso cabível era o de agravo, que, na vigência do CPC de 1973, se interpunha em 10 dias, mas se apelou no 12º dia, e era de 15 o prazo da apelação. Se se admitisse a apelação, por que julgá-la intempestiva, no exemplo, se veio no lugar do agravo?). A resposta é uma só: as decisões judiciais adquirem imutabilidade (veja-se o capítulo seguinte), findo o prazo da sua impugnação, consoante a vontade estatal, manifestada na lei. Assim, o recurso inadequado, interposto no seu prazo, mas além do prazo do recurso adequado, já encontrará irrecorrível a decisão. Vale lembrar que, na vigência do CPC de 2015, o prazo de interposição de todos os recursos é de 15 dias, exceto para os embargos de declaração, que é de apenas 5 dias (arts. 1.003, § 5º e 1.023).

O meu pranteado José Frederico Marques inclui dentre os pressupostos recursais objetivos o *preparo*[2] (de *praeparare*, preparar; formada de *prae*, adiante, *parare*, aprestar, aparelhar; logo, *preparo* é o pagamento das custas processuais em geral e, no caso, a taxa necessária ao prosseguimento do recurso). Não incluo o preparo entre os pressupostos recursais objetivos, primeiro porque me parece que ele é uma condição procedimental, atinente ao modo pelo qual o recurso se processa, e depois porque não se trata de um pressuposto comum a todos os recursos, pois a lei, pela falta de norma exigente, pode dispensar o preparo de certos recursos Reconheça-se, entretanto, que a falta de preparo, quando a lei o determina, e só nessa hipótese, acarreta a *deserção* (de *deserere*, abandonar, desamparar), que torna impossível o julgamento do mérito do recurso pelo abandono. Sobre o preparo, convém ler o art. 1.007 e os seus parágrafos, especialmente o segundo, que permite ao recorrente completar o valor insuficiente, no prazo de cinco dias da sua intimação da insuficiência.

A atividade pela qual se verifica e se declara a ocorrência ou inocorrência dos pressupostos gerais e específicos de um recurso denomina-se *juízo de admissibilidade*. Na expressão, o substantivo *juízo* aparece no sentido de *julgamento*. Decide-se, como preliminar de qualquer recurso, se ele satisfaz, ou não, os requisitos para um julgamento do seu mérito (v.g., se a decisão é recorrível; se o recurso foi tempestivamente interposto; se quem recorreu tinha legitimidade para impugnar). Verifica-se se o recurso é admissível. Há um *juízo positivo de admissibilidade*, que pode inclusive ser tácito, como normalmente ocorre, reputando-se proferido, se o órgão competente julga o recurso, reexaminando a decisão, para determinar se procede, ou não, o pedido do recorrente. Existe um *juízo negativo de admissibilidade*, configurado na

---

[2] *Manual de Direito Processual Civil*, 2ª parte, Ed. Saraiva, 1975, vol. III, p. 127.

declaração de que o recurso não pode ser julgado no seu mérito, pela falta de algum pressuposto. Usa-se a fórmula "não se *conhece* do recurso", no sentido de que seu julgamento é inadmissível. O juízo negativo de admissibilidade é sempre explícito porque dele advém sucumbência para o recorrente, que pode interpor outro recurso do ato, que o declara (v.g., se o órgão do tribunal "não conheceu" da apelação por intempestiva, isto é, não a admitiu porque, no entendimento dos julgadores, ela veio fora do prazo, desse acórdão cabem, em tese, recurso especial e recurso extraordinário (CF, arts. 102, III, e 105, III). Sobre o momento do juízo de admissibilidade, veja-se o tópico seguinte.

Julgado o mérito do recurso, depois do juízo positivo de admissibilidade, a decisão proferida no recurso substitui a impugnada (art. 1.008), tomando o lugar desta, que permanece nos autos apenas como documento, perdendo o seu conteúdo de ato jurisdicional pela impossibilidade de existência de dois comandos estatais no mesmo processo. Isso ocorre ainda quando o julgamento, dado no recurso, se limita a dizer que confirma a decisão recorrida por seus próprios fundamentos. Aqui, o órgão recursal absorveu, perfilhou, fez sua a decisão recorrida, mas ocorreu a substituição.

Acrescente-se que um recurso não tem que impugnar uma decisão em toda a sua extensão recorrível. Ato que se insere no poder de disposição do recorrente, ele recorre até onde quiser (v.g., pediu ele um imóvel, um móvel e um semovente, mas a sentença só deu o primeiro. O recorrente pode recorrer, pedindo só o móvel, sem impugnar a decisão, no tocante ao semovente). Diz-se *parcial* o recurso que não impugna o ato judicial em toda a sua extensão recorrível. *Total* é o recurso que o impugna por inteiro, nessa mesma extensão, ainda quando a extensão recorrível só corresponda a uma parte do ato.

3. Procedimento recursal – Um livro de introdução ao processo civil, destinado à apresentação dos institutos fundamentais dessa ciência e das mais importantes normas, que os disciplinam no direito positivo brasileiro, desbordaria dos seus limites adequados, se passasse a descrever com minúcias o procedimento de cada um dos inúmeros recursos existentes, tarefa das obras doutrinárias de maior alcance.

Registre-se, entretanto, que, no processo civil brasileiro, todos os recursos, salvo na hipótese do art. 1.016, se interpõem no juízo recorrido, isto é, perante o órgão de que emanou o pronunciamento do qual se recorre. Assim, v.g., embora a apelação se destine ao julgamento do tribunal, apela-se no juízo que proferiu a sentença; não no tribunal. Se se quer recorrer de um acórdão do Tribunal de Justiça do Rio de Janeiro, para o Superior Tribunal de Justiça, o recurso será interposto naquela corte, no Rio de Janeiro, e não nesta última, em Brasília. Disso decorre um procedimento recursal, no órgão recorrido, perante o qual se interpõe o recurso, e outro procedimento, no órgão recursal, competente para julgar o recurso (a menos que, como excepcionalmente ocorre – veja-se o item 6, adiante –, o recurso vá ser julgado pelo mesmo órgão judicial).

No órgão prolator da decisão, interpõe-se o recurso, junto com a prova do preparo (art. 1.007), colhe-se a impugnação do recorrido, que se chama *resposta* (v.g., arts. 1.003 e 1.010) e obtém-se a manifestação do Ministério Público, quando ele atuar no processo e não for o recorrente.

No órgão recursal, geralmente um tribunal, o recurso irá, por sorteio, à divisão competente para julgá-lo. Será, ali, distribuído, também por sorteio eletrônico (art. 930), a um relator. Caberá ao lançar nos autos, depois de ouvido o Ministério Público, se este atuar no processo, um relatório escrito, que exporá os pontos sobre os quais versa o recurso (art. 931, parágrafo único). Designado o dia para o julgamento, publica-se a pauta, na imprensa oficial, com antecedência de cinco dias, afixando-se cópia dela na entrada da sala de sessões (arts. 934 e 935). Na sessão de julgamento, o relator faz uma exposição do recurso e, nos casos admitidos, usam da palavra, sucessivamente, o advogado do recorrente e o do recorrido, nos casos de sua intervenção, ao membro do Ministério Público, por 15 minutos para cada um (art. 937). Concluído o julgamento, que pode ser interrompido por pedido de vista de qualquer julgador desejoso de examinar os autos (art. 940), o presidente da sessão designa o relator para redigir o acórdão, mas, se ele for vencido, designa o autor do primeiro voto vencedor (art. 941). Só se conhece, adequadamente, o procedimento recursal nos tribunais mediante atento exame das normas, contidas no Capítulo II (arts. 929 a 937, §2º) do Título I do Livro III do Código, e também as normas do regimento interno da corte julgadora, assim como as de organização judiciária.

Pode a lei determinar que, numa primeira fase, o próprio órgão julgador reexamine a sua decisão (v. g., CPC, art. 331) e só dá sequência ao recurso se a mantiver. Reformando-a, será a vez da parte prejudicada recorrer. Essa revisão pelo próprio órgão recorrido efetiva o princípio do duplo exame. O art. 41, § 1º, da Lei nº 9.099, que dispôs sobre o juizado especial cível, prevê o julgamento do recurso de apelação (na linguagem forense, "recurso inominado"), no próprio juizado, por uma turma de três juízes. Esse artigo cria uma variante do princípio do duplo exame e, paradoxalmente, produz o efeito prático do princípio do duplo grau de jurisdição porque, embora do mesmo nível hierárquico do juiz prolator da sentença, a turma age num plano superior, com poderes para anular, reformar ou confirmar o julgamento.

Ao decidir o mérito de um recurso, o órgão julgador não pode piorar a situação prática do recorrente, a isso se chamando *reformatio in pejus* (reforma para pior). Assim, se Zulmira pediu a condenação de Antero ao pagamento de 100 e o juiz lhe deu 80, recorrendo ela para pedir os 20 que inteiram a sua pretensão, não pode o tribunal reduzir a condenação para quantia menor que 80, *a menos* que o faça acolhendo recurso que o réu interpôs para livrar-se da condenação. A vedação da *reformatio in pejus* se prende ao fato de que só a matéria impugnada é objeto da cognição do juízo recursal, proibido ele de estender sua atividade à parte da decisão não submetida à sua revisão. Pelo princípio dispositivo, informado da regra do art. 2º do Código de Processo Civil, a revisão não pode ir além do que do órgão recursal se demandou. Se não há piora da situação prática (v. g., o ato recorrido negou o pedido do recorrente pelos fundamentos *a* e *b* e, no julgamento do recurso, também se negou o pedido, apenas mudando-se os fundamentos ou lhes acrescentando o *c* e o *d*) não há *reformatio*.

Decidindo um recurso, pode sempre o órgão julgador anular a decisão ou substituir o julgado definitivo por um terminativo (v. g., ao apreciar apelação da sentença de mérito, o tribunal verificou a nulidade do processo, pela ausência de algum pressuposto processual, ou do próprio ato recorrido, ou entendeu faltante uma condição da ação – art. 485, IV, V e VI – e proferiu julgamento terminativo, admitido no § 3º do art. 485 do CPC). Escrevi nas edições anteriores a esta que o tribunal (não há razão para escrever o substantivo tribunal com t maiúsculo, como por um cochilo do autor, ocorreu na última edição. Não é a letra maiúscula ou minúscula que dignifica o órgão) não poderia substituir um julgado terminativo por um definitivo (por exemplo: a sentença extinguiu o processo sem resolução de mérito por entender ocorrente uma das situações do art. 485; o autor da ação recorreu e o tribunal, decidindo que a sentença errara, vai adiante e julga o pedido formulado na ação), simplesmente porque, se terminativo o ato recorrido, nenhum pronunciamento definitivo foi levado à cognição recursal. Houve, ademais, segundo assinalado, a supressão de um grau de jurisdição e a inobservância do contraditório e do devido processo legal, assegurados pelo art. 5º, LV, da Constituição (nem o recorrente discutiu a questão do mérito, nem se cumpriu a lei, pela qual o primeiro julgamento do mérito se dá no juízo recorrido).

O meu entendimento não coincide, entretanto, com o inciso I do § 3º do art. 1.013 do CPC. Esse parágrafo permite que o tribunal de apelação decida o mérito, quando "reformar sentença fundada no art. 485". Os demais incisos do mesmo § 3º permitem o tribunal proferir sentença de mérito no caso que menciona, sempre dispensada a devolução do processo para que o juízo apelado profira nova decisão. Advirta-se todavia que o inciso III do art. 1.013 só incide "se o processo estiver em condições de imediato julgamento", ou, na linguagem forense, se o processo "estiver maduro", apto assim a merecer decisão definitiva.

Encerre-se este tópico com a observação de que, na jurisprudência e também na lei (*v.g.*, CPC, art. 997, III), se diz que o tribunal *conheceu do recurso*, se proferiu nele juízo positivo de admissibilidade e que *não conheceu do recurso*, se o juízo de admissibilidade resultou negativo. Fala-se também que o tribunal *deu provimento ao recurso* (provimento, de *providere*, na acepção de atender ao que se pediu, providenciar), se o acolheu para anular o julgado, ou para reformá-lo, ou que *negou provimento ao recurso*, se, depois de admiti-lo, dele conhecendo, não reformou o julgado recorrido (também se usa, aqui, a fórmula *confirmou o julgado*, imprópria no rigor técnico, porque o tribunal, na verdade, não terá confirmado a decisão recorrida, ainda que haja se reportado aos fundamentos dela, adotando-os, porém proferido outra, coincidente com ela, mas dela substitutiva.

4. Recurso adesivo e reexame necessário – Costuma-se mencionar o denominado *recurso adesivo*, objeto do art. 997 do Código de Processo Civil, como se ele representasse mais uma espécie de recurso. Não é. Trata-se apenas de um *modo de interposição* da apelação e dos recursos extraordinário e especial (art. 997, II), se se permite o óbvio, não cabe recurso adesivo na hipótese do art. 942.

A sucumbência é recíproca, quando a decisão atende apenas à parte do pedido de um litigante (v.g., a Tinturaria Espicha-Encolhe Ltda. propôs contra Gilberto Silva a ação renovatória do contrato de locação da sua loja, oferecendo o aluguel de 100; o locador contestou, pedindo 150, e a sentença fixou o aluguel em 120. Obviamente, podem recorrer da sentença a autora, visando obter a diminuição do aluguel para 100, e o réu, buscando elevá-lo para 150). Se, realmente, ambas as partes do exemplo quiserem recorrer, locador e locatária interporão, cada um deles, o seu recurso.

Pode acontecer, entretanto, que a predisposição psicológica de uma, ou das duas partes, seja a de recorrer *apenas* se o seu adversário também o fizer, porque, no fundo, a sentença as deixou razoavelmente satisfeitas. Temerosa de que seu adversário recorra, a parte recorre, somente para não se submeter ao risco da reforma da decisão em favor do litigante contrário (no exemplo, se só a tinturaria recorrer, o tribunal poderá diminuir o aluguel, mas nunca aumentá-lo, pela proibição da *reformatio in pejus*, já mencionada no tópico precedente; se só o locador recorrer, o tribunal poderá aumentar o aluguel, e não reduzi-lo, porque, nesse caso, estaria piorando a situação prática do recorrente). Acabam, então, as partes, temerosa cada uma da iniciativa recursal do adversário, interpondo um recurso no qual nenhuma delas estava empenhada, com isso onerando o Judiciário e retardando a composição da lide.

Instituindo o *recurso adesivo*, o Código de Processo Civil remedeia essa situação, permitindo que a parte, que não se encontre no firme propósito de recorrer, aguarde o recurso do adversário, para, só então, interpor o seu. A essa opção, a esse modo de recorrer, se chama *recurso adesivo*. A denominação não é a melhor porque dá a impressão de que o recorrente *adere* (*adhaerere*, estar preso, pegado, ligado; de *ad*, para junto, e *haerere*, prender, ficar ligado) ao recurso do adversário, no sentido de que o apoia, quando, na verdade, interposto adesivamente, o recurso fica preso ao principal só pela admissibilidade: não admitido o principal, da parte contrária, não se admite o adesivo, que, por conseguinte, tem sua admissibilidade condicionada à admissibilidade do principal (CPC, art. 997, III), o que justifica sua denominação no processo português: *recurso subordinado*.

Interpõe-se o recurso adesivo no mesmo prazo para responder ao recurso principal (CPC, art. 997, I) e, uma vez interposto, ele recebe o tratamento de recurso autônomo, quanto às condições de admissibilidade, preparo e julgamento (art. 997, § 2º). Só se admite a interposição adesiva da apelação, recurso extraordinário e recurso especial (art. 997, § 2º, II).

O art. 496 do Código de Processo Civil condiciona a eficácia da sentença proferida contra a União, o Estado, o Distrito Federal, o Município e as respectivas autarquias e fundações de direito público e da que julgar procedente, no todo e ou em parte, os embargos à execução fiscal (incisos I, II) à sua confirmação pelo tribunal. Disposições idênticas encontram-se em leis extravagantes (v.g., art. 19 da Lei nº 4.717, de 29.06.1965, que remete ao tribunal a sentença de carência, ou improcedência na ação popular; art. 14, da Lei nº 12.016, de 07.08.2009, que envia ao tribunal a sentença concessiva de mandado de segurança). Na doutrina e jurisprudência atual, essa figura ficou conhecida como *reexame necessário*. Na tradição processual luso-brasileira, denomina-se *recurso de ofício*, ou *apelação necessária*, ou *ex officio*, aparecendo os dois últimos nomes no art. 822 do Código de Processo Civil de 1939. Controvertida a natureza jurídica do instituto, vejo-o como um recurso, interposto pelo Estado, por meio do juiz, agente seu, para se prevenir contra a inércia dos seus representantes, em casos especiais, reputados pelo direito de transcendental relevância. Quando a lei determinar o reexame necessário, o juiz ordenará, ele próprio, na sentença, a remessa dos autos ao tribunal, haja ou não recurso voluntário da parte sucumbente, não excluído pela medida (art. 496, § 1º). Enquanto não for confirmada pelo tribunal, a sentença (ainda que a lei admita a sua execução provisória, salvo nos casos em que for vedada a concessão da medida liminar, como no caso do mandado de segurança – art. 14, § 3º, da Lei nº 12.016/2009) não produzirá efeito, na imprópria terminologia do *caput* do art. 496, no qual se quis aludir à sua eficácia plena.

5. Embargos declaratórios – O inesquecível Haroldo Valladão, mundialmente famoso professor de Direito Internacional Privado e didata exímio, sugeriu, no início da minha carreira no magistério, que eu principiasse a tratar dos embargos declaratórios, contando uma anedota, melhor falada que escrita, mas que reproduzo aqui: durante uma festa, no seu palácio, o governador assoma à sacada e dele se ouve esta frase: "roubaram a minha mulher". Um popular, que assistia à cena, disse a outro: "roubaram a mulher do governador, coitado. Ele vai ficar sem mulher". O interlocutor, vendo a primeira dama numa janela, explica: "o governador não falou no acusativo; falou no dativo". O acusativo, em latim, é o caso do objeto direto e o dativo, o caso do objeto indireto. A explicação quis, então, dizer que não haviam roubado a mulher (subtraído a mulher) do governador, mas que haviam roubado à (se a gráfica não põe o acento grave, quem fica roubado sou eu) mulher do governador (subtraído dela) alguma coisa. Muitas vezes ocorre que o pronunciamento judicial, pretendendo dizer uma coisa, diga outra, ou aparente, como, na estorieta, haver dito outra. Para esclarecer a decisão, estabelecendo-lhe o exato sentido, isto é, para corrigir sua defeituosa fórmula, a lei permite se oponham a ela *embargos de declaração* (quanto à etimologia de *embargos*, veja-se o tópico seguinte).

O Código de Processo Civil trata dos embargos de declaração, nos arts. 1.022 a 1.026, afirmando-os oponíveis a qualquer decisão judicial. Não importa a natureza do ato decisório, ele é sempre embargável, ainda quando tenha decidido embargos de declaração. Na realidade, os embargos declaratórios não são um recurso, embora o art. 994 do Código os inclua entre as espécies recursais, no seu inciso IV. Cuida-se, na verdade, de um incidente, destinado ao aperfeiçoamento da fórmula pela qual a decisão se materializou. Como lembra Pontes de Miranda, "não se pede que se redecida, pede-se que se reexprima".[3]

Não raramente, o aperfeiçoamento, obtido por meio dos embargos, leva à alteração objetiva da decisão (diz-se, nesse caso, que os embargos são modificativos). Deve-se entender, no entanto, que, nessa hipótese, apenas se alterou a vontade aparente do ato decisório e não a sua vontade intrínseca (*v.g.*, o juiz fundamentou a sentença no sentido da anulação do ato, mas concluiu pela improcedência do pedido anulatório; o acórdão deu pela intempestividade do recurso porque, examinando o carimbo do protocolo, traiçoeiramente apagado, o relator leu como 18 o número 13, último do prazo). A alteração do ato decisório em embargos de declaração está prevista na lei (CPC, art. 494, II).

---

[3] *Comentários ao CPC*, Rio de Janeiro, Ed. Forense, 1975, tomo VII, p. 400.

Admitem-se embargos de declaração quando o ato judicial contiver obscuridade, contradição, for omisso quanto a ponto sobre o qual devia pronunciar-se, ou incidir em erro material (art. 1.022, I, II e III). Opostos em cinco dias (art. 1.023), os embargos declaratórios interrompem o prazo para a interposição de *quaisquer* recursos (art. 1.026), por *qualquer* das partes, restituindo-se, então, integralmente, o prazo para recorrer.

As inexatidões materiais de qualquer natureza (*v.g.*, errônea grafia de nomes, ostensiva troca de uma parte pela outra, engano na numeração das folhas, lapsos de escrita, como quando se disse improcedente, no lugar de procedente, ou "defiro", em vez de "indefiro") assim como os erros de cálculo (errôneo resultado da operação; não dos critérios adotados) também se corrigem por meio de embargos, admitindo-se também que se emendem de ofício em qualquer instância, ou tempo, mesmo depois de encerrado o processo, mas sempre pelo juiz ou por ordem dele.

6. Recursos ordinários (finalidade e espécies) – Esclareci, no item 1 deste capítulo, que os *recursos ordinários* visam, precipuamente, ao reexame da decisão, para a mais adequada proteção do direito das partes, credoras de uma prestação justa, isto é, proferida na conformidade da norma jurídica incidente. Por isso, por meio deles se reanalisam todos os elementos de fato e de direito, necessários à decisão, limitada a revisão apenas horizontalmente, quer dizer, à extensão do que se impugnou, e não verticalmente, na profundidade.

Os recursos ordinários, quando geram o efeito *suspensivo*, obstam à eficácia do ato impugnado, sustada por esse efeito, e produzem sempre o efeito *devolutivo* (do latim *devolvere*, no sentido figurado de fazer voltar; logo, transferir), o qual transfere ao órgão recursal a competência, que tinha o órgão recorrido para apreciar e decidir a questão.

A *apelação* (do latim *appelatio*, de *appellare*, dirigir-se a alguém, chamar por socorro; de *ad*, para junto, e *pellare*, pôr em movimento, significando que se pede a ação protetora do órgão recursal) é o recurso cabível da sentença (arts. 1.009 e 203, § 1º). Interpõe-se por petição escrita (art. 1.010) e produz os efeitos devolutivo e suspensivo, salvo quando o código, como ocorre nos casos do art. 1.012, ou lei extravagante, suprimir este último.

O efeito devolutivo da apelação, limitado apenas à matéria impugnada (art. 1.013), é pleno. O tribunal, que julga a apelação, pode acolher fundamento do pedido ou da defesa, acaso rejeitado pelo juiz (art. 1.013, § 2º – *v. g.*, pediu-se a nulidade do ato jurídico por incapacidade do agente e ilicitude do objeto, mas a sentença só acolheu o primeiro fundamento, rejeitando o segundo. Pode o tribunal acolher *também* o segundo fundamento ou *apenas* este, rechaçando o primeiro). Cabe ainda ao tribunal, julgando a apelação, apreciar todas as questões relativas à matéria impugnada, suscitadas e discutidas no processo, ainda que a sentença não as tenha julgado por inteiro (art. 1.013, § 1º – exemplo: a mulher propôs a ação de separação, alegando adultério do marido – esse, o fundamento – configurado na ida do cônjuge a um motel na companhia de outra, e na exposição dele em lugar público, em atos de comprometedora intimidade com a amante. De tal sorte, o juiz viu configurado o adultério na ida ao motel, que não se pronunciou sobre a aparição pública do réu, ignorando-a. O efeito devolutivo da apelação permite ao tribunal apreciar o segundo fato, para qualificá-lo, ou não, como consubstanciador do fundamento invocado). Por força, ainda, do efeito devolutivo, questões anteriores à sentença, mas não apreciadas pelo juiz (Barbosa Moreira, nos seus insuperáveis *Comentários ao CPC*, ilustra o ponto, lembrando a impugnação ao valor da causa, que o juiz se esqueceu de julgar),[4] ficam submetidas ao tribunal (não as questões anteriores à sentença, já decididas pelo juiz, pois a decisão respectiva ficou sujeita ao recurso de agravo). É ainda a plenitude do efeito devolutivo da apelação que permite ao tribunal examinar questões de fato, não apresentadas na primeira instância (chamados *fatos novos* porque aparecem, no processo, pela primeira vez), desde que a parte (apelante ou apelado) prove que deixou de deduzi-las por motivo de força maior (art. 1.014).

O adjetivo latino *gravis* significa pesado (aliás, o belíssimo lema da Pontifícia Universidade Católica do Rio de Janeiro, onde tenho a honra de lecionar, é *alis grave nil: nada é pesado para o que tem asas*). Esse adjetivo formou o verbo *gravare*, pesar sobre, carregar, o qual, anteposto do prefixo *ad*, para junto, deu *aggravare*, sobrecarregar, oprimir. Num processo metonímico, o verbo latino tornou-se étimo do recurso que, tomando o nome do mal a que visa combater (o gravame, o prejuízo causado pela decisão recorrida), aparece como genuína criação do processo lusitano: *agravo*.

O art. 1.015 do Código de Processo Civil faz do agravo o recurso cabível das decisões da primeira instância, nele mencionadas. Não são contudo, suscetíveis de agravo as decisões que não cabem naqueles itens ou no parágrafo único do artigo. A experiência mostra que a enumeração dos itens e do parágrafo único é insuficiente. Essa deficiência tem levado os advogados a recorrerem a outros expedientes para impugnarem decisões não agraváveis. Por isto, vêm proliferando os mandados de segurança, reclamações e pedidos de aplicação extensiva das hipóteses enumeradas no dispositivo. Duas são

---

[4] *Comentários ao CPC*, 6ª ed., Rio de Janeiro, Ed. Forense, 1993, p. 401.

as modalidades de agravo previstas no código: o *agravo de instrumento* (art. 1.015) e o *agravo interno* (art. 1.021).

O agravo de instrumento assim se denomina porque não se processa, nem vai ao tribunal, nos mesmos autos nos quais se proferiu a decisão agravada, mas mediante novos autos, que constituem o *instrumento* (latim *instrumentum*, de *instruere*, erguer, pôr em ordem, fornecer, ensinar) por meio do qual se leva o recurso ao conhecimento e deliberação do órgão julgador.

Agrava-se em 15 dias (art. 1.003, §5º). Forma-se o instrumento com a petição escrita do recurso, mais outros elementos indicados na lei (arts. 1.016 e 1.017), a resposta do agravado (art. 1.019, II) e peças dos autos nos quais se proferiu a decisão recorrida, mediante cópias extraídas dos autos, e também algum documento porventura junto pelas partes. Forma-se o agravo no tribunal, onde ele permanece, mas se apresenta cópia do recurso ao juiz (art. 1.018), para que ele próprio reforme ou confirme a sua decisão. Cuida-se de recurso que permite a retratação pelo próprio órgão prolator do ato impugnado. Se o próprio juiz a reformar, o tribunal não julga o agravo (art. 1.018, §1º). Pode o tribunal dar efeito suspensivo ao agravo, como dispõe o art. 1.019, I.

O art. 530 do Código de Processo Civil de 1973 consagrava os embargos infringentes, "quando o acordão não unânime houver reformado, em grau de apelação, a sentença de mérito, ou houver julgado improcedente a ação rescisória. Se o desacordo for parcial, os embargos serão restritos a matéria objeto da divergência" esse recurso não o contemplou o CPC de 2015. Encontram-se, todavia vestígios dele no art. 942, conforme o qual, "quando o resultado da apelação for não unanime, o julgamento terá prosseguimento em sessão a ser designada com a presença de outros julgadores, que serão convocados nos termos previamente definidos no regimento interno, em numero suficiente para garantir a possibilidade de inversão do resultado inicial, assegurado às partes e a eventuais terceiros o direito de sustentar oralmente suas razões perante os novos julgadores." De comum com o art. 530 do diploma anterior, o art. 942 consagra novo julgamento da apelação, se houver voto vencido. A convocação de outros juízes é imposição legal. Não depende de iniciativa de nenhum legitimado. Ocorre por força da lei que, norma cogente, é impositiva.

Conforme o correto e quase unânime entendimento da doutrina e dos tribunais, o princípio do duplo grau de jurisdição não é uma garantia constitucional. Quando o art. 5º, LV, da Constituição, fala em ampla defesa com os meios e recursos a ela inerentes, alude aos recursos que a lei, porventura, admitir, sem proibir, contudo, que ela não os conceda; nem obsta a que os crie para julgamento por outro órgão, do mesmo nível do que proferiu o ato recorrido, ou por este último. Pode a lei, portanto, instituir recurso somente para o próprio juízo que proferiu a decisão recorrida. A Lei dos Juizados Especiais, nº 9.099, de 26.09.1995, também cria recurso, sem dúvida ordinário, para o próprio juizado, mas julgado por uma turma de três juízes (art. 41, § 1º). Recursos como os que ora se mencionam, a terminologia forense os denomina *embargos de alçada* (*alçada*, de *altus*, alto, a indicar que esses recursos só alcançam a jurisdição do próprio juízo, ou que é da competência dele mesmo julgá-los).

Ainda nos domínios dos recursos ordinários, cumpre registrar que a Constituição Federal também os institui, cíveis e criminais. Os *recursos ordinários constitucionais cíveis* são os dos arts. 102, II, *a*, e 105, II, *b* e *c*. Ao Supremo Tribunal Federal compete julgar, em recurso ordinário cível, o mandado de segurança (CF, art. 5º, LXIX e LXX), o *habeas-data* (*habeas*, que tu tenhas, de *habere*, ter, e *data*, os dados; plural de *datum*, de *dare*, dar; logo, *que tu tenhas os teus dados* – CF, art. 5º, LXXII, *a* e *b*) e o mandado de injunção (CF, art. 5º, LXXI), decididos em única instância pelos tribunais superiores (STJ, TST, STM, TSE), se denegatória a decisão; não se concessiva. Ao Superior Tribunal de Justiça cabe julgar recursos ordinários cíveis, interpostos, nos mandados de segurança decididos em única instância (isto é, originariamente ajuizados lá – veja-se o nº 8 deste capítulo), pelos tribunais regionais federais, ou pelos tribunais de justiça ou de alçada dos Estados, do Distrito Federal e dos territórios, somente quando o acórdão denegar a medida. Incumbe também ao STJ julgar, em recurso ordinário (apelação de sentença, agravo de instrumento, ou retido, das interlocutórias), as causas, nas quais forem partes Estado estrangeiro ou organismo internacional, de um lado e, do outro, município ou pessoa residente ou domiciliada no país. Nestas causas, da competência originária dos juízes federais (CF, art. 109, II), cabe o recurso, seja qual for o conteúdo da decisão; naquelas outras, só se denegatória, entendendo-se por denegatório também o acórdão terminativo, pela falta de especificidade do adjetivo usado pela Constituição.

O Código de Processo Civil cuida, nos arts. 1.027 e 1.028, do procedimento desses recursos, objeto também dos regimentos internos das duas altas cortes da justiça. Trata-se de recursos ordinários, destinados, principalmente, à tutela do interesse das partes, portanto de devolutividade plena, só limitada à extensão da impugnação.

7. Recursos extraordinários (finalidade e espécies) – Embora os recorrentes os interponham com o indissimulável propósito de satisfazer suas pretensões, os chamados *recursos extraordinários* foram criados pela Constituição com a finalidade primordial de assegurar a hegemonia dela própria e do direito positivo federal. Mediante o julgamento desses recursos, o Supremo Tribunal Federal e o Superior Tribunal de Justiça, se terminam revendo pronunciamentos contrários aos recorrentes, exercem a jurisdição com o transcendental objetivo de indicar aos demais órgãos do Judiciário e à nação o sentido, o alcance, a vontade das normas constitucionais e de direito federal, assegurando-lhes interpretação e a consequente aplicação, tanto quanto possível, uniformes. Não constituem esses remédios recursos tipicamente cíveis, porque se aplicam a matérias que escapam desse âmbito. Regulam esses recursos e os respectivos procedimentos os arts. 1.029 a 1.035 do Código de Processo Civil e as normas regimentais das duas cortes superiores.

São recursos extraordinários o *recurso extraordinário,* propriamente dito, do art. 102, III, *a, b, c* e *d*, da Constituição, o *recurso especial,* do seu art. 105, III, *a, b, c,* e os *embargos de divergência,* objeto do art. 1.043 do Código de Processo Civil. A *reclamação,* destinada a preservar a competência daqueles tribunais ou garantir a autoridade das suas decisões, e os embargos de declaração não constituem recursos, mas incidentes processuais.

O confronto entre o *caput* do inciso III do art. 102 e o do inciso III do art. 105 da Constituição mostra que o recurso extraordinário e o especial pressupõem uma *causa* (isto é, uma questão; não o julgamento final de uma ação, mas qualquer causa, surgida em quaisquer processos contenciosos ou voluntários), *decidida em única ou última instância* (isto é, não se admitem os recursos enquanto outro for cabível). Enquanto o *caput* do inciso III do art. 102 da Constituição fala apenas em causa decidida em única ou última instância, a indicar, segundo entendo, que mesmo as decisões finais, proferidas nos embargos de alçada (veja-se o tópico precedente), são impugnáveis por recurso extraordinário, o *caput* do inciso III do art. 105 restringe o recurso especial aos julgados de única ou última instância dos tribunais regionais federais, dos tribunais de justiça e de alçada (hoje abolidos) dos Estados, Distrito Federal e territórios.

Pressuposto específico do recurso extraordinário é a existência de uma questão constitucional, configurada nas situações das quatro alíneas do inciso III do art. 102 da carta política, na qual se prevê que o recurso deve fundar-se em ter a decisão recorrida: *a)* contrariado dispositivo da Constituição; ou *b)* declarado a inconstitucionalidade de tratado ou lei federal; ou *c)* julgado válida lei ou ato de governo local (qualquer autoridade ou órgão de qualquer poder e de qualquer nível) contestado diante da Constituição; ou julgar válida lei local contestada em face de lei federal. O art. 1.029, II, do CPC, determina que, na petição de interposição do recurso extraordinário (assim como na petição de interposição do recurso especial no que agora não vem ao caso), o recorrente faça a demonstração do cabimento do recurso interposto. Este recurso abrange a exigência do art. 1.035, e dispõe o § 2º do mesmo artigo, que o recorrente deverá demonstrar, em preliminar do recurso, para apreciação exclusiva do Supremo Tribunal Federal, a existência da repercussão geral. O § 1º esclarece que ocorre a repercussão, se existirem questões relevantes do ponto de vista econômico, político, social ou jurídico, que ultrapassem os interesses subjetivos do processo. Eis aí a demonstração de que os recursos extraordinários, dos quais o recurso extraordinário do art. 102, III, *a*, *b*, *c* e *d*, da Constituição, é a mais alta expressão do gênero, visa, primordialmente, preservar o império da Constituição e só reflexamente o direito de quem recorre. Os diversos parágrafos do art. 1.035 regulam a demonstração da repercussão geral e a verificação da ocorrência desse pressuposto recursal específico, sem cuja existência o recurso extraordinário estará fadado a um juízo negativo da admissibilidade.

O art. 1.036, § 1º manda o presidente ou o vice-presidente de Tribunal de Justiça ou de Tribunal Regional Federal encaminhar ao STF dois ou mais recursos, sobrestados os demais, se houver multiplicidade deles com fundamento em idêntica controvérsia, a fim de que aquela alta Corte verifique a existência da repercussão geral. Negada a existência da repercussão, os recursos sobrestados, tal como os encaminhados ao Supremo, "serão considerados automaticamente inadmitidos", conforme o parágrafo único do artigo 1.039. Pressuposto específico do recurso especial é a existência de uma questão de direito federal, consubstanciada num dos casos das três alíneas do inciso III do art. 105, que mostram que o recurso deve estar assentado no fato de haver o acórdão impugnado: *a)* contrariado tratado ou lei federal, ou lhes ter negado vigência (isto é, ter deixado de aplicá-los, nesta segunda hipótese, afirmando que não vigoram, ainda não vigoram, ou já não vigoram); *b)* julgado válido ato de governo local contestado diante de lei federal; ou *c)* dado à lei federal interpretação divergente da que lhe haja atribuído *outro* (não o mesmo) tribunal (mediante adequada comprovação e prova da divergência, feita de acordo com as severas exigências da lei – art. 1.029, § 1º – e das normas regimentais).

Os arts. 1.029 a 1.035 do Código de Processo Civil regulam o procedimento do recurso extraordinário e do recurso especial. Note-se que é possível impugnar um mesmo acórdão, simultaneamente, pela interposição dos dois recursos, se configurados os respectivos pressupostos. Assim, *v.g.*, se se alega que o julgado, a um só tempo, contrariou a Constituição e contrariou também uma lei federal, deve-se impugná-lo, quanto à matéria constitucional, por meio de recurso extraordinário, e por meio de recurso especial quanto à questão legal.

Interpõem-se ambos os recursos, ou só um deles, no prazo de 15 dias, sempre mediante petição escrita, que, necessariamente, exporá o fato e o direito, demonstrará o cabimento do recurso (isto é, seu enquadramento numa das alíneas do inciso III do art. 102 e no art. 1.029 ou do art. 105 da Constituição) e dará as razões do pedido de reforma do pronunciamento impugnado (art. 1.029, I, II e III). O recorrido terá o mesmo prazo para responder aos recursos, ou ao recurso, impugnando o respectivo cabimento e oferecendo razões para a manutenção do pronunciamento. Os autos vão ao presidente do tribunal, ou ao membro da corte que a norma interna declarar competente, para deferir ou indeferir o recurso (art. 1.030 e § 1º). O tribunal de origem não tem competência para apreciar a existência de repercussão geral, exclusiva do STF, conforme o § 2º do art. 1.035.

Deferidos os recursos, que só produzem efeito devolutivo o processo sobe, inicialmente, ao Superior Tribunal de Justiça. Só irá ao Supremo Tribunal Federal se não for provido no STJ (art. 1.031 e § 1º). Excepcionalmente, pode este tribunal ordenar a remessa dos autos ao Supremo (art. 1.031, § 2º) para julgamento do recurso extraordinário, quando a decisão deste tiver que anteceder a do recurso especial (*v.g.*, arguiu-se violação de lei federal cuja constitucionalidade também se questionou). Interposto somente um dos recursos, encaminhar-se-ão os autos diretamente ao tribunal competente para seu julgamento, depois que ele for deferido no tribunal recorrido.

Cabe agravo contra decisão do presidente ou do vice-presidente do tribunal recorrido que inadmitir recurso extraordinário ou recurso especial, salvo quando fundada na aplicação de entendimento firmado em regime de repercussão geral ou em julgamento de recursos repetitivos.

8. Processo nos tribunais – Certas ações se ajuízam, diretamente, nos tribunais, sem passar pela primeira instância, por vontade expressa da Constituição e das leis, que fazem uma opção política, tomando em conta, muitas vezes (não necessariamente, haja vista a ação por último referida neste tópico), a condição das pessoas dos litigantes. Determina, por exemplo, a Constituição Federal, no art. 102, I, *f*, que se proponham, no Supremo Tribunal Federal, as ações entre a União e os Estados federados ou o Distrito Federal, ou as ações de uns contra os outros. Essas ações e os processos desencadeados por seu ajuizamento se dizem da *competência originária dos tribunais*, valendo consultar, para ilustração, o elenco das causas, enumeradas no inciso I dos arts. 102 e 105 da carta política. Ao processo e procedimento dessas ações, quando cíveis, se aplicam regras do Código de Processo Civil, que cedem a dispositivos de leis especiais, que eventualmente os regulem, aplicando-se também normas regimentais dos tribunais competentes.

A *homologação de sentença estrangeira*, da qual se ocupam os arts. 960 a 965 do Código de Processo Civil, constitui um processo de conhecimento, resultante de uma ação da competência originária do Superior Tribunal de Justiça (CF, art. 105, I, *i*). O pedido de homologação (*rectius*, a ação de homologação) é julgado por ato do presidente do STJ, cabendo agravo interno apenas da sentença (terminativa ou definitiva) que negar a homologação; não da que a conceder. Havendo impugnação, que é contestação, a ação passa à competência da Corte Especial do STJ. Além das normas do regimento do Tribunal, incidem, supletivamente, as normas do Código de Processo Civil, mesmo quando se homologa sentença não cível, porque é civil o processo homologatório.

Dispõe o *caput* do art. 961 do Código que a decisão proferida por tribunal estrangeiro não terá eficácia no Brasil, senão depois de homologada pelo Supremo Tribunal Federal (hoje, pelo Superior Tribunal de Justiça, conforme a Constituição, art. 105, I, *i*). Não se admite, portanto, tenha eficácia, no país, a sentença estrangeira (tomada a palavra na acepção de qualquer ato jurisdicional), senão depois que ela se integre à ordem jurídica nacional por ato, de natureza constitutiva de eficácia, do STJ. Homologada, a sentença se cumpre conforme o art. 515, VIII. O cumprimento obedecerá às regras estabelecidas para a efetivação da sentença nacional da mesma natureza (CPC, art. 965).

Por seus pressupostos e finalidade, a *ação rescisória*, regulada nos arts. 966 e seguintes do Código de Processo Civil, é objeto do nº 6 do capítulo seguinte.

9. Súmula vinculante – A relevância do tema demanda uma palavra sobre a *súmula vinculante*, introduzida na Constituição pela Emenda nº 45, de 30 de dezembro de 2004, por meio de um novo artigo: o 103-A. Essa súmula não é, a toda evidência, um recurso, porém a síntese de reiteradas decisões do STF sobre matéria constitucional (art. 103-A, *caput*). Por força do mesmo art. 103-A da Constituição, a súmula "terá efeito vinculante em relação aos demais órgãos do Poder Judiciário e à administração pública direta e indireta, nas esferas federal, estadual e municipal..." A súmula vinculante é lei, no sentido formal e material, porquanto resultante de processo de elaboração definido na carta política e de observância coativa, nas hipóteses em que incidir. Pode a súmula ser revista, ou cancelada, na forma estabelecida em lei, sem que isso afete as decisões proferidas em consonância com ela, que subsistem. Anote-se que a jurisprudência do STF, tal como a do STJ e dos outros tribunais da República, pode ser compendiada em proposições a que se atribui a denominação de *súmula*. Entretanto, *súmulas vinculantes* serão apenas as de que tratam o art. 103-A da Constituição, e os seus parágrafos, e nenhuma outra.[5]

10. Incidente de resolução de demandas repetitivas – Nos arts. 976 a 987, o Código de Processo Civil em vigor regula o incidente de resolução de demandas repetitivas. O incidente, destinado a facilitar o exercício da jurisdição, atende os princípios da economia do aproveitamento e da rapidez do processo. Cabe a instauração do incidente para resolver controvérsia sobre a mesma questão unicamente de direito e, simultaneamente, o risco de ofensa a isonomia e a segurança jurídica. A repetição efetiva de processos não basta para a instauração do incidente, é preciso também que a repetição ponha em risco a isonomia e a segurança pública. Se o julgamento do incidente fixar a tese jurídica, dispõe o art. 985, I, que ela será aplicada a todos os processos individuais ou coletivos que tramitam na área de jurisdição do respectivo tribunal, inclusive nos juizados especiais. A aplicação da tese não leva, forçosamente, a julgamentos uniformes porque há vários fatores que ocorrem para a procedência ou improcedência do pedido. A vantagem desse incidente, cujo procedimento é disciplinado nos arts. 976 a 987 da lei processual está no fato de que, uniformizando a jurisprudência ele elimina perplexidades e reduz o número de recursos, cuja multiplicação deve ser contida por um julgamento amplo e abrangente.

---

[5] Sobre o assunto, mais extensamente, o meu livro *A Reforma do Judiciário pela Ementa Constitucional nº 45*, Ed. Forense, Rio de Janeiro, 2005, pp. 113 e segs.

Capítulo IX
COISA JULGADA E AÇÃO RESCISÓRIA

> **Sumário:** 1. Preclusão e coisa julgada formal – 2. Coisa julgada material – 3. Limites subjetivos da coisa julgada – 4. Limites objetivos da coisa julgada – 5. Questão prejudicial e coisa julgada – 6. Ação rescisória.

1. Preclusão e coisa julgada formal – Perde-se o direito de praticar um ato processual pela exaustão do respectivo prazo (v.g., se não se apelou até o 15º dia – art. 1.003, § 5º do Código de Processo Civil – já não mais se pode apelar). Extingue-se também o direito de praticar um ato processual, quando já se praticou esse ato (v.g., o réu contestou a ação e, por isso, não poderá contestar de novo, ainda que antes do termo final do prazo de interposição). Perde-se também o direito de praticar um ato pela prática de outro ato, impeditivo daquele (v.g., o recorrente renunciou ao direito de recorrer, ou aquiesceu à decisão, tornando-a irrecorrível – CPC, arts. 999 e 1.000). Nesses casos, ocorre uma situação de estabilidade, insuscetível de modificação dentro do processo. A essa imutabilidade se dá o nome de *preclusão* (latim *praeclusione*, de *prae*, diante de, ou adiante de, e *cludere*, forma arcaica de *claudere*, fechar, cerrar, tapar). Autores há, como Chiovenda, que veem a preclusão como a perda da faculdade de praticar o ato,[1] e não como efeito dessa perda. Mas deve-se distinguir, creio eu, entre causa e efeito.

Se a preclusão decorre da prática anterior do ato, como no exemplo da contestação já apresentada, ou da prática de outro ato impeditivo dele, como nos casos da renúncia ou aquiescência, o raciocínio diz que ele não pode ser de novo praticado, ou não pode ser praticado. Por isso, a preclusão se chama *lógica* (do grego *logiké*, razão, através do latim *logica*; a *lógica*, como se sabe, é a parte da filosofia que trata da razão como meio de atingir o conhecimento).

---

[1] *Instituições*, cit., 1º vol., p. 372.

Se a preclusão decorre do término do prazo para o ato, isto é, porque passou o tempo para praticá-lo, diz-se que ela é *temporal*.

Em decorrência da preclusão lógica, ou da preclusão temporal, ou da vontade da norma, que os faz nascer intocáveis, ou ainda da exaustão de todos os recursos possíveis, sem que reste algum para se interpor, os atos decisórios se tornam imutáveis dentro do processo, e essa inalterabilidade se chama preclusão *consumativa* porque se consumiram as possibilidades de sua alteração (do latim *consummare*, de *cum*, com, e *summa*, total, totalidade; logo, completar, acabar, consumir). A preclusão consumativa também se chama, simplesmente, *preclusão*, ou *coisa julgada formal*.

A expressão latina *res judicata*, coisa julgada, é composta de *res*, coisa, corpo, assunto, matéria, e *judicata*, julgada, do latim *judicatus*; particípio passado feminino de *judicare*, julgar (de *jus*, direito, e *dicere*, dizer). A corrente locução *res in judicio deducta* significa *a questão deduzida no processo*, e não a coisa discutida perante o órgão judicial. *Preclusão* e *coisa julgada formal* se equivalem. O insigne processualista brasileiro Celso Agrícola Barbi, catedrático emérito de Processo Civil na Faculdade de Direito da Universidade Federal de Minas Gerais, chegou a sugerir que se adote o substantivo *preclusão*, no lugar de *coisa julgada formal*.[2] Trata-se de um efeito do ato decisório, que o faz imutável dentro do processo, de modo que ele não mais possa, ali, ser modificado. Tome-se uma sentença. Se a parte legitimada a recorrer desse ato não apela no prazo, a sentença preclui e já não pode ser modificada no processo, pela estabilidade que adquire. Considere-se ainda a mesma sentença: a parte legitimada a recorrer apelou; interpôs recurso especial e recurso extraordinário do acórdão que julgou a apelação; desprovido o especial pelo Superior Tribunal de Justiça e desprovido o recurso extraordinário pelo Supremo Tribunal, opôs embargos de divergência aos acórdãos e, desacolhidos também esses, ainda opôs embargos de declaração aos acórdãos respectivos. Já não resta, depois dessa estafante caminhada, qualquer recurso a ser manifestado. Opera-se, então, a *preclusão*, ou a *coisa julgada formal*. Em virtude desse fenômeno, a prestação jurisdicional adquire estabilidade permanente, no processo, no qual não mais pode ser alterada. É nesse sentido que o § 3º do art. 6º da Lei de Introdução às Normas do Direito Brasileiro (outrora Lei de Introdução ao Código Civil) declara: "Chama-se coisa julgada ou caso julgado a decisão judicial de que já não caiba recurso". Diz-se que a decisão *transitou em julgado*, significando o trânsito em julgado (*transitar* – trânsito, mais *ar* – trânsito, de *transire*; de *trans*, ir além, através, e *ire*, ir, andar), a

---

[2] "Da preclusão no processo civil", *in Rev. Forense*, vol. 158, pp. 62 e 63.

passagem do ato ao estado imutável, que a preclusão lhe confere. Advirto que preclusão é matéria que não merece entendimento uniforme da doutrina, parecendo, ao contrário, dentre os processualistas pensantes, que cada um deles possui uma concepção própria sobre ela e os temas versados neste capítulo, todos a demandar um paciente trabalho de meditação e elaboração, ainda em desenvolvimento.

A coisa julgada formal não é fenômeno típico das sentenças, mas de quaisquer atos decisórios, a menos que a lei os exclua da incidência desse fenômeno. O despacho de deferimento da inicial, por exemplo, não preclui, tanto assim que, havendo proferido aquele ato, pode o juiz voltar atrás e indeferi-la, como mostra o art. 337, IV, que permite ao réu alegar, na contestação, a inépcia daquela petição, causa do seu indeferimento (art. 330, I). Também não preclui decisão de saneamento que, implícita ou explicitamente, declara presentes os pressupostos processuais e as condições da ação, pois o § 3º do art. 485 autoriza o juiz a extinguir o processo com fundamento no art. 485, IV, V, VI e IX que tratam daqueles requisitos, em qualquer tempo, enquanto não transitar em julgado. Decisões como as apontadas só adquirem imutabilidade, em cada instância, depois da sentença (ou do acórdão), porque com ela o juiz esgota a sua função no processo, extinguindo-o, no grau de jurisdição onde ele se encontra (arts. 485 e 487). O art. 494 não se aplica apenas à sentença de mérito, mas também às sentenças terminativas. Definitiva, ou terminativa, o órgão jurisdicional só pode alterar a sentença, depois de proferida, para a correção de erros materiais, ou de cálculo, ou mediante embargos declaratórios, para adaptar a sua fórmula ao que ele concebeu e não exprimiu adequadamente. Interprete-se *a fortiori* (com mais força, com mais razão, extensivamente) o art. 494, abrangente também das sentenças terminativas, salvo a de indeferimento da petição inicial, que, havendo recurso, o próprio juiz pode retratar-se, por expressa autorização do art. 331.

A imutabilidade dos atos decisórios – despachos, interlocutórias ou sentenças – no mesmo grau de jurisdição, a que estou aludindo, ainda não é a coisa julgada formal porque ela só acontece pela preclusão consumativa, tal como explicada neste item, linhas atrás.

O art. 507 do Código de Processo Civil refere-se à coisa julgada formal, tornando vedado à parte discutir, no processo, as questões já decididas, a cujo respeito se operou a preclusão. Transitadas em julgado as decisões dessas questões, nenhum órgão judicial poderá reexaminá-las. Por isso, a lei proíbe a parte de discuti-las.

2. Coisa julgada material – Se a sentença de mérito, tantas vezes explicada, ao longo destas páginas, como a sentença (em sentido amplo, abrangente de acórdão) que julga o pedido do autor, acolhendo-o ou rejeitando, preclui, fazendo coisa julgada formal, ela produz uma eficácia geradora de outro e importantíssimo fenômeno: a *coisa julgada material*, que é a coisa julgada propriamente dita, só ela capaz de compor, definitivamente, o conflito, prevenindo a lide iminente ou solucionando a lide ocorrente, e, assim, restituindo a paz ao grupo social.

O Código de Processo Civil cuidou de definir esse fenômeno, no seu art. 502: "Denomina-se coisa julgada material a autoridade que torna imutável e indiscutível a decisão de mérito não mais sujeita a recurso".

A coisa julgada material é extravasante: não se limita ao processo, no qual se proferiu a sentença, mas impede a jurisdição de qualquer outro órgão, de qualquer grau, em qualquer outro processo. Portanto, transitada em julgado a sentença que declarou falso um documento (art. 19, II), nenhum outro órgão judicial poderá considerá-lo autêntico, pois a decisão se tornou indiscutível, inatingível, inclusive pela lei posterior, que a respeita, mesmo se incompatível com ela, por força de mandamento constitucional expresso (CF, art. 5º, XXXVI).

A coisa julgada atribui à sentença força de lei (CPC, art. 503), como se o Estado houvesse editado uma norma, especificamente formulada para prevenir ou fazer cessar o conflito, que lhe foi submetido por meio da ação. Aliás, dentre as muitas e interessantes teorias que buscam explicar a coisa julgada material, predomina, hodiernamente, a *teoria da vontade estatal*: para se explicar a coisa julgada, não é necessário forçar a barra, como fizeram as teorias da presunção da verdade, ou da ficção da verdade, pelas quais se supõe verdadeira, ou se tem na conta de verdadeira a sentença de mérito *trânsita* em julgado (use-se, uma vez, o particípio da preferência de Pontes de Miranda e Barbosa Moreira, que se aproveitam, em posição minoritária, da correta variação do abundante verbo *transitar*, econômica de uma sílaba, mas desperdiçadora de um circunflexo). A vontade do Estado de que, a partir de um determinado momento, cesse o contraditório, a qualquer custo, pela necessidade de composição da lide, basta para explicar esse fenômeno. O que torna obrigatória a sentença de mérito, depois de transitada formalmente em julgado, é a determinação impositiva do Estado, que só assim desempenha a sua função de preservar e restaurar o equilíbrio social.

O Estado, que pode inclusive tirar a vida dos seus súditos, como mostra o art. 5º, XLVII, *a*, da Constituição, que consagra a pena de morte, ignominiosa mesmo em caráter excepcional, pode também determinar que um conflito se resolva desta ou daquela forma, ainda que de modo injusto. Isso explica a coisa julgada que, pela necessidade da paz no grupo social, pode afetar, irremediavelmente, a vida, a dignidade, a honra, a liberdade, o patrimônio moral e material das pessoas. Do aforismo, repetido ao longo de séculos, de que a coisa julgada faz do branco preto e do quadrado redondo (*res judicata facit de albo nigrum et de quadratum rotundum*), Calamandrei diz que nos faz sorrir, quando, bem pensado, devia fazer tremer.[3] Ele dá a medida da eficácia desse fenômeno, formidável mas necessário, porque o equilíbrio social constitui um valor que paira acima das pretensões das partes conflitantes. É ainda o doce mestre de Florença quem lembra que "Sócrates, na prisão, explicava com serenidade aos seus discípulos, num momento de eloquência jamais igualado por qualquer jurista, que a suprema razão social impõe que nos verguemos à sentença, até ao sacrifício da vida, mesmo se ela for injusta".[4]

3. Limites subjetivos da coisa julgada – Suponha-se – para ilustrar com um caso recentemente chegado ao meu conhecimento – que, por equívoco, Aurélio tenha proposto a ação reivindicatória de um imóvel de sua propriedade (CC, art. 1.228, *caput*), não contra Valério, seu ocupante, mas contra Rafael, possuidor de uma gleba próxima. Citado, como a ação não lhe dizia respeito, Rafael sequer se deu ao trabalho de contestar. Quedou revel. A sentença, proferida na ação reivindicatória de Aurélio contra Rafael, julgou procedente o pedido (sentença de mérito, pois) e, pela falta de recurso, transitou em julgado, produzindo coisa julgada material. O mais desatento observador da situação descrita dirá que a sentença não pode ser executada contra Valério, que não foi parte no processo da ação reivindicatória; não foi citado; não pôde exercer o direito ao contraditório, e à ampla defesa, constitucionalmente garantido (CF, art. 5º, LV). E assim é. Uma razão de ordem lógica, que inspira a pertinente regra jurídica, diz que ninguém pode ser afetado no seu direito, ou na sua pretensão, por uma sentença, proferida em processo de que não foi parte. A coisa julgada não pode ter eficácia de tal alcance que envolva pessoas estranhas à relação processual na qual se formou. Há de ser contida nos seus efeitos, de modo a não atingir terceiros estranhos à atividade jurisdicional de que emergiu.

O direito refreia a abrangência da coisa julgada, fixando-lhe limites subjetivos, definindo as pessoas submetidas à sua eficácia. Disso trata o Código, no art. 506: "A sentença faz coisa julgada às partes entre as quais é dada, não prejudicando terceiros". Essa norma adotou o preceito *res inter alios judicata aliis nec prodest nec nocet* (literalmente, a questão julgada entre outros a outros nem aproveita nem prejudica, isto é, a questão julgada entre as partes nem aproveita nem prejudica terceiros). Portanto, a eficácia da coisa

---

[3] *Eles, os Juízes,* cit., p. 28.
[4] *Id.,* pp. 28 e 29.

julgada é contida. Limita-se às partes do processo. Não alcança estranhos, os *terceiros*, que se mantiveram alheios à relação processual.

Dentre os terceiros, todas as pessoas do planeta que não foram ao processo, aparece uma categoria, para a qual a coisa julgada é irrelevante, pois de nenhum modo as afeta. Que importa a Inácio, ou a Dionísio, a sentença, ontem transitada em julgado, que mandou Marlene pagar a Emília uma quantia em dinheiro? Como pode interessar-me – salvo na condição de integrante do grupo social, empenhado no seu equilíbrio – a sentença que resolveu a locação de uma casa na cidade onde moro?

Outra classe, mais próxima do processo, é a que tem interesse de conteúdo não jurídico (v.g., moral, religioso, afetivo, ideológico, meramente econômico) na composição da lide. Essa categoria tem de vergar-se ao que se julgou (v.g., o dono do restaurante nada pode fazer contra a sentença que removeu da vizinhança a indústria, ou o comércio, aos quais fornecia refeições; tenho de conformar-me com o revés, sofrido pelo meu time de futebol, em decorrência da sentença que declarou nulo o contrato entre ele e o jogador artilheiro).

Também ficam obrigados aos efeitos da coisa julgada os integrantes de relações, ou de situações jurídicas subordinadas pela relação, ou situação alterada pela sentença (v.g., o meu vizinho, possuidor da casa com piscina, obrigou-se, contratualmente, a permitir que eu a utilizasse três vezes por semana, mediante uma certa retribuição, mas a sentença transitada em julgado no processo de uma ação reintegratória o desapossou do imóvel ou a que declarou falso um quadro, retirado do leilão no qual eu tencionava comparecer e oferecer lance).

A coisa julgada material alcança, ainda, os *possíveis* litisconsortes *facultativos*, que, podendo figurar no processo, junto com uma das partes, não o fizeram, desde que o fundamento desse litisconsórcio, acaso instaurado, fosse a identidade do pedido *e* da causa de pedir (a conexão, referida no art. 113, III, teria de dar-se pela simultaneidade do pedido *e* da causa de pedir, não bastando a coincidência de um só desses elementos). Julgado improcedente o pedido da ação de anulação da assembleia da companhia por irregularidade do edital de convocação, proposta só por um acionista, a coisa julgada se estende aos demais acionistas, igualmente legitimados a propor a ação pelo mesmo fundamento, mas que se abstiveram de intentá-la. Não se diga que o possível litisconsorte facultativo abstinente poderia postular de modo mais adequado a jurisdição porque incide, também na situação agora cogitada, o art. 508 do Código de Processo Civil, do qual tratarei no próximo tópico.

A lei pode excluir da abrangência da coisa julgada as pessoas aludidas. O art. 18 da Lei nº 4.717, de 29.06.1965, que regula a ação popular, dispõe que a sentença de improcedência do pedido formulado nessa ação, por deficiência de prova, não obsta a que qualquer cidadão proponha outra ação popular com idêntico fundamento, valendo-se de nova prova. Norma de conteúdo idêntico encontra-se no art. 16 da Lei nº 7.347, de 24.07.1985, da ação civil pública. No projeto da Comissão Revisora do Código de Processo Civil, de 1985, o admirável José Joaquim Calmon de Passos, Professor Catedrático na Faculdade de Direito da Universidade Federal da Bahia, dentre todos os processualistas brasileiros o mais preocupado com a realidade nacional e o mais empenhado na função social do processo, acrescentou ao art. 471, do CPC de 1973, um parágrafo único, dispondo que, nas ações de tutela dos direitos transindividuais (difusos e coletivos), "a sentença terá eficácia de coisa julgada oponível a terceiros, salvo se a ação for julgada improcedente por deficiência da prova, caso em que a propositura de ação com idêntico fundamento ficará condicionada ao oferecimento de novas provas".

A coisa julgada só não alcança terceiros que forem titulares de pretensão jurídica com ela incompatível (todos os outros terceiros têm de acatar a coisa julgada). A doutrina chama *terceiros juridicamente interessados* os que, não havendo sido parte no processo, têm pretensão jurídica que a sentença contrariou (v.g., a sentença mandou Clóvis pagar um crédito a Alberto. Se Leila se entende titular desse crédito, a sentença, que reconheceu ser de Alberto o crédito, não a alcança e ela pode reclamá-lo). Não é perfeita a alusão a terceiros juridicamente interessados porque os titulares de relações jurídicas derivadas, como no caso do sublocatário, ou dos possíveis litisconsortes facultativos no processo da ação em que um só é o pedido e única a causa de pedir, também têm interesse jurídico, que, no entanto, é afetado pela eficácia da sentença de mérito transitada em julgado.

Se a sentença julgou procedente a ação reivindicatória de Oto contra Frederico, mandando entregar ao autor um terreno, que ele pediu na condição de proprietário (CC, art. 1.228, *caput*), a coisa julgada material não impede que Leonardo, que se entende dono do imóvel, o reivindique de Oto. O autor (Oto) não poderá opor exceção de coisa julgada a Leonardo com base na sentença que lhe deu o bem na ação reivindicatória anterior, porque o autor da nova reivindicatória não foi parte do processo daquela (CPC, art. 506). Por igual, se Marilda impetra mandado de segurança visando à nulidade do ato de autoridade pública, que a impetrante afirma violador de direito líquido e certo dela, mas a sentença, reputando válido o ato, nega o pedido e transita em julgado, isso não impede que Conceição impetre, em situação semelhante à de Marilda, outro mandado de segurança, alegando a nulidade do mesmo ato. Note-se que, neste exemplo, até se facultaria o litisconsórcio das impetrantes (art. 113, III), sem que a coisa julgada relativa a uma delas afete a outra, porquanto, se há coincidência de objeto, não há de causa de pedir, distintas as situações subjetivas das duas impetrantes.

A sentença, nas ações de estado, concernentes à personalidade, capacidade, estado civil ou filiação, repercute na condição jurídica das pessoas (pela anulação do casamento, os cônjuges voltaram a ser solteiros e como tal serão considerados nos seus atos da vida civil; a sentença na investigação de paternidade reconheceu a filiação de alguém e, porque é filho, ele concorrerá à herança do pai; a sentença da interdição privou o maior da capacidade para a prática pessoal de atos da vida civil e, por isso, nulos serão os que praticar). Se numa dessas ações não se instaurou o litisconsórcio necessário, que se fazia imprescindível, o caso é de ineficácia do processo, nada tendo a ver com os limites subjetivos da coisa julgada. Na Comissão Revisora do Código de Processo Civil de 1973, formada pelo Governo da República em 1985, nós simplesmente sugerimos a supressão da 2ª parte do art. 472, o que se consagrou no Código de Processo Civil de 2015.

4. Limites objetivos da coisa julgada – Conforme os três incisos do art. 489 do Código de Processo Civil, a sentença tem por requisitos *essenciais*, cuja ausência a faz nula: o *relatório*, que conterá os nomes das partes, a identificação do caso com a suma do pedido e da contestação, e o registro das principais ocorrências havidas no andamento do processo; os *fundamentos*, em que o juiz analisará as questões de fato e de direito; o *dispositivo* (de *disponere*, composto de *dis*, na direção, e *ponere*, pôr; logo, o que dispõe, o que ordena), em que o juiz resolverá (isto é, decidirá) as questões que as partes lhe submeterem.

Tomada a sentença como objeto, isto é, como ato perceptível pelos sentidos, e consideradas as suas três partes, impõe-se a fixação dos limites da coisa julgada material, que ela produz, se é de mérito.

O art. 503 fornece elementos para essa delimitação, quando preceitua que "A decisão que julgar total ou parcialmente o mérito tem força de lei nos limites da questão principal expressamente decidida". Como se vê, quanto à eficácia, o Código faz da decisão, relativamente à qual se operou a coisa julgada, um ato de comando estatal idêntico à lei. Transforma-a na lei do caso concreto, como se o Estado editasse uma norma específica, para prevenir, ou solucionar determinada lide. Ao proceder assim, ele limita a sentença à lide, que ela compõe, mas também considera a hipótese em que ela julga a lide apenas parcialmente. Por isso, restringe a eficácia da sentença à lide e, no âmbito da lide, apenas às questões efetivamente decididas (v.g., se a lide se instaurou pelo confronto de pretensões quanto à obrigação de pagar o principal e a multa, e a sentença só se pronunciou quanto ao principal, ou porque não se pediu a multa, ou porque, simplesmente, deixou de decidir sobre a penalidade, ela só se impõe à vontade dos contendores, substituindo-a, no pertinente ao principal, subsistindo o conflito, no tocante à multa).

Vincula-se à norma do art. 503 a regra do art. 508, pela qual, transitada em julgado a decisão de mérito, considerar-se-ão deduzidas e repelidas, no âmbito de incidência daquele dispositivo, todas as alegações e defesas, que o autor poderia fazer em prol do pedido, ou que o réu poderia opor à sua acolhida (é algo contorcionista a fórmula "todas as alegações e defesas que a parte poderia opor tanto ao acolhimento quanto à rejeição do pedido"). A necessidade de emprestar estabilidade à sentença de mérito transitada em julgado determina essa presunção absoluta, sem a qual autor ou réu sempre poderiam retornar a juízo, apresentando mais um argumento em seu favor. A lei cria exceções à incidência dessa norma, como no art. 18 da Lei da Ação Popular e no art. 16 da Lei da Ação Civil Pública.

Atente-se em que, nas suas três partes (relatório, fundamentação e dispositivo), a sentença pode conter afirmações que, aparentemente, solucionam questões que não foram objeto do pedido, isto é, não constituíram questão nuclear da ação, sobre a qual incidiu a controvérsia e em torno da qual as partes exerceram (ou, ao menos, puderam exercer) o contraditório e a ampla defesa, constitucionalmente assegurados (CF, art. 5º, LV).

Tal a intensidade da coisa julgada material que a lei limita a sua eficácia ao *dispositivo* da sentença, impedindo que ela alcance as duas outras partes desse ato (relatório e fundamentação). O art. 504 do Código de Processo Civil mostra isso, claramente, quando, sem se referir ao relatório, que é mera descrição do processo (art. 489, I) e no qual nada se decide, pois ali só se narra (e se, por erro técnico, se antecipar para o relatório algum pronunciamento, neste ponto ele perde a sua natureza), dispõe, nos seus três incisos, que não fazem coisa julgada os motivos, ainda que importantes para determinar o alcance da parte dispositiva da sentença; a verdade dos fatos, estabelecida como fundamento da sentença; a apreciação da questão prejudicial, decidida incidentemente no processo.

Deduz-se do art. 504, inclusive por seu inciso II, que *somente o dispositivo da sentença (art. 489, III), e nada além dele, faz coisa julgada material*. Só o dispositivo tem força de lei, mesmo assim limitada essa eficácia à lide, ou às questões que, efetivamente, ele houver decidido (art. 503). Em imagem extremamente feliz, Calamandrei afirma que, "passando ao estado de coisa julgada, a sentença destaca-se dos motivos que a ditaram, tal como a borboleta que sai do casulo".[5] E assim acontece porque a presunção absoluta e

---

[5] *Eles, os Juízes...*, cit., p. 29.

irrefutável da lei é a de que só o pedido, que constitui o objeto da ação, foi alvo da necessária postulação das partes e da atividade probatória desenvolvida no processo. Se a defeituosa prestação jurisdicional inclui no dispositivo o que não foi pedido na ação, incidem os arts. 490, 492 e 503, determinando a reforma da sentença, em grau de recurso e permitindo a sua desconstituição, depois de passada em julgado (art. 966, V – veja-se o nº 6 deste capítulo). Mesmo não reformada, ou desconstituída, a sentença será inexequível ou inexigível a obrigação (veja-se o art. 525, § 1º, III), mas tratar do assunto, aqui, será conduzir a exposição para além dos limites de uma obra introdutória.

A motivação da sentença não faz coisa julgada, pois não encerra qualquer comando, no sentido da composição da lide. Ela está para o dispositivo assim como a exposição de motivos, que não é norma, está para a lei. A verdade dos fatos, estabelecida apenas como fundamento da sentença, também escapa aos efeitos da coisa julgada. Assim, se o juiz julga procedente o pedido de cobrança porque entende que o réu é devedor do autor e afirma verdadeiro o documento comprobatório da obrigação, não há coisa julgada nem quanto à existência da relação jurídica obrigacional, nem quanto à autenticidade do instrumento que a retrata, já que a vontade da lei exclui da eficácia prevista no art. 502 a motivação e a verdade dos fatos. Nada obstará, então, a que o réu da ação de cobrança proponha uma outra ação, buscando a declaração de inexistência da relação jurídica, ou da falsidade do respectivo instrumento (CPC, art. 19, I e II), pois essas questões não foram objeto de um pedido de prestação jurisdicional. Os leigos (oxalá só eles...) têm dificuldade de compreender isso.

Chamam-se *prévias* as questões que se apresentam à deliberação do juiz antes do julgamento do mérito. Distinguem-se, dentre as questões prévias, as questões *preliminares*, cuja solução não afeta o conteúdo da sentença de mérito (v.g., a arguição da incompetência absoluta ou a arguição de que não se deu a uma parte a oportunidade de se manifestar sobre um documento. Evidentemente, afirme o juiz sua competência, ou decline dela, em favor de outro órgão, essa decisão não interfere no julgamento do mérito; decida ele que a parte já se manifestou sobre o documento, ou lhe dê a oportunidade de fazê-lo, essa deliberação não determina a procedência ou a improcedência do pedido). As questões *prejudiciais* (do latim *praejudicium*, de *praejudicare*, julgar previamente; de *prae*, diante, adiante de, e *judicare*, julgar; logo, o que se julga antes) são aquelas cuja solução influi no sentido da prestação jurisdicional de mérito, afetando-lhe o conteúdo. Assim, se Edna propõe contra Maurício uma ação de alimentos, alegando que o réu é seu pai (CC, art. 1.694) e o réu contesta, sustentando a inexistência do parentesco, pois nega a paternidade, o juiz tem, necessariamente, de apreciar essa questão, porque a acolhida da negativa torna impossível a procedência do pedido, ao passo que a afirmação da paternidade implica o reconhecimento do vínculo, condição da obrigação.

Tome-se outro exemplo, cabível pela importância do assunto: Moacir pediu a condenação de Hélio ao cumprimento de apenas *uma* das três obrigações assumidas no contrato. Hélio contesta, alegando a nulidade de *todo* o contrato, pois não é sua a assinatura no instrumento contratual, que o réu afirma falsa. O juiz apreciará, inevitavelmente, a questão da nulidade, pronunciando-se sobre ela. Suponha-se que a acolha, afirmando falsa a assinatura de Hélio e, em consequência, declarando nulo o contrato: disso decorrerá o julgamento de improcedência do pedido de cumprimento da obrigação objeto da ação. Inquestionavelmente, é *prejudicial* a decisão de nulidade do contrato. Interpretado, a *contrario sensu*, o §1º do art. 503, esse item mostra que não faz coisa julgada a decisão da questão prejudicial, já que essa questão não constitui o núcleo da ação, não havendo sobre ela prestação jurisdicional suscetível de tornar indiscutível e imutável a declaração de nulidade, feita apenas para o fim de compor a lide, decorrente da pretensão do autor de que a obrigação seja cumprida e da resistência do réu em cumpri-la. Então, nada impede que Moacir proponha outra ação contra Hélio, pedindo o cumprimento de uma das duas outras obrigações do contrato. Proposta esta nova ação, o réu arguirá, obviamente, mais uma vez, a nulidade do contrato e até exibirá a sentença do processo anterior. Como, entretanto, a decisão da questão prejudicial não tem eficácia extravasante, não vinculando outros órgãos judiciais, poderá o juiz da segunda ação reexaminar a matéria, ordenar a produção de provas e proferir, soberanamente, outro julgamento, inclusive rejeitando a arguição de nulidade do contrato e acolhendo o pedido formulado na ação.

O §1º do art. 503 do Código de Processo Civil não permite outra conclusão: *só faz coisa julgada material o dispositivo da sentença*. O relatório, a fundamentação, abrangentes dos motivos da sentença e da verdade na qual ela se baseia, e a decisão da questão prejudicial ficam excluídos, acima de qualquer dúvida, da eficácia de que trata o art. 502 (sobre a questão prejudicial, veja-se também o tópico seguinte).

Acrescente-se que a sentença pode decidir relação jurídica continuativa, como, por exemplo, a de prestar alimentos, que subsiste na essência, mas pode ser alterada no tempo, quanto à sua efetivação, dependendo de transmutações no quadro fático (v.g., CC, arts. 1.694 a 1.710). Ninguém sustentaria que alimentos devem continuar sendo prestados ao alimentando outrora pobre e carente, mas que veio a enriquecer. As sentenças, que decidem essas relações continuativas, se dizem dispositivas, ou *determinativas* (não confundir com as terminativas, que extinguem o processo sem resolução do mérito – art.

485). Também essas sentenças fazem coisa julgada material, mas de eficácia contida, pois seu dispositivo pode ser revisto e alterado, mediante ação na qual se formule esse pedido, como se lê no art. 505, I, do Código de Processo Civil.

5. Questão prejudicial e coisa julgada – Nas edições anteriores, procurei explicar a ação declaratória incidental, dizendo que ela visava dar o efeito de coisa julgada ao julgamento da questão prejudicial que, conforme o art. 469, III, do velho diploma, não produzia esse fenômeno. O Código vigente dispensou a propositura dessa ação que, conquanto continue instituto da processualística, não integra o direito processual positivo brasileiro com esse *nomen iuris*. Permito-me transcrever, na essência, o que escrevi sobre coisa julgada da questão prejudicial, nas pp. 385 e 386 do volume I do meu livro *CPC de 2015 – Inovações*. Ao tratar do assunto, observei que o art. 503 do atual Código dispensou a ação declaratória incidental, regulada pelo diploma de 1973. Conforme o *caput* do § 1º do art. 503, para que a decisão da questão prejudicial de cuja solução possa produzir os efeitos da coisa julgada material, é mister que, primeiramente, ela seja expressa, isto é, explícita, identificada, e fundamentado o entendimento de que se trata, efetivamente, de questão prejudicial de que depende o julgamento do pedido (inciso I). Além de expressa, reza o parágrafo, é preciso que o juiz decida a questão como incidente, isto é, como fato processual, consubstanciado na pretensão de uma parte e na resistência da outra, assim formado o contraditório, como exige o inciso II do mesmo § 1º. O inciso III condiciona o efeito de coisa julgada material à decisão da questão prejudicial, se o juiz, que a decidir, for competente para julgá-la como questão principal, objeto de ação autônoma.

Como se vê, inexistindo embora, no CPC de 2015, a ação declaratória incidental, o mesmo efeito a que ela visava é produzido pela incidência do art. 503.

6. Ação rescisória – Por vezes, a sentença de mérito é de tal modo viciosa que a lei permite a sua desconstituição, depois do seu trânsito em julgado. A ação pela qual se pede a desconstituição da sentença de mérito transitada em julgado chama-se *ação rescisória* (do latim *rescissorius*, rompido, rasgado, aberto; de *rescindere*, separar, abrir, cortar; formado de *res*, coisa, objeto, algo, e *scindere*, cindir, rachar, rasgar). O Código de Processo Civil a disciplina, no Capítulo VII (arts. 966 a 975) do Título I do Livro III. Condições específicas desta ação, que dá origem a um processo de conhecimento, são, conforme o *caput* do art. 966, a existência de uma sentença (ou acórdão) de mérito (art. 487) e o seu trânsito em julgado.

Produzindo a sentença de mérito, pela preclusão, coisa julgada material, ela pode ser objeto de um pedido de desconstituição, por meio da ação rescisória, que dá origem a um processo de conhecimento sem, contudo suspender-lhe a eficácia. É o que se lê no art. 969. Na sua última parte, esse artigo permite a concessão de tutela provisória destinada a suspender a eficácia do julgado rescindendo. Isso não impede, entretanto, o ajuizamento de medida cautelar, antecedente ou incidental da rescisória, com essa finalidade, nem obsta, consequentemente, à outorga liminar, ou final da providência, se configurados os respectivos pressupostos. A lei não faz restrição à instauração da tutela provisória, antes ou depois de estabelecida a relação processual emergente da ação rescisória, e não estranha ao Código a sustação da eficácia da sentença de mérito transitada em julgado, como mostra o art. 969.

No sistema brasileiro, a rescisória não integra a categoria dos recursos, que se interpõem no mesmo processo no qual se proferiu a decisão recorrida. A ação rescisória desencadeia outro processo de conhecimento que, salvo na hipótese de extinção sem julgamento do mérito, concluirá por uma decisão de improcedência, que será declaratória negativa como todas as dessa espécie, ou de procedência, que será constitutiva.

Os oito incisos do art. 966 enumeram as condições de procedência do pedido de rescisão. A contemplação dessas normas revela os casos, *de enumeração exaustiva*, em que, conforme o critério da lei, a coisa julgada, pelos defeitos da sua formação, não se presta à adequada composição da lide. Assim, por exemplo, se a sentença foi proferida por prevaricação, concussão ou corrupção do juiz (inciso I), hipóteses que o Código de Processo Civil de 1939, no art. 798, I, resumia na fórmula *juiz peitado* (de *peita*, suborno; do latim *pactus*, que faz uma convenção, um ajuste, um arranjo, particípio passado de *pasciceris*, fazer um tratado, pacto, combinação). Por igual, v.g., se proferida por juiz impedido, ou juízo absolutamente incompetente (inciso II); se proferida com ofensa à coisa julgada (inciso IV); se violar literal disposição de norma jurídica, isto é, disposição expressa, manifesta (inciso V); ou se fundada em erro de fato verificável do exame dos autos (inciso VIII). Quanto a este último inciso, cumpre esclarecer que o legislador brasileiro de 1973 traduziu mal (*traduttore traditore*) o art. 395, nº 4, do Código de Processo Civil italiano, pondo *atti*, em vernáculo, como atos, quando, na lei peninsular, a palavra significa *autos*: erro resultante dos autos ou de documentos do processo no qual se proferiu a sentença rescindenda (v.g., o juiz não se apercebeu da cláusula contratual excludente de responsabilidade ou ignorou o instrumento de quitação da dívida). Por isso, a sentença deu por inexistente um fato existente, ou vice-versa. Só se admite, porém, a desconstituição da sentença se não houve controvérsia sobre o fato (art. 966, § 1º). Se se instaurou controvérsia sobre a existência ou inexistência do fato e o juiz, ao decidi-la, incidiu em erro pela má apreciação do que se submeteu ao seu julgamento, já aí a rescisória não cabe.

Se a inicial pede a rescisão com fundamento exorbitante dos incisos do art. 966, o pedido, que só se admite naqueles casos, é juridicamente impossível, e a inicial deverá ser indeferida por inepta (art. 330, I), extinguindo-se o respectivo processo sem julgamento do mérito (art. 485, I).

A ação rescisória é da competência originária do tribunal prolator do acórdão rescindendo, ou do que teria competência para julgar a apelação da sentença rescindenda, e, nele, do órgão designado na norma de organização judiciária, contida em lei ou no regimento interno.

Têm legitimidade para propor a ação as partes do processo da sentença rescindenda ou quem as houver sucedido nos direitos em geral, ou no direito específico, assim como o terceiro juridicamente interessado, titular de uma relação jurídica cuja consistência prática dependa do que a sentença rescindenda julgou (v.g., o sublocatário, relativamente à sentença de despejo, que rescindiu a locação), e também o Ministério Público, se não foi ouvido no processo da sentença rescindenda, no qual se fazia obrigatória sua intervenção, ou se a sentença resultou de colusão – conluio, do latim *collusio*, conluio, colusão; de *colludere*, de *cum*, com, e *ludere*, jogar; logo, fazer um jogo, agindo em concerto, mediante combinação – art. 966, III), bem como de simulação. Quando atuou como parte, no processo da sentença rescindenda, a legitimidade do Ministério Público para a ação rescisória é a de parte (art. 967, I).

A petição inicial da ação rescisória obedece aos requisitos do art. 319, mas ao autor cabe, salvo em casos de gratuidade, depositar 5% do valor por ele dado à causa, que é o valor atualizado da causa na qual se proferiu a sentença rescindenda, proporcionalmente reduzido, se o pedido de rescisão que impugna a sentença não a abrange por inteiro. Esse depósito transforma-se em multa, que reverte em favor do réu, se, por acórdão unânime, se extinguir o processo da ação rescisória sem resolução do mérito, ou se o pedido for unanimemente julgado improcedente (art. 968, I e II). O depósito traduz manifestação do autor sobre a seriedade do seu pedido e reprime os aventureiros. É pressuposto processual objetivo intrínseco à rescisória, cuja inicial será indeferida sem ele (art. 968, § 3º). Indefere-se também a inicial, nos casos do art. 330. O indeferimento pode ser ato do próprio relator, mas com agravo interno do art. 1.021. O prazo para resposta, de 15 dias no mínimo e 30 no máximo, é determinado pelo relator, aplicando-se ao procedimento as regras do procedimento comum (art. 970). O relator colhe a prova ou delega competência ao órgão que proferiu a decisão rescindenda (art. 972). Concluída a instrução, e só se instrução houver, dispõem autor e réu de 10 dias para alegações finais, seguindo-se o julgamento (art. 973).

A ação rescisória não visa apenas desconstituir a sentença de mérito transitada em julgado, assim dissipando a eficácia do ato jurisdicional, que a lei reputa defeituoso ao ponto de admitir-lhe a desconstituição, mas constitui instrumento de nova composição da lide. Por isso, a lei impõe ao autor o dever de cumular ao pedido de rescisão o pedido de novo julgamento do processo (art. 968, I), a menos que a desconstituição baste para realizar a finalidade da ação (v.g., se a sentença rescindenda deu mais do que pediu o autor, violando assim o art. 492 do Código de Processo Civil, basta a rescisão para suprimir do julgado sua parte excrescente, numa espécie de amputação). Se o caso, todavia, demandar novo julgamento, não pode o autor deixar de pedi-lo, como se extrai do art. 968, *caput* e I, sob pena de indeferimento da inicial pela falta de requisito específico.

Nos casos de que trata o art. 968, I, o tribunal profere dois juízos, isto é, dois julgamentos, identificados nas fórmulas latinas *judicium rescindens* (julgamento rescindente, pelo qual se desconstitui a sentença transitada em julgado) e *judicium rescissorium* (julgamento rescisório, pelo qual se decide, de novo, a lide, corrigindo-se a sua deficiente composição). Assim dispõe o art. 974, que acrescenta que, acolhendo a ação, o tribunal ordena a restituição do depósito feito pelo autor.

Os atos judiciais, que não dependem de sentença, ou em que ela for meramente homologatória, não podem ser objeto da ação rescisória. Rescindem-se como os atos jurídicos em geral, conforme previsto na lei civil. Eis o disposto no § 4º do art. 966, antigo art. 486, ao qual, na Comissão Revisora do Código de Processo Civil de 1973, constituída pelo Governo da República, em 1985, acrescentei este parágrafo, extraído de lição de José Carlos Barbosa Moreira,[6] "Reputa-se meramente homologatória a sentença, que se limita a imprimir ao ato não oriundo do órgão judicial eficácia igual à que ele produziria, se de tal órgão emanasse" (v.g., a sentença homologatória da partilha, celebrada entre partes capazes – art. 659 do CPC de 1973).

O direito de propor a ação rescisória extingue-se em dois anos, contados do trânsito em julgado da última decisão proferida no processo, conforme o art. 975, que fixa prazo de natureza decadencial.

---

6   *Comentários,* cit., p. 142.

Capítulo X
INFORMAÇÕES HISTÓRICAS E SISTEMAS PROCESSUAIS CONTEMPORÂNEOS

Sumário: 1. Informações históricas. 2. Sistemas processuais contemporâneos.

1. Informações históricas – Não reincido, neste livro, na impropriedade, cometida na minha *Iniciação ao Estudo do Direito Processual Civil*, e comum aos autores, de falar na história do Direito Processual Civil, sem antes apresentar seus institutos. Semelhante equívoco também se encontra nos currículos dos cursos jurídicos, nos quais se ensinam história do direito e filosofia do direito, antes de se tratar dos elementos fundamentais dessa ciência. Põe-se o carro adiante dos bois porque não é possível se compreenderem, minimamente, noções históricas, sem os conhecimentos prévios indispensáveis. Nem se concebem especulações filosóficas acerca do ignoto. Durante dois anos, morando no Rio, fiz um curso de doutoramento em história do processo romano, canônico e lusitano, na Faculdade de Direito da Universidade de São Paulo, porque entendo que não se pode ensinar uma ciência sem lhe conhecerem, razoavelmente, as origens e o desenvolvimento. Concluído o curso, a febricitante advocacia me impediu de desenvolver minha tese sobre a *supplicatio* romana e o *agravo ordinário* lusitano. Sob a orientação do sábio Moacyr Lobo da Costa, um dos melhores especialistas em história do processo em qualquer parte, acumulei vasta bibliografia e alguns conhecimentos. Frustra-me verificar, agora, o desinteresse pela história, inesgotável manancial de informações e de subsídios, sem os quais nada se compreende e muito pouco se constrói. A história é também a experiência acumulada. Pedro Nava diz, num ponto das suas deliciosas memórias, que a experiência é apenas um farol voltado para trás, pois já não se pode desfazer o que se fez bem ou mal. Há mais *spleen* que verdade nessa afirmação melancólica, porque a história, mesmo a de cada um, contribui para o aperfeiçoamento dos homens e das instituições, que eles criaram para o seu serviço. Se o direito é produto da necessidade, a história do direito é o meio pelo qual se refinam as instituições jurídicas. Nunca se esqueçam as belíssimas palavras de Cícero, que viu, corretamente, a história como a verdadeira testemunha dos tempos, o esplendor da verdade, o alento da memória, a mestra da vida, o arauto da antiguidade: *historia vero testis temporum, lux veritatis, vita memoriae, magistra vitae, nuntia vetustatis*.[1]

Apresento, agora, informações elementares sobre a evolução histórica do Direito Processual Civil, menos na esperança de ensinar algo que na de estimular a investigação, tornada mais cômoda pela obra dos grandes historiadores do direito e do processo. Reproduzo com alterações de pouca monta o que escrevi na *Iniciação*, precursora deste livro.

A compreensão das instituições fundamentais do Direito Processual Civil depende do conhecimento da evolução, que elas sofreram, metamorfoseando-se, sob o influxo das circunstâncias de momentos diferentes, através dos tempos, também para se tornarem mais perfeitas e responderem aos reclamos de cada época.

O processo romano, a que se filia o processo luso-brasileiro, está dividido em três períodos: o das *legis actiones*, o *per formulas*, ou *formulário*, e o da *cognitio extraordinaria*. O primeiro se estende da fundação de Roma, presumivelmente no ano 754 a.C., até o ano 149 a.C. O segundo vai do ano 149 a.C. até o início do terceiro século da era cristã. O último tem seus limites fixados entre o ano 200 e o ano 565.

No primeiro período, conheciam-se cinco ações. O procedimento, que era oral, desenvolvia-se em duas fases. Iniciava-se, perante o magistrado, que se limitava a conceder a ação e fixar o objeto do litígio, e prosseguia, perante cidadãos, designados como árbitros, que colhiam as provas, ouviam os debates entre as partes, que compareciam pessoalmente (não havia advogados) e proferiam a sentença. Nessa fase, o procedimento era excessivamente solene, obedecendo a um ritual em que se conjugavam palavras e gestos indispensáveis. Para demonstrar os rigores procedimentais desse período, os processualistas costumam repetir Gaio, o grande doutrinador romano do século II da era cristã, em sua referência ao caso de alguém que, litigando sobre videiras cortadas, mencionou, perante o magistrado, para designar a coisa litigiosa, a palavra *vites*, em vez do vocábulo *arbor*, e, por isso, perdeu a ação, pois a lei, que lhe servia de fundamento, falava apenas em *arbor* para designar as árvores cortadas em geral.

O período formulário se instaurou quando Roma já havia estendido seus tentáculos sobre vários territórios da Itália. A complexidade, que assumiam as relações sociais, tornou as *legis actiones* insuficientes para a tutela de todas as pretensões. Aboliram-se, então, as ações da lei, autorizando-se o magistrado a

---

[1] *De oratore in*, II, 9, 36.

conceder fórmulas, hábeis a compor todas as lides ocorrentes. Também nesse período o procedimento era bifásico. O juiz examinava a pretensão do autor, que indicava, no álbum pretoriano, a ação que desejava propor. Ouvido o réu, o juiz, desde que concedesse a ação, remetia a decisão da lide ao árbitro, entregando ao autor a fórmula da ação. Perante o árbitro, procedia-se à instrução e ao julgamento da causa. Nesse procedimento, só a fórmula era escrita. As partes podiam ser assistidas por procuradores, vigoravam os princípios do contraditório e da livre convicção do juiz, e a sentença, se julgasse procedente o pedido, condenava o réu numa soma em dinheiro, mesmo quando o objeto litigioso fosse coisa certa. Importa frisar que, no período formulário, assim como no que se lhe antecedeu, o pretor se limitava a decidir quanto ao direito de ação e a fixar o objeto do litígio. A sentença, entretanto, era proferida por árbitros privados, cujas decisões os litigantes se obrigavam a aceitar.

    O processo da *cognitio extraordinaria* é decorrência da organização judiciária romana no Império. Nessa fase, a função jurisdicional era privativa de funcionários do Estado. Aboliram-se os juízes privados. Vislumbram-se, aí, os contornos da jurisdição, como função estatal, nos termos em que, hodiernamente, é exercida. O procedimento desse período, que, com a eliminação dos árbitros, se desenvolvia perante o juiz, adota a escrita. Está dividido em fases distintas, compreendendo o pedido do autor, a defesa do réu, a instrução da causa, a prolação da sentença e sua execução. A citação se fazia por intermédio de funcionários públicos. Admitia-se a interposição de recursos e se executava a sentença, já então ato de autoridade do Estado, por meio de medidas coativas. Essa fase do processo romano, mais que qualquer outra, contribuiu, de maneira substancial, para a formação do processo contemporâneo.

    As invasões bárbaras implantaram, nos territórios do Império Romano, o direito primitivo dos conquistadores germanos. O processo germano era muito rudimentar. A jurisdição, exerciam-na as assembleias do povo, que proferiam decisões, obrigando, não apenas os litigantes, mas todos os que presenciavam os pleitos. Nas assembleias, a função do juiz era apenas a de orientar o povo – órgão judicante – quanto à matéria de direito e sugerir-lhe a decisão a ser proferida. O sistema probatório, nesse período, constitui demonstração eloquente do primitivismo jurídico dos invasores. Recorriam-se às famosas ordálias (do latim tardio *ordalium*, do franco *ordal*, juízo ou julgamento) pelas quais se submetiam os contendores a provas crudelíssimas, tais como a do fogo, da água fervente e do duelo. Supunha-se que a divindade viria em socorro da parte que tivesse razão. Daí denominarem-se as ordálias de juízos de Deus.

    Durante o período de dominação barbárica, as instituições de Direito Romano foram preservadas pela Igreja Católica, que sobre elas moldou muitas das instituições do direito eclesiástico.

Com o aparecimento das primeiras universidades europeias, a partir do século XI, voltou-se a ensinar o Direito Romano. Tem início o período dos glosadores, assim denominados pelas anotações (*glosas*, comentários, anotações, possivelmente do grego *glossa*, língua, pelo latim *glossa*, interpretação, comentário) que faziam aos textos jurídicos romanos, procurando ajustá-los às instituições de direito barbárico então vigentes (muitas vezes os glosadores intrometiam textos seus nos de Direito Romano, a isso se denominando *interpolações* – de *interpolare*, consertar, remendar –, cuja identificação desafia os romanistas). O direito vigorante nesse período denomina-se *direito comum*, ou *intermediário*. É integrado, principalmente, por elementos de direito romano, germânico e canônico. A denominação é decorrente das fórmulas resultantes de processos de diferente origem. O processo comum vigora, desde o século XI até a metade do século XVI, e muitas de suas instituições serão encontradas nos sistemas processuais modernos. No processo comum, o procedimento escrito, a prova e a sentença são de origem romana. De origem germânica é a intervenção de terceiros e a obrigatoriedade da coisa julgada a terceiros. O direito canônico contribuiu para o estabelecimento do processo sumário, mais simples e despido de formalismos. Descobrem-se, ainda, no direito intermediário, elementos de direito costumeiro, inerentes a determinados povos.

O processo comum expandiu-se pela Europa, influindo, de maneira notável, na formação das leis processuais daquele continente.

Examine-se, agora, de relance, o processo vigente na península ibérica, outro marco importante da evolução do Direito Processual Civil brasileiro.

No século VI, com a derrota que os visigodos infligiram aos alanos, suevos e vândalos, ocupantes da península desde o século anterior, os povos conquistadores passam a ter suas relações jurídicas reguladas pelo famoso *Breviarium*, compêndio de leis, mandado elaborar por Alarico, para uso dos vencidos, enquanto os conquistadores continuavam submissos às normas de direito costumeiro.

Em 693, o *Breviarium* é revogado pelo *Fuero Juzgo*, cujas normas se aplicam, indistintamente, a todos os povos da península ibérica, resistindo, inclusive, à ocupação moura.

Despregando-se do Reino de Oviedo, o Condado Portucalense adquiriu independência em 1139. Ao lado das regras jurídicas, herdadas dos castelhanos, vai surgindo em Portugal, desde essa época, um novo direito, cujas normas se consubstanciam em cartas do rei e dos senhores, chamadas cartas de foro, ou, simplesmente, forais. O aumento das regras de direito foraleiro determina o desaparecimento das normas de direito romano-gótico.

A partir do século XII, incentiva-se, em Portugal, o estudo do Direito Romano e dos glosadores. Em 1308, D. Dinis cria a primeira universidade portuguesa, transformada em notável centro de estudos de Direito Romano. Faz traduzir a Lei das Sete Partidas, organizada a mando de Afonso X, de Castela, corpo de normas cuja substância romana se vai refletir na legislação lusa. Aparece, no século XIII, a obra *Flores de las leyes*, de Jácome, ou Jacobo Ruiz, conhecido por *mestre Jacob das leis*, o primeiro livro de doutrina da península ibérica. No século XIV, surge, em Portugal, o *Livro das Leis e Posturas*, só descoberto no século XVII, a primeira coletânea de leis portuguesas.

Em 1446, Afonso V promulga as Ordenações Afonsinas, o primeiro Código de Portugal. Dividido em cinco livros, o terceiro dos quais trata do processo, o Código tem por fontes principais o Direito Romano e o Direito Canônico, compilando, ainda, as leis portuguesas anteriores, as normas foraleiras e consuetudinárias, bem como disposições da Lei das Sete Partidas.

Às Afonsinas, seguem-se, em 1521, as Ordenações Manuelinas e, em 1603, as Ordenações Filipinas, chamadas também de Ordenações do Reino. O direito compilado nessas últimas ordenações, de Felipe II de Espanha, também rei de Portugal, vai disciplinar as relações sociais, no Brasil, por período muito mais largo que o da dominação política portuguesa.

O processo das Ordenações, regulado no seu livro terceiro, compõe-se de elementos germânicos, canônicos e romanos. Resulta do grande fenômeno histórico que foi a recepção do Direito Romano na Europa Central e Ocidental. Está dividido em fases rigorosamente estanques: postulatória, probatória, decisória e executória. Tem conteúdo secreto. Prevalece nele a concepção duelística do processo, cujo desaparecimento, na América Latina, é fenômeno do século XX.

Durante o período colonial, vigorou, entre nós, o processo das Ordenações Filipinas, regulado no seu livro terceiro. Proclamada a independência, esse processo continua em vigor, até quase o fim do século XIX, quando, com a república (1889), estende-se ao processo civil o Regulamento 737, elaborado em 1850 para disciplinar o processo comercial. O regulamento nada mais é que uma consolidação – embora metódica e extremamente clara – das disposições do direito reinol.

No final do século XIX, quando já se processava notável revolução na processualística europeia, o panorama processual do Brasil é este: continuam vigentes as normas de processo civil, trazidas de Portugal, embora adotadas no Regulamento 737, elaborado aqui.

A primeira Constituição republicana, de 1891, atribuiu aos estados federados competência para elaborar a legislação processual civil (art. 34, alínea 23). Despreparados para a ingente tarefa legislativa, os estados se limitaram a reproduzir, nos seus códigos, dispositivos das ordenações e do Regulamento 737. Alguns deles não chegaram, sequer, a organizar um Código de Processo Civil, continuando o exercício da jurisdição a reger-se, nessas unidades, pelo vetusto regulamento. Outros só o elaboraram muito mais tarde. O Estado de São Paulo promulgou seu código em 1930!

Com a Constituição de 1934, instituiu-se o sistema da legislação processual unitária, atribuindo-se, privativamente, à União competência para legislar sobre processo (art. 5º, XIX, *a*). Prescreviam as disposições transitórias daquela carta que, enquanto não se elaborasse o Código Nacional, continuava em vigor a legislação dos Estados.

Implantada a ditadura em 1937, a Constituição daquele ano manteve o sistema processual unitário e o governo formou uma comissão, encarregando-a de elaborar o Código de Processo Civil. Logo depois, a comissão se desfazia, cindida por divergências inconciliáveis entre seus componentes. Um membro dela, o advogado Pedro Batista Martins, redigiu, sob a inspiração do jurista Francisco Campos, então Ministro da Justiça, um anteprojeto de código, que, transformado em projeto, viria a ser o Código de Processo Civil, promulgado pelo Decreto-Lei nº 1.608, de 18.09.1939, em vigor a partir de 1º de março do ano seguinte.

O Código de 1939 dividia-se em 10 livros que tratavam, respectivamente: I – das disposições gerais; II – do processo em geral; III – do processo ordinário; IV – dos processos especiais; V – dos processos acessórios; VI – dos processos da competência originária dos tribunais; VII – dos recursos; VIII – da execução; IX – do juízo arbitral e X – das disposições finais e transitórias. Ao lado do código, vigoraram inúmeras leis extravagantes, disciplinando institutos não cuidados pelo diploma, ou que, com a evolução dos tempos, demandaram novo tratamento.

Coexistiam, naquele Código, uma parte geral moderna, fortemente inspirada nas legislações alemã, austríaca, portuguesa e nos trabalhos de revisão legislativa da Itália, e uma parte anacrônica, ora demasiadamente fiel ao velho processo lusitano, ora totalmente assistemática. Dizia-se, com razão, que dois espíritos coabitavam o Código anterior: a parte geral estava impregnada de novas ideias, ao passo que as que tratavam dos procedimentos especiais, dos recursos e da execução se ressentiam de um lamentável ranço medieval.

Decorridas duas décadas da vigência do Código de Processo Civil de 1939, a evolução da ciência processual, o desenvolvimento brasileiro e a necessidade de aperfeiçoamento de institutos, cuja ineficácia a prática demonstrou, recomendavam a sua reforma.

O governo, de efêmera duração, instalado no país em 1960, incumbiu o professor Alfredo Buzaid, catedrático de Direito Processual Civil na Faculdade de Direito da Universidade de São Paulo, da reforma do Código de Processo Civil. Em 08.01.1964, o notável processualista apresentou parte do anteprojeto do Código de Processo Civil de 1973, precedida de minuciosa exposição de motivos, redigida na linguagem elegante e rigorosamente técnica do seu ilustre autor. Dos cinco livros, que iriam compor o Código, apenas três vieram à luz, naquela oportunidade. O anteprojeto, assim apresentado, foi, durante quase uma década, objeto das atenções dos juristas brasileiros. Em 1972, ocupando o cargo de Ministro da Justiça, o professor Buzaid completou o anteprojeto, adicionando-lhe os dois livros que faltavam. Em 8 de agosto do mesmo ano, por meio da Mensagem nº 210, o Presidente da República encaminhou ao Congresso Nacional o Projeto de Código, que recebeu, na Câmara e no Senado, emendas sugeridas, muitas delas, por juristas brasileiros, especialmente os estudiosos do processo. Finalmente, em 11.01.1973, o Presidente da República sancionou a Lei nº 5.869, instituindo aquele Código de Processo Civil, vigente entre 01.01.1974 até 17.3.2016.

A Constituição Federal de 05.10.1988 revogou disposições do Código de Processo Civil, ou sobrepôs normas suas às nele contidas, muitas delas vistas nas páginas deste livro. Merece registro a norma do art. 24, XI, da Constituição, que outorga competência concorrente à União, aos Estados e ao Distrito Federal para legislar sobre procedimentos em matéria processual, podendo, pois, as unidades dispor sobre o assunto, atendendo às suas peculiaridades, ou às necessidades de certa região. Inexistentes normas emanadas dos Estados ou do Distrito Federal, prevalecem as editadas pela União. A atualização do Código de Processo Civil, permanente, prosseguiu por meio de leis, das quais são marcante exemplo as de nos 8.950, 8.951, 8.952 e 8.953, todas de 13.12.1994; a de nº 9.079, de 14.07.1995; a de nº 9.139, de 30.11.1995, que procederam a uma verdadeira reforma do código, e ainda as de nos 10.352, de 26.12.2001, 10.358, de 27.12.2001, 10.444, de 07.05.2002, 11.187, de 19.10.2005, 11.232, de 22.12.2005, e posteriores.

A Lei 13.105, de 16.3.2015, instituiu um novo Código de Processo Civil, elaborado por uma comissão liderada pelo professor Luiz Fux, titular da faculdade de direito da Universidade do Estado do Rio de Janeiro, ministro do Supremo Tribunal Federal e autor de inúmeras obras no tema de sua especialidade. Reitero minha opinião, e de grande parte da doutrina, que não havia necessidade de um novo Código. O Código de Processo Civil de 2015, em sua maioria, repete, literalmente, normas do Código anterior. Copia também, com alterações irrelevantes, diversos outros dispositivos revogados. As poucas inovações, a prática provará que contribuirão muito pouco para a melhoria do Processo Civil. Só uma pesquisa aprofundada conseguirá dizer os verdadeiros motivos da substituição de um Código por outro.

2. Sistemas processuais contemporâneos – A exata compreensão do direito vigente, num certo lugar e tempo, depende do conhecimento dos grandes sistemas jurídicos, que lhe são contemporâneos. Por isso, não é descabida, num trabalho do feitio deste, uma referência, posto que ligeira, aos diferentes sistemas processuais da atualidade.

A classificação, que aqui se adota,[2] divide os sistemas processuais contemporâneos em três grandes grupos: o *oriental*, o *soviético* e o *romano-ocidental*.

O sistema oriental se triparte nos sistemas chinês, hindu e muçulmano. Esses sistemas, conquanto tenham códigos processuais de conteúdo moderno, se encontram fortemente impregnados de tradições, costumes imemoriais e do predomínio da ordem religiosa, ou da ideologia imperante entre certos povos sobre a ordem civil.

O sistema soviético, ainda hoje adotado pelos estados desmembrados da antiga URSS, que vão, paulatinamente, reajustando suas leis, em moroso processo de adaptação e reforma, aglutina os sistemas oriental e romano-ocidental. A concepção de Lenine de que o tribunal é um dos instrumentos do poder do proletariado e da classe trabalhadora rural, paráfrase de seu famoso dístico "o direito é política", inspirou todo o sistema soviético, subsistente ao regime. Nesse sistema, era difícil obter a tutela de pretensões justas, mas contrárias aos interesses partidários.

O sistema romano-ocidental decorre da fusão entre o direito processual romano, o germânico e o canônico, que deram origem a fórmulas dentro das quais as civilizações do Ocidente moldaram suas instituições processuais. Divide-se o sistema romano-ocidental em cinco grupos: o sistema hispano-americano, o luso-brasileiro, o franco-italiano, o austríaco-alemão e o anglo-americano.

O estudo completo do Direito Processual Civil brasileiro impõe a consulta permanente às instituições processuais dos países que integram esse sistema, eis que elas ou informaram as nossas e, por isso, lhes facilitam a compreensão, ou oferecem fartos subsídios ao seu aperfeiçoamento.

Aliás, o estudo isolado de um sistema de direito processual é pouco produtivo. Devem-se estudar as instituições de uma determinada legislação processual, dentro de uma perspectiva histórica e em cotejo com outras instituições, pois todo o sistema de adaptação do homem na sociedade caminha, lenta mas inevitavelmente, na direção do sonho dos que, de olhos voltados para o alto, se empenham na criação da realidade resumida neste dístico: *um só direito, num mundo único*, convertido na pátria sem fronteiras do homem, finalmente digno da imagem e da semelhança de Deus.

---

[2] Adota-se, aqui, a sistematização de Eduardo Couture (Cf. *Fundamentos,* cit., pp. 12 a 22).

ÍNDICE ALFABÉTICO E REMISSIVO

A

Abdicação da pretensão – 12,13
Absorção compatível – 25, 91
Ação – 29
 – carência – 45, 119, 141
 – cautelar – 83, 108
 – classificação – 48
 – cognitiva – 48, 75
 – conceito – 29
 – concurso de ações – 39
 – condenatória – 48
 – condições – 29, 45, 46, 95, 101, 155
 – conexão – 42, 44, 46, 60, 61, 62, 158
 – constitutiva – 48, 109, 110
 – continência – 42
 – cumulação de ações – 36, 37
 – de inconstitucionalidade – 46
 – declaratória – 48, 109, 110, 126, 165
 – declaratória incidental – 164, 165
 – direito abstrato – 31
 – direito concreto – 32
 – direito de petição – 33
 – distribuição – 49, 51, 52, 54, 55, 56, 59, 61
 – elementos – 33, 34, 42, 45
 – executiva – 78, 80
 – identificação – 42, 46
 – incidental – 84, 104, 108, 121, 127, 128, 164, 165
 – mandamental – 109
 – mérito – 38
 – natureza – 33, 35, 36, 41
 – objeto – 161, 162, 163, 167
 – partes – 34
 – pessoal – 48, 54
 – propositura – 37, 57
 – real – 48, 55
 – rescisória – 164
 – sumária – 166
Ação declaratória incidental – 164
Ação rescisória – 164
 – alegações finais – 166
 – competência – 166
 – condições – 164, 165
 – depósito – 166
 – indeferimento da inicial – 166, 167
 – *judicium rescindens* – 167
 – *judicium rescissorium* – 167
 – julgamento – 167
 – legitimidade – 166
 – natureza – 161
 – petição inicial – 49
 – prazo – 166
 – pressupostos – 165
 – prova – 163, 166
 – resposta – 166
Acórdão – 101, 109, 111, 134, 137, 138, 142, 145, 146, 148
Acordo – 13
Advocacia – 21, 23, 72
Advocacia Geral da União – 21, 23
Advogado – 24, 33, 34, 38, 71, 72, 89, 92, 98, 103
Afonso V – 133
Afonso X – 173
Agravo – 128, 130, 132, 135, 136, 144, 145, 146, 149, 150, 166
 – de instrumento – 128, 130, 132
 – interno – 26, 84, 132, 145, 150, 166
Alarico – 172
Alçada – 146
Alencar, José de – 30
Almeida Jr., João Mendes de – 115

Alves, Castro – 1
Apelação – 117, 132, 135,154, 166
Aresto – 134, 135
Aristóteles – 14
Assis, Machado de – 9
Assis, São Francisco de – 12
Assistência – 74, 75
Associação Brasileira de Imprensa – 33
Ato ilícito – 103
Ato processual – 103, 111, 112, 113, 124, 134, 153
– comunicação – 113
– espécies – 109
– forma – 110
– lugar – 111
– prazo – 112
– publicidade – 111
– tempo – 111
Audiência – 59, 104, 110, 118
– de conciliação – 128
– de instrução e julgamento – 119, 121, 124
Autocomposição – 12, 13, 14, 19, 27, 78, 121
– abdicação – 12, 13
– transação – 12, 13, 102, 103, 123
Autodefesa –13, 14
Autor – 34
Autos – 68
Autotutela – 12, 13, 14, 19
Auxiliares da Justiça – 21, 23

B

Baptista, Francisco de Paula – 32
Barbi, Celso Agrícola – 154
Barreto, Tobias – 4
Bentham, Jeremias – 90
Beviláqua, Clóvis – 91
Bilac, Olavo – 66
Braga, Rubem – 32, 129
Búlgaro – 70
Bülow, Oskar von – 19, 67
Buzaid, Alfredo – 19, 22, 32, 76, 175

C

Calamandrei, Piero – 24, 70, 157, 161
Campos, Francisco – 174
Camões – 52

Capacidade – 95
– de ser parte – 96, 97
– postulatória – 98
– processual – 97
Cappelletti, Mauro – 10, 24
Carência de ação – 45, 119
Carnelutti, Francesco – 8, 9, 10, 24, 31
Carta – 113
– de ordem – 113
– precatória – 113
– rogatória – 113
Castillo, Niceto Alcalá-Zamora y – 87
Causa – 34, 39, 40
– de pedir – 34, 39, 40
Cautelar – 81
– caução – 126
– embutida – 84
– liminar – 84
– necessidades primárias – 85
– procedimento – 127
– processo – 83
– satisfativa – 85
Celeridade – 82, 89, 119, 123, 124, 130
Chamamento ao processo – 74, 75
Chiovenda, Giuseppe – 19, 21, 24, 26, 54, 56, 58, 129
Cícero – 170
Citação – 49, 60, 70, 86, 97, 107, 112, 124, 171
Citra petita – 38
Código de Processo Civil – 18, 22
– de 1939 – 55, 63, 84, 135, 141, 165, 174, 175
– de 1973 – 22, 34, 40, 44, 78, 81, 87, 93, 108,122, 127, 135, 145, 159, 164
– de 2015 – 25, 36, 40, 45, 57, 63, 74, 81, 91, 122, 136, 145, 160, 164, 176
Coisa julgada – 42, 98, 102, 153
– e preclusão – 153
– e terceiros – 157, 158, 159
– formal – 154
– limites objetivos – 160
– limites subjetivos – 157
– material – 155
Comarca – 54, 56, 58, 59, 60, 61
Competência – 51
– conceito – 51
– conflito – 55
– critérios de distribuição – 56

– determinação – 54
– e jurisdição – 51
– em razão da matéria – 56
– em razão das partes – 56
– em razão do valor – 57
– funcional – 58
– incompetência absoluta – 62
– incompetência relativa – 62
– interna – 53
– internacional – 53
– modificações – 59, 60
– objetiva – 56
– *perpetuatio jurisdictionis* – 59
– prevenção – 60
– prorrogação – 61
– territorial – 61, 62, 63
Comunicação dos atos processuais – 113
Conciliação – 13, 119, 121
Conclusão – 111
Concurso de ações – 39
Condições da ação – 45, 95, 100
Conexão – 42
Conflito – 7
– de atribuições – 53, 55
– de competência – 53, 55
– social – 2, 7, 9
Cônjuge – 18, 35, 45, 46
– citação conjunta – 97
Conselho Nacional de Justiça – 21
Constituição – 21
Contestação – 104, 118, 119, 124, 128
Continência – 42
Contraditório – 41, 88, 139, 156, 157, 161, 164, 171
Contumácia – 118
Costa, Moacyr Lobo da – 169
Couture, Eduardo – 19, 33, 66, 91
Cumprimento da sentença – 78, 79, 80, 81, 125, 126
Cumulação – 36, 37
– de ações – 40
– de pedidos – 39, 40

D

Decadência – 85, 102, 115, 128
Decisões – 107
– espécies – 109

– interlocutórias – 108
Defensoria Pública – 21, 24, 72, 86
Defesa ampla – 38, 72, 77, 88, 145, 157, 161
Degenkolb, Heinrich – 31
Demanda – 48
Denunciação da lide – 74
Dependência – 48
Despacho – 95, 107, 108, 130, 155
– de mero expediente – 108
– saneador – 95, 119
Desenvolvimento do processo – 95
Despesas judiciais – 38
Deveres processuais – 69
Devido processo legal – 77, 99, 139
Diligência – 124
Dinamarco, Cândido Rangel – 99
Dinis, Dom – 173
Direito – 3
– etimologia – 3
– judiciário – 21
– objetivo – 5
– positivo – 22
– processual – 11, 22, 33, 37
– subjetivo – 5
Direito Processual Civil – 90
Distribuição – 49, 52, 59, 61
Documento – 106
Doutrina – 26
Duplo exame – 90
Duplo grau de jurisdição – 138, 145

E

Economia processual – 88
Efetividade do processo – 82
Elementos da ação – 33
Embargos – 132
– de alçada – 146
– de declaração – 132, 136, 142, 143, 147, 154
– de divergência – 147
– do devedor – 80, 114, 126
– infringentes – 145
Emenda Constitucional nº 45 – 22, 150
Ementa – 111
Equidade – 87
Erro – 76
– de inteligência – 76

– de vontade – 76
– *in judicando* – 131
– *in procedendo* – 131
– material – 143
Estado – 15
Etimologia – 3
Exceção – 35, 50, 124
   – conceito – 50
   – de impedimento – 124
   – de incompetência – 124
   – de suspeição – 124
   – incidentes processuais – 108, 147
Execução – 77
Extinção do processo – 81, 83, 95, 98, 119, 165
   Extra petita – 38

F

Fato processual – 164
Feito – 68
Felipe II – 173
Fitzgerald, Ella – 115
Forma dos atos processuais – 110
Formação do processo – 99
Foro – 57
Funções essenciais à Justiça – 23, 71
Fungibilidade recursal – 135

G

Gaio – 170
Glosa – 172
Goldschmidt, James – 85
Gonzaga, Tomás Antônio – 82
Grinover, Ada Pellegrini – 91

H

Hegel, Georg – 69
Hellwig, Konrad – 69
História do processo – 169
Homologação de sentença estrangeira – 149, 150
Horowitz, Vladimir – 11

I

Identificação da ação – 48
Igualdade processual – 88

Ihering, Rudolf von – 6
Impedimento do juiz – 61, 62
Impugnação – 80, 126
Incidente de Resolução de Demandas Repetitivas – 151
Incidente processual – 142, 147
Incompetência – 62, 89
   – absoluta – 62
   – relativa – 62
Inércia da jurisdição – 88
Insolvência civil – 127
Instância – 22, 131
Instrução – 106, 119, 121, 166
Interessados – 37, 86, 129
Interesse – 6
   – de agir – 45
   – processual – 45
Interpolação – 172
Intervenção de terceiros – 74, 75
Intimação – 104, 114

J

Jesus Cristo – 2
Jobim, Tom – 115
Juiz – 21, 35, 40, 70, 90, 96, 105
   – natural – 89
Juizados especiais – 57, 72, 98, 123
Juízo – 22, 25, 29, 41, 48, 58, 59, 60, 68
   – arbitral – 25, 174
   – colegiado – 22
   – de admissibilidade recursal – 133, 136
   – singular – 22
Julgamento – 21, 45, 68, 70, 76
   – antecipado da lide – 119
   – conforme o estado do processo – 119
   – *citra, extra, ultra petita* – 38
Jurisdição – 17
   – atos – 19
   – conceito – 20
   – contenciosa – 20
   – conteúdo – 17
   – duplo grau – 131
   – e competência – 51, 52, 53, 54, 55
   – espécies – 20
   – função – 19
   – função substitutiva – 19

– inércia – 27
– natureza – 21
– voluntária – 20
Jurisprudência – 25
Jus – 3
Justiça – 21
   – estadual – 22
   – federal – 22
   – nacional – 22
   – privada – 14

K

Kohler, Joseph – 69
Kubitschek, Juscelino – 73

L

Lacerda, Galeno – 95
Laudo pericial – 106
Leal, Victor Nunes – 73
Legitimidade – 46
   – ação rescisória – 164
   – recursal – 132
Lei – 5
Leme, Fernão Dias Paes – 66
Lenine – 176
Libelo – 48
Lide – 7
   – meios de composição – 12
Liebman, Enrico Tullio – 76
Liminar – 85
   – embutida – 84
Liquidação da sentença – 80
Litisconsórcio – 35
   – espécies – 35
Litispendência – 42, 45
Lucas, São – 2
Lugar dos atos processuais – 111
Lyra, Roberto – 14

M

Magalhães, Dario de Almeida – 22
Magistrado – 23
Marques, José Frederico – 8, 136
Martins, Pedro Batista – 174
Mediação – 13

Mediador – 13
Medida cautelar – 83
Melendo, Santiago Sentís – 87
Memorial – 122
Mérito – 38, 45, 99, 101, 133, 155
Ministério Público – 21
   – e recurso – 153
Miranda, Pontes de – 22, 26, 31, 86, 109, 142, 156
Moraes, Vinícius – 32, 86, 115
Moreira, José Carlos Barbosa – 36, 40, 116, 167
Muther, Theodor – 33

N

Nava, Pedro – 169
Negrão, Theotonio – 92
Nomeação à autoria – 75
Normas jurídicas – 4, 5
   – formais – 24, 90
   – instrumentais – 24, 90
   – materiais – 24, 90
   – reguladoras da jurisdição – 24
Nulidades – 99, 119

O

Oposição – 74
Oralidade – 90, 125
Ordem dos Advogados do Brasil – 33, 72, 98,
Ordem jurídica – 5
Ordenações – 173
Órgãos jurisdicionais – 21
   – auxiliares – 23
   – principais – 24
Orwell, George – 27

P

Partes – 34, 46, 96
   – representação – 37, 97
   – substituição – 36
Passos, José Joaquim Calmon de – 159
Pedido – 37, 39
   – aditamento – 39
   – alteração – 39
   – cumulação –39
   – modificação – 39
   – objetos – 37

- possibilidade jurídica – 46
- princípio da substanciação – 39
Pequenas causas – 123
Perempção – 98, 102
Perito – 23, 71, 103, 106, 119, 120, 121, 122, 123
Perpetuatio jurisdictionis – 59
Pescatore, Matteo – 44
Pessoas – 117
Petição inicial – 103
- emenda – 117
- indeferimento – 117
- inépcia – 117, 119, 133, 155
- requisitos – 95, 98, 99, 117, 144
Pimentel, Mendes – 12
Pimentel, Wellington Moreira – 116
Pitigrilli – 129
Planck, Julius von – 69
Platão – 1
Plauto – 14
Plósz, Alexander – 32
Poder Judiciário – 21, 22, 23, 24, 27, 29, 31, 37
- nacional – 21, 25
- órgãos – 21
Possibilidade jurídica – 46
Postulação – 103
Praecepta juris – 11
Prazo – 112
- contagem – 112
- dilatório – 112
- interrupção – 112
- peremptório – 112
- suspensão – 99, 112
Precatória – 113
Preclusão – 113, 153
- consumativa – 154
- e coisa julgada – 42, 153
- lógica – 153
- temporal – 154
Prejudicial – 163, 164
Preliminar – 162
Preparo – 136
Pressupostos processuais – 115
- objetivos – 119
- subjetivos – 116, 117
Pressupostos recursais – 95
- objetivos – 98

- subjetivos – 95
Pretensão – 7
Princípios processuais – 88
- do sistema da oralidade – 90, 116, 129
Procedimento – 115
- classificação – 116
- comum – 117
- conceito – 166
- especial – 122
- espécies – 123, 126
- fases – 117
- na jurisdição voluntária – 127, 128
- no processo cautelar – 127
- no processo de execução – 125
- nos juizados de pequenas causas – 123
- oral – 116
- sumário – 122
- sumaríssimo – 122
Processo – 65
- atos – 95, 102
- cautelar – 81, 127
- conceito – 65
- contencioso – 75
- de conhecimento – 75
- de execução – 77
- de jurisdição voluntária – 86
- desenvolvimento – 99
- devido processo legal – 77, 99, 139
- efetividade – 82
- espécies – 75
- extinção – 99
- fatos – 102
- formação – 99
- macroprocesso – 66
- microprocesso – 66
- natureza – 67
- nos tribunais – 149
- oral – 116, 119, 129
- partes – 34, 46, 96
- pressupostos – 95, 96, 98, 133
- princípios – 88, 129
- sujeitos – 70
- suspensão – 99,
- terceiros – 73
- voluntário – 75, 90, 129
Procuradoria – 21, 23

Prova – 104, 105
  – e verdade – 105
  – espécies – 105
  – princípios – 90
  – procedimento probatório – 120
Providências preliminares – 118
Publicidade – 89, 111

Q

Queiroz, Eça de – 9, 82, 104
Questões – 161,162
  – prejudiciais – 161,162
  – preliminares – 161,162
  – prévias – 161,162

R

Recepção – 25, 91
Reclamação – 147
Reconvenção – 104, 118
Recurso – 131
  – adequação – 135
  – adesivo – 140
  – admissibilidade – 133
  – aquiescência – 153
  – causas de alçada – 146
  – classificação – 133
  – conceito – 131
  – conhecimento – 130
  – da parte – 133
  – de ofício – 141
  – de terceiro prejudicado – 133
  – deserção – 136
  – desistência – 134
  – do Ministério Público – 133
  – duplo exame – 138
  – duplo grau de jurisdição – 131
  – efeitos – 143
  – especial – 147, 148
  – espécies – 131
  – extraordinário – 146, 147
  – finalidade – 143, 146
  – fungibilidade – 135
  – inominado – 138
  – juízo de admissibilidade – 136
  – legitimidade – 133

  – natureza – 131
  – necessário – 140, 141
  – ordinário – 143
  – ordinário constitucional – 146
  – preparo – 136
  – pressupostos – 133
  – procedimento – 137
  – provimento – 140
  – recorribilidade – 133
  – reexame necessário – 140, 141
  – *reformatio in pejus* – 138
  – renúncia – 153
  – singularidade – 134
  – substituição – 137
  – sucumbência – 133
  – tempestividade – 134
Recurso adesivo – 140
Recurso especial – 147, 148
Recurso extraordinário – 146, 147
Recurso ordinário – 132, 143
Reexame necessário – 140, 141
Reformatio in pejus – 138
Reis, José Alberto dos – 84
Relação jurídica – 70
Relator – 138
Réplica – 103, 118
Representação – 37, 97
Requerimento – 37
Resistência – 9
Réu – 34
Revelia – 118
Revisor – 140
Ribeiro Filho, Basileu – 135
Rogatória – 113
Romero, Sílvio – 4
Ruiz, Jácome – 173
Russomano, Mozart Victor – 66

S

Sabino, Fernando – 129
Santos, Moacyr Amaral – 54
Sentença – 76, 109, 117, 122
  – classificação – 109
  – definitiva – 45, 109, 110
  – determinativa – 110, 163
  – dispositiva – 161, 163

- estrangeira – 149
- extintiva – 101
- ilíquida – 80
- meramente homologatória – 167
- requisitos – 160
- rescindenda – 166
- terminativa – 45, 101, 109

Shakespeare – 43
Sistema da oralidade – 129
Sistemas processuais – 176
Sociedade – 1
Sócrates – 157
Substituição – 36, 47
- da decisão recorrida – 137
- processual – 71

Sucumbência – 133
Súmula – 26, 150
Súmula vinculante – 150
Sujeitos do processo – 70
Superior Tribunal de Justiça – 21, 146
Supremo Tribunal Federal – 21, 147
Suspeição do juiz – 101, 124
Suspensão do processo – 100

T

Tempo dos atos processuais – 111
Terceiro – 73
- e coisa julgada – 158, 159
- intervenção – 75
- prejudicado – 133

Terêncio – 68

Termo – 49, 110
- do prazo – 112
- processual – 110

Testemunha – 106
Títulos executivos – 78
- extrajudiciais – 79
- judiciais – 79

Tornaghi, Hélio – 67
Transação – 12
Tréplica – 104
Tribunais – 21, 52

U

Ulpiano – 4
Ultra petita – 38
Unger, Joseph – 32
Uniformização da jurisprudência – 149

V

Valladão, Haroldo – 141
Valor da causa – 57
Vara – 58
Verdade – 105, 156
Vescovi, Enrique – 10
Vinculação do juiz – 63
Vista – 138
Vontade – 7

W

Wach, Adolf – 19, 69
Windscheid, Bernhard – 33